ちくま学芸文庫

企業・市場・法

ロナルド・H・コース
宮澤健一　後藤晃　藤垣芳文　訳

筑摩書房

THE FIRM, THE MARKET, AND THE LAW
by
R. H. Coase

目次

序

この本の目的は、私の仲間の経済学者諸氏を説得して、ミクロ経済学上のいくつかの重要な諸問題を分析する際の方法を変えさせようとするにある。本書の大部分は、すでに発表された論文の再録からなっているが、今回本書をまとめるにあたって、第一章の序論的な論文と、第六章の「社会的費用の問題に関するノート」とを新たに加えた。それらは、本書に収められている論文における論議の性格をより明確にするため、また、それらの論文に対してなされた批判の主なものに答えるためのものである。

過去に発表した論文を再録したものについては、ミスプリントを訂正し私の綴りや文法上のくせを改める以外は、なんらの変更も加えられていない。

私は謝意を、ゲーリー・ベッカー（Gary Becker）、ジェラード・キャスパー（Gerhard Casper）、アーロン・ディレクター（Aaron Director）、およびジョージ・スティグラー（George Stigler）にささげる。彼らは序章と「社会的費用の問題に関するノート」を読み、様々な示唆を与えてくれた。それらのすべてを私が受け容れたわけではないが、それをもとに、多くの改善につなげることができた。

凡例

* 本書は、Ronald Harry Coase, *The Firm, The Market, and The Law*, The University of Chicago Press, Chicago and London, 1988. の全訳である。
* 原著者からの指示により、原文にあった脱落部分（原書一〇〇ページ、一三行目、一三ワード）は、訳書では補充して訳出してある（訳書一七七ページ、一四行目）。
* 原著で「節」をもつ章のうち、小見出し表題を欠いている第二章については、訳者の責任で各節に小見出しを挿入し、他章との統一をはかった。
* 〔 〕は訳者による補いである。ただし全体として、くだいた訳文を心がけたので、これにともなう補いなどについては一々付していない。また、原著者自身による引用文中の補足には原文の［ ］記号をあて、両者を区別してある。
* 原文中のイタリック体のうち、強調句については訳文中では傍点を付し、書名については『 』記号をあて、訴訟事件名には（ ）内に原語を示した。また、引用語句は「 」でくくって示した。
* 原著で引用された書物のうち、邦訳書のあるものは「注」中で〔 〕内に訳書名を併記した。ただし、引用文がある場合その訳出は独自に行なってある。
* 巻末の「索引」は、訳書では、原著における不備を補い、人名の脱落分を引用関連のものにつき補充したほか、二、三の基本用語についても補充を加えた。補充した部分のページ数字はイタリック体で示し、原著本来のそれ（立体表示）と区別してある。
* 邦訳の基本方針および訳業手順は、「訳者あとがきと略解」のなかの末尾の項に示してある。

企業・市場・法

第一章

企業・市場・法

1　本書の目的

本書の中心をなすのは、次の三つの論文である。すなわち、「企業の本質」（一九三七年）、「限界費用論争」（一九四六年）、そして「社会的費用の問題」（一九六〇年）である。さらに、この他の論文は、これらの三論文における議論を拡張、例示、もしくは説明するためのものである。以下でやがて明らかになるように、これらの論文は、すべて本質的には同じ見解をその内に含んでいる。

私の見解は大方の同意を得るにはいたっておらず、また、私の議論はその大半が理解されないままである。その原因の一端は、私の議論の展開の仕方が不適切であったことにあるのは疑いない。そこでこの序論的な論文で、私の議論に対してなされた批判の主要なものに答えるとともに、議論を要約し直し、私の立場をより明確にさせたいと願っている。しかし私は、説明が上手でなかったことが、経済学者たちが私の見解を理解しない最大の理由であるとは考えていない。これらの論文における私の議論は単純であると信じている。

あまりに単純であるために、そこでの主張はほとんど自明の真実の域に属するので、なぜそれらが拒絶されたり理解が示されないのかの意味を考えると、それは、ほとんどの経済学者が、経済問題を私とは異なった見方でみており、何が問題の本質であるかについて私と考え方を同じくしていないことにあるように思われる。これが実態であると私は思う。

現在における経済学の本質についての支配的な見解は、ロビンズ（Robbins）の次の定義に示されている。「経済学は、目的と、様々な用途に使用することが可能な稀少な手段との関係としての、人間の行動を研究する科学である」[1]。このことは、経済学は人間の選択に関する科学であるということを意味している。ところが現実には、ロビンズ自身も含めて、ほとんどの経済学者は、この定義が意味するよりもはるかに狭い選択の範囲に自らの研究を限定している。しかし、近年、ベッカーは、ロビンズのように経済学についての考え方を狭く限定してとらえる必要はなく、経済学的アプローチはより一般的に社会科学全般に適用することができるし、またそうすべきだと主張している。経済学的アプローチが他の社会科学にも応用され成果をあげることができるという点は、ベッカー自身の研究によって証拠だてられている[2]。なぜ経済学者の商売道具は、そのようにいろいろなところで使えるのだろうか。

私がとりわけ関心をいだいているのは、経済理論のなかでも、企業、産業、そして市場を対象とする分野である。それは、かつては、価値と分配の理論と呼ばれており、今日では通常、価格理論ないしミクロ経済学といわれる分野である。それは、高度に知的な質を備えた入り組んだ構造をもち、有益な洞察を生み出している。経済学者は、どの財・サービスを購入するかの決定における消費者の選択が、消費者の所得と、購入される財・サービスの価格によって、どのように決定されるかを研究している。また、生産者の決定、つまり生産要素の価格、最終製品への需要、そして生産量と使用された生産要素の量との関係が与えられたとき、彼らが、どの生産要素を用いるか、どの製品やサービスをどれだけ生産し販売するかをいかに決定するかという問題もまた、経済学者の研究の課題である。この分析は、次の二つの仮定によって支えられている。すなわち、消費者は効用（それは、おそらく昔の物理学におけるエーテルと同様の役割を演ずる実体としては存在しないものであるが）を最大にする、という仮定と、生産者は利潤ないしは純所得（これについてははるかに実体がある）を最大化する目的をもっている、という仮定がそれである。消費者と生産者とのこの意思決定は、交換の理論によって、調和のもとにおかれる。

分析がいかに精緻化されても、この理論の本質的な性格は、まぎれもなく明確である。すなわち、それは選択の分析である、という点である。この点こそが、この理論の適用可能性を豊かなものにしているのである。ベッカーは次のように指摘している。「学問分野としての経済学を他の社会科学分野から分かつ最大のものは、その取り扱う課題ではなく、そのアプローチである」(3)。もし経済学で（あるいは少なくともミクロ経済学で）発展してきた諸理論のほとんどが、選択の決定因の分析方法に関わるものならば（そうして私はそうであると信じているが）、容易に理解されるように、それらの諸理論は、法や政治でなされるような人間の選択にも適用可能なはずである。この意味では、経済学者は分析対象というものをもたないのである。経済学で発展してきたのは、分析対象からは切り離された（あるいは切り離すことが可能な）アプローチである。実際のところ、選択を行なう動物は人間に限られているわけではないので、同じアプローチは、疑いもなく人間同様に効用最大化につとめているネズミや猫やタコにも適用可能と考えられる。価格理論が動物の行動にも適用できることが示されているが、これはその意味で当然、予想されることである。[4]

経済学者がこのようにもっぱら選択の論理の問題にばかりとらわれているということは、一方では法学、政治学、社会学の再活性化に最終的には貢献するかもしれないが、しかしそれにもかかわらず経済学それ自身には、深刻なマイナスの影響を及ぼしてきた。これが私の見方である。このように理論がその研究対象と切り離されていることの一帰結として、経済学者がその意思決定を分析しているところの主体が研究の対象とはなってこず、そうしてそのために、実体を欠いたものとなってしまった。消費者は人間としてでなく、整合的な選好の集合として取り扱われる。また経済学者にとっての企業とは、スレーター（Martin Slater）が述べたごとく、「実質的には一つの費用曲線と一つの需要曲線であり、企業の理論は単に最適な価格と投入要素の組合せの決定の論理にすぎない[5]」。交換は、その制度的な状況をなんら特定することなく行なわれる。われわれに与えられるのは、人間性のない消費者、組織をもたない企業、そうしてさらに、市場すらもたない交換である。

経済理論に登場する合理的な効用最大者は、普通の人々とは似ても似つかぬものである。実際それはクラパム乗合バスに乗っている男〔訳注——典型的な「適度に注意ぶかい男」を指すイギリスでの用語法〕とも、あるいは、日頃どんなバスでもお目にかかる男（あるいは女）とも違っている。ほとんどの人間は何かを最大化するといった合理的な行動をしているのではなく、実際、自らを不幸にしようとしたりする。しかし、このことすらも完全に成功しているとはいいがたい。ナイト（Knight）は非常に巧みにこの点を表現している。「……人は自らを困難から救うために行動し思考するという……経済学者の議論は、少なくとも半分は事実に反している。われわれが求めるもの、それは「満足を与えてくれるもの」である場合と同じくらい、「われわれを悩ませるもの」である場合がある。われわれは困難から抜けでる工夫をすると同時に、また巧妙に困難にはまりこもうと工夫する。そうして、いずれにせよ、効果的に困難の中にとどまるように工夫しているのである。……なにも想い患うことのない人は、すぐにせわしなく何か行動することを見つけようとしたり、何か面白そうなゲームに熱中したり、恋に陥ったり、なんらかの敵を征服する準備をしたり、ライオン狩りや北極探検に出かけたり、……等々を始めるのである」(6)。

私は、人間の選好は、昔、われわれの祖先が（それがヒトと分類されうるかは別として）

狩猟のために群れをつくって生活していたころから何百万年もかかって形成されてきたものであり、そのような条件のもとでは、その選好は生き延びるのに好都合なものであったと思う。それゆえ、究極的には、社会生物学者(とその批評家)たちの研究が進めば、経済学者が理論の出発点に使えるような選好の集合を導き出せる程度まで詳しく、人間の本性についての全体像を構成できるようになるかもしれない。そうして、もしこれが実現できれば、消費者需要や経済的領域におけるその他の行動についてのわれわれの分析を、より洗練されたものにすることができよう。しかし、当分の間は、何が人の選択を決定しているにせよ、ほとんどの場合、次の知識、つまり人間にとっては、いかなるものについてもより高い(相対)価格は需要量の減少につながる、という知識で満足しておくほかはない。このことは単に貨幣で測った価格についてのみならず、最も広い意味での価格についても妥当する。あるレストランに行くために、危険な通りを横切っていくことが合理的か否かはさておき、その危険度が増せば、そのようなことをする人は少なくなるだろうということは確かである。そうして、危険の少ない手段、たとえば歩道橋が利用できるようになれば、通りを横切る人の数はふつう減少するだろうことは疑いないところである。また同様に、通りを横切ることによって得られるものが魅力的になるほど、横切る人の数が増加するであろうことも確かである。このような知識の一般化が、価格理論を形づくっている。私には、人が合理的な効用最大者であると仮定する必要はないように思える。それはわれわれに、人々がある行動をなぜとったかの選択の理由を説明するものではないのだ。われわれが知っているのは、通りを横切る際の危険があまりに大きくなればそのレストランのサンドウィッチを味わう楽しみをあきらめるだろうということであって、そもそもなぜ死の危険を冒してまでサンドウィッチを手に入れにいくのかという、その理由はわれわれにはわからないのである。

本書に収められている論文はいずれも、人間の選好の性質を取り扱ったものではない。また、すでに述べたように、社会生物学者や経済学者以外のその他の研究者の研究の大幅な進展がみられるまでは、経済学者の研究もあまり進まないものと思われる。経済学者は人間の本性についてきわめて実体を欠いた見解を受け容れているが、これと軌を一にしているのが、経済学者の研究にとって中心となる制度についての彼らの取扱いである。ここでいう制度とは、企業と市場であり、これらが一緒になって経済システムの制度的構造を構成しているのである。経済理論の主流をなす考え方においては、そのほとんどの場合、企業と市場は存在するものと仮定されており、それら自体は分析の対象となっていない。その結果、企業によってなされる諸活動と市場においてなされる諸活動の決定における、法の果たす重要な役割は、ほとんど無視されてきた。本書に収められている論文の特色は、それらが既存の経済理論を拒否しているという点にあるのではない。既存の理論は、すでに述べたように、選択の論理を体化しており、幅広い適用可能性をもっている。むしろこれらの論文の特色は、この経済理論を用いて、企業、市場、そして法が、経済システムの働きのなかで果たす役割を検討していく、という点にある。

2 企業

現代の経済理論における企業とは、生産要素を生産物に変換する組織である。なぜ企業が存在するのか、何が企業の数を決定するのか、何が企業の行動(企業の購入する生産要素と販売する生産物)を決定するのか、といった論点は、大方の経済学者が関心を示す問題ではない。経済理論のなかで企業は、近年ハーン(Hahn)が述べたように、「日陰の存在」である。[7] 次のことを想起すれば、経済学者が上述した問題に関心を示さないということは、きわめて異様である。それは、米国、英国、そうして他の西欧諸国の人々の大部分が企業によって雇用されていること、生産のほとんどは企業内によってなされていること、さらに、経済システム全体の効率性は企業という経済単位の内部において何が起こっているのかにきわめて大きく依存していること、である。私の論文「企業の本質」の目的は、企業の存在理由について根本的な説明を与え、企業が行なう活動の領域を決定する要因を示すことにある。この論文は、よく引用されているにもかかわらず、ハーンの上述した言からも明らかなように、論文(これは約五〇年前に出版されている)に表わされている考え方が、経済学者の道具の重要な部分となっているとはいいがたい。何故そうなのか、その理由は簡単である。なぜ企業が存在するのか、企業はどのような活動を行なうのか、この点を説明するために必要とされるのは、私がその論文で「価格メカニズムを利用するための費用」、「公開市場で交換という手段で取引を実行するための費用」、あるいは単に「市場利用の費用」(marketing cost) と呼んだ概念を導入することにあると思われる。同じ考え方を表わすために、「社会的費用の問題」という論文では、「市場取引の費用」(cost of market transactions) という語句を用いた。これらがやがて経済学の文献において、「取引費用」(transaction cost) として知られることになったのである。私の考えていたことを私は次のように表わした。「市場取引を実行するためには、次のことが必要となる。つまり、交渉をしようとする相手が誰であるかを見つけ出すこと、交渉をしたいこと、および、どのような条件で取引しようとしているのかを人々に伝えること、成約にいたるまでにさまざまな駆引きを行なうこと、契約を結ぶこと、契約の条項が守られているかを確かめるための点検を行なうこと、等々の事柄が必要となるのである」(8)。ダールマン (Dahlman) は取引費用の概念により明確な形を与え、「探索と情報の費用、交渉と意思決定の費用、監視と執行の費用」と述べた(9)。現在の経済理論は取引費用の概念を大方欠いているが、私の主張するところは、それでは経済システムの働きを理解し、その諸問題を有用な方法で分析し、あるいは政策決定の基礎を確立するのは不可能である、というにある。取引費用が存在すると、取引を行なおうとする人々をして、つねに取引費用の低下をもたらすような慣行に従うよう導く。これは、その慣行を用いる場合、他の形で発生する損失が取引費用の節約より少ない場合にはどこでも起こる。交渉相手となる人、締結する契約のタイプ、供給される財ないしサービスの種類、これらすべてが影響を受ける。しかしおそらく、取引費用の存在に対するもっとも重要な適応は、企業の発生であろう。「企業の本質」と題した論文において、私は次のように論じた。生産は個人間の契約という手段によってまったく分権化した方法でなされうるが、その取引に入るや、なんらかの程度の費用が発生する。そのため、市場を通じて取引を実行するための費用にくらべて、それが少ない費用ですむときには、市場でなされていた取引を組織化するために企業が生まれるのである。企業の規模の限界がどこで画されるかといえば、それは、取引を組織化する費用が、それを市場を通じて実行する場合の費用と等しくなるところである。このことが、企業が何を買い、生産し、販売するかを決定するのである。取引費用の概念は、通常、経済学者には用いられていないので、それを取り入れたアプローチが受け容れられるには、いくらかの困難をともなうだろうということは驚くべきことではない。このような状況は、企業に代えて、市場を考察するときに、最もよく理解できる。

3　市場

経済学者は市場の働きを研究していると主張するが、現代の経済理論において、市場それ自体の役割は、企業のそれよりもさらに日陰におかれたままであった。アルフレッド・マーシャル（Alfred Marshall）はその『経済学原理』（*Principles of Economics*）において「市場について」という章を設けているが、それは一般的な性質のもので、詳細なものではない。おそらくそれは、『産業と交易』（*Industry and Trade*）として最終的に結実した研究のためにとっておかれたのであろう。現代の教科書では、市場分析は市場価格の決定を取り扱うものであり、市場それ自体についての議論はまったく消え去っている。このことはそれほど奇妙なことではない。市場とは、交換を促進するために存在する制度である。つまり市場は、交換取引を実行する費用を減ずるために存在している。取引費用は存在しないと仮定している経済理論においては、市場は果たすべき機能をもっておらず、そのため、森のはずれで木の実とりんごを交換する個人やその類の仮想の設定について細やかな分析を行なうことで交換の理論を展開しても、それはまったくもっともなこと、ということになろう。この分析は、確かに、なぜ取引により利得が発生するのかという点を示すことはできる。しかしそれは、どの程度の取引がなされているか、どの財が取引されるかといった点を決定する諸要因は取り扱っていない。そうして経済学者が市場構造に言及するとき、それは制度としての市場とはまったく異なるものであって、語られているのは、企業数、製品差別化とか、その他そういった類のものである。交換を促進する社会的諸制度の影響は、そこでは完全に無視されている。

市場の成立は、企業家の行動によるものであり、長い歴史をもっている。中世のイングランドにおいては、市(いち)や市場は、国王の許可のもとに諸個人によって組織された。彼らは、市ないし市場の場所や設備を準備しただけでなく、安全の確保にも責任をもち(これは政府の力が比較的弱いこのような不安定な時代には重要なことであった)、争いごとを裁く裁判所(〔簡易即決型の〕土足裁判所 Court of Piepowder)を管理した。市や市場は現代でも引き続き見られ、展示場やその類似のものもこれに含まれよう。そうしてこれを提供することは、多くの場合(これもまたイングランドの場合だが)、都市当局の役割であった。いうまでもなく、私的な小売業者や卸売業者によって経営されている商店数や同様の設備数が増加するとともに、市や市場の相対的な重要性は減少していく傾向にあった。政府が安全の確保に責任をもつようになるにつれ、また法的システムがより整ってくるにつれて、古い市場の管理者たちは、もはや安全確保の責任や司法的な機能を担う必要もなくなっていった。ただし、いくつかの簡易裁判所は一九世紀にいたるまで残存した[10]。

過去の伝統的な市場はその重要性を減じたかもしれないが、近年、われわれの現代の経済にとって同様に重要な、新しい市場が出現した。それは、商品取引所や株式市場のことである。これらは通常、取引が行なわれる施設を所有（もしくは賃借）している取引業者のグループ（取引所や市場のメンバーたち）によって組織されている。すべての取引所が、そこで市場の取引に参加する人々の活動について細かく規制を行なっている（取引が行なわれる時間、取引される対象、参加者の責任、決済の条件、など）。そうしてすべての取引所が紛争を裁定する機関をもち、取引所の規則に違反したものに処罰を科す。それらの取引所は、経済学者によってしばしば完全市場と完全競争の例として用いられるが、しかしここで重要なのは、実はそのなかでの取引が高度に規制されている市場である（これはそこで政府が行なうかもしれない規制とは大きく異なっている）、という点である。このことが語っていることは、私のみるところ、まさしく、完全競争に近いものが存在しうるには、通常、入り組んだ規則や規制の体系が必要である、ということである。交換に関する規制について、経済学者はしばしばそれを、独占力の行使と競争を制限する目的をもつ行為が存在するのでそれらに対処するためだ、とみなすことが多い。しかし彼らは、このような規制についての、もう一つの別の説明の可能性を無視しているか、よくいってその重要性を理解していない。それは、これらの規制は、取引費用を削減し、それにより取引量を増加させるために存在している、という点である。アダム・スミス（Adam Smith）は以下のように述べている。「商業や製造業のなかのいかなる分野においても……業者の利益はつねになんらかの点において、公衆の利益と異なっている、また敵対していさえする。市場を拡大すること、および競争を制限することは、つねに業者の利益にかなう。市場を拡大することは、公衆の利益にかなう場合が多いかもしれない。しかし、競争を制限することは、つねに公衆の利益に反する……」[11]。アダム・スミスの、競争を制限するように意図された規制に対する批難は、雄弁で力強いものであったが、そのために、市場を拡大するための規制をつくることはまた業者の利益にかなうという事実には、目が向けられなくなってしまったのである。おそらくこれは、アダム・スミスがほとんど注意を払わなかった問題であったためにそうなったのであろう。しかし、私のみるところ、規制が市場を拡大する役割を果たしているというこの点が無視されているのには、別の理由がある。すなわち、独占や、関税のような通商への障害は、通常の価格理論によって取り扱うことが容易であるのに対し、通常の価格理論には取引費用が取り入れられていないために、取引費用の削減の効果を分析に取り込むことは困難であるからである。

今日存在しているような市場が機能するためには、単に売買がなされる物理的な施設を準備するだけでは十分でないことは明らかである。さらに必要とされるのは、そのような施設のなかでなされる取引を行なう人々の権利や義務を律する法的なルールを制定することである。そのような法的なルールは、ほとんどの商品取引所の場合のように、市場を組織した人々によってつくられるかもしれない。このような取引所が法を制定する際に直面する最大の問題は、取引所のメンバーの同意をとりつけることと、そのルールを執行することにある。商品取引所の場合には、合意を得やすい。なぜなら、メンバーが同じ場所で出会い、限られた種類の商品について取引をするからである。また、ルールの執行も可能である。なぜなら、取引所で取引を行なう機会それ自体がきわめて価値の大きいものであるため、取引を行なう許可を差し止めるという罰則の存在は、ほとんどの取引業者に取引所のルールを守らせるに十分の効果があるからである。他方、小売業や卸売業のように、物理的な施設が分散しており、きわめて異なる利害関係をもつ非常に多くの人々によって所有されている場合には、私的な形の法的システムを制定し管理していくことは、きわめて困難であろう。それゆえ、このような市場で営業している人々は、国家の法的システムに依存せざるを得ないのである。(12)

4　社会的費用の問題

法の経済システムの働きに対する影響は「社会的費用の問題」のなかで検討されている。この論文のそもそもの成り立ちを述べることによって、経済理論の現状をいくらかは明らかにすることができよう。「連邦通信委員会」と題する以前に発表した論文(13)において、私は、米国におけるラジオの周波数帯の使用は、入札により最も高い価格をつけた人に認めるほうが、行政上の手段によって決められるよりも、望ましいだろうと主張した。しかし、私の主張はそこで終わったわけではない。私は、入札に成功した人が獲得する諸権利とはどのようなものかについても論じた。権利の問題について経済学者は、生産要素を(何トンの肥料、何エーカーの土地、等々のように)物的な単位で勘定するので、自明のこととみなすのが普通である。ところが、法律家は、売買されるものについて、習慣的にそれをさまざまな権利の束とみなす。私がラジオの周波数帯の問題を取り扱うにあたって、なぜこれと同様のアプローチをとるにいたったかは容易に理解できよう。というのは、電波を発信する権利の使用を、単に物的なレベルで取り扱うことは困難だからである。とりわけ、所与の周波数で電波を発信することによって何ができるかは、その周波数および隣接する周波数を他の者がどのように利用するかに、決定的に依存するからである。ある特定の周波数の使用にいくら支払われるかを具体的に決めるには、その周波数およびそれに隣接した周波数を使用する人々、あるいは使用するかもしれない人々が所有する諸権利を、何らかの形で特定しないかぎり、不可能である。最初に「連邦通信委員会」という論文で、そうして後に「社会的費用の問題」のなかでよりくわしく取り扱った分析は、そのような文脈のなかで展開されたのである。私がその主張を、後に再度、このようにより手の込んだ仕方で述べなければならなかったのは、数多くの経済学者たち、とりわけシカゴ大学の経済学者たちが私の最初の論文を読み私の論文は誤っていると考えたからであり、私はより

十分に議論を展開することで彼らの疑問や反論に答えたいと望んだからである。(14)

私がラジオの周波数帯の割当を論ずる際に有用だと思う同じアプローチは、経済学者がより扱いなれた問題に、容易に適用することができる。ある一定の土地に工場を建設する権利をもっている（そうしてその権利を行使しようとしている）人は、他の人がその土地に、たとえば小麦を植えようとするのを防ぐ権利をもまた通常有しているであろう。そうして工場を操業することによって騒音や煤煙が出ても、工場の所有者はそうすることの権利をも所有したいと願うだろう。工場の所有者が、その土地で騒音や煤煙を出しながら生産することを選択したのは、そのほうが、他の場所や他の生産方法よりも、より高い純所得をもたらすがゆえである。これらの権利を行使すれば、いうまでもないが、農家がその土地を使用することを排除し、またまわりの人の静かさと清浄な空気を妨げる。

もしある行為を遂行する権利が売買されうるならば、それら諸権利は、生産や楽しみのためにそれらを最も高く評価する人によって獲得されることになろう。この過程で、権利は、獲得され、分割され、結合されるが、それらの行為は、市場で最も価値のある帰結をもたらすように遂行されることになる。ある個人によって獲得された権利の行使は、他の人々による生産ないし楽しみの機会を必然的に拒否することになる。それらの人々にとって、その権利を獲得するための価格は高すぎたのである。もちろん、権利の獲得、分割、結合の過程では、次の対比がなされねばならない。新しい権利の組合せが可能にする帰結の価値の増加分と、新しい組合せの実現に必要な取引を実行するための費用との、比較である。もしこれを実現するために必要な取引費用が、この再調整によって可能となる価値の増加分よりも小さいなら、その場合にのみ、このような権利の再配置は進められるのである。

このアプローチは、以下のことを明らかにしている。ある土地がどのように使用されるべきかを決定するといった権利と、たとえばある場所で誰かに煤煙を排出することを可能にさせる権利との間には、分析的にみて、なんら差異がないという点である。ある土地に工場を建設する権利を所有しているということは、通常、その所有者にその土地になにも建設しないという権利を与えるが、それとちょうど同様に、ある場所で煤煙を排出する権利は、(その権利を行使せずかつ、その権利を行使しそうな人へ権利を譲り渡さないことによって)その場所から煤煙が排出されるのを止めるために用いることができる。権利がどのように行使されるかを左右するのは、誰が権利を所有するか、また、所有者がどのような契約上の取決めのもとにあるか、である。もしこのような取決めが市場での取引の結果であれば、その取決めにより権利は最も高く評価されている方法で行使されるようになる。ただしその際、これらの取引の実現に必要な費用が控除されることが要件である。それゆえ、取引費用は、権利がどのように使用されるかの決定に、きわめて重要な役割を演ずるのである。

こうした見解を体系的に展開した「社会的費用の問題」は、経済学の文献のなかで広く引用され、論じられている。ところが、その経済分析への影響は、私が期待したほどには望ましいものではなかった。議論は主として論文の第3節と第4節に集まり、そのなかでもとりわけ、いわゆる「コースの定理」に集中しており、分析の他の側面は無視されてしまっているのである。第3節および第4節で私は、取引費用がゼロと仮定される世界でどのようなことが起こるかを検討した。そこでの私のねらいは、そのような世界がどのようなものであろうかという点を描写することにあったのではない。むしろそこでのねらいは、分析を展開するための簡単な土俵を設定すること、そうしてより重要なことは、経済システムを構成する諸制度のあり方の決定において、取引費用が果たす、あるいは果たすべき基本的な役割を、明らかにすることにあった。私は二つの状況を検討した。一つは、企業に責任がある場合で、自らの行動が他者に損害を与えた場合には補償を支払うべきケースであり、もう一つは、企業にそのような責任がない場合である。私が説明の便宜のためにとりあげた例は、私への批判者もよく用いたものだが、自らの飼っている牛が迷い、近隣の農家の作物に損害を与えた牧場主のケースである。私はそのとき、次のことを示したと考えた。すなわち、もし取引費用がゼロと仮定され、また各当事者の権利がきちんと定められていれば、この二つのケースにおける資源配分の状態は同じである。私の例では、もし牧場主が農家に牛が引き起こした損害の額を支払わねばならないのであれば、彼はもちろん、自らの費用のなかにこれを含めるであろう。ところがもし、牧場主が損害の責任を問われることがなければ、農家は、牧場主に対して、それを止めさせるために損害の額だけ（またはその額まで）を支払おうとするだろう。そうすると牧場主は、牧畜を続け農作物に損害を与え続ければこの額をもらえないことになるので、この額は、牧畜を続けることとの費用となるのである。いずれの状況においても、損害は同じ費用を牧場主に課すことになる。しかしそれだけでなく、私はまた、以下の議論で重要な役割を演ずる要素をも指摘したが、私の批判者たちは、往々にしてこれを見落としている。すなわち、牧場主が責任を負わねばならない場合には、交渉を行ない、それによって農作物の（損害額を除いた）価値の低下分よりも大きく損害額を減らせるのであればつねに、農作物の生産を止めるか作物を変えるように交渉することが可能である。加えて、他の手段として、たとえば囲いをして被害を減らす方法があれば、もし囲いのための費用がそれによって防がれる損害の額より低いなら、その手段がとられよう。その結果、「牧場主の費用に含められる他のどこかで生ずる生産物価値の低下は、飼い牛が「さもなくば」与えるであろう損害の額を、むしろ下回るはずだ[15]」。私の結論は次のとおりである。「……（生産物の価値を最大化するという）最終的な帰結は、かりに価格システムが費用なしに機能するものと仮定するのであれば、法的システムからは独立である[16]」。この結論はスティグラーによって「コースの定理」として定式化された。スティグラーは次のように表現している。「完全競争のもとでは、私的費用と社会的費用とは等しい」[17]。

取引費用のない世界は、とても奇妙な性質をもつ。スティグラーが「コースの定理」について述べたように、「取引費用がゼロの世界は、摩擦のない世界のように、奇妙といえるものである。独占は、補償をうけることによって競争的企業のように行動する。そうして保険会社は、存在しないであろう」[18]。私が「企業の本質」で示したところは、取引費用が存在しない場合には、企業が存在する経済的理由はない、ということである。また「社会的費用の問題」で私が示したことは、取引費用が存在しない場合には、法律がどのようなものであるかは問題とならない、ということである。というのは後者の場合、人々は生産物の価値を増加させることができる場合にはいつでも、費用なしで交渉して、権利を獲得し、分割し、結合させることができるからである。このような世界では、経済システムを構成する制度は、実体もなければ目的ももたない。チャン（Cheung）は、もし取引費用がゼロであれば、「私有財産権の仮定は、コースの定理を少しも否定することなく取り除くことができる」[19]とすら述べているが、彼はいうまでもなく正しい。また、取引費用がゼロという仮定のもう一つの帰結は、通常気づかれないのであるが、取引を行なうのに費用がかからないのであるから、それをスピードアップするのにも費用がかからないということになり、永遠が一瞬のうちに経験されることになるのである。

このような世界の性質を検討するのに、時間を費やしてもあまり意味があるとも思えない。私の議論が示唆していることは、われわれが現実の世界を研究できるように、正の取引費用の存在を経済分析のなかに明示的にとりこむことの必要性である。ところが、私の論文の与えた影響はこれとは異なっている。学会誌でいろいろと論じられたのは、もっぱら取引費用がゼロの世界についての命題である「コースの定理」についてであった。この反応に私は失望したが、しかしそれは理解できることでもあった。コースの定理が適用される取引費用ゼロの世界は、現代の経済分析の世界なのである。それゆえ経済学者は、現実の世界からはかけ離れたものであるにもかかわらず、それが提起する理論的な問題を取り扱うことに違和感をもつことなく満足しているのである。また、多くの批評が私の議論に批判的であったことも、十分に理解できる。というのは、もし私が正しければ、今日の経済分析は、それが答えるべき多くの諸問題を取り扱うことができないでいるからである。このように憂鬱な結論は、とうてい歓迎されるものではない。私の分析が出会った抵抗は、それゆえきわめて自然なものといわねばならない。私の見解は次のとおりである。コースの定理と課税案についての私の議論（「社会的費用の問題」の分析のなかで経済学者が最も関心を示した部分である）に対する反対論は、妥当ではないか、重要ではないか、あるいはまとはずれである。本書の後半のほうに収められている「社会的費用の問題に関するノート」において、なぜ私がそのように考えるかの理由が明らかにされている。ところが、コースの定理をめぐる議論は、明示的にもしくは暗黙裡に、取引費用がゼロと仮定された世界に関わってきた。それは、いずれにせよ、正の取引費用が存在する現実の世界によって提起される諸問題に取り組むことを可能にする分析体系の展開のための、予備的な仕事にほかならない。とはいえ、まず最初にわれわれが現在ほとんどの経済学者によって用いられているアプローチを捨て去らないかぎり、この展開は望めない、というのが私の見解である。

5 限界費用価格形成

本書に収められている「限界費用論争」のなかで私が論じたように、限界費用価格形成の主張に対して様々な支持が寄せられたが、これは現代の経済学者のアプローチについてのすぐれた例示となっている。この支持者たちは、無名であまり尊敬されていない経済学者のグループではなく、経済学を職業とするもののなかで最も著名な人々である。米国において源となった最初の論文は一九三八年に発表されたホテリング（H. Hotelling）によって書かれた論文である。[20] 英国では最も影響力をもつ限界費用価格形成の唱導者はラーナー（A. Lerner）であり、彼はその論文を一九四四年に出版したが、その研究は一九三〇年代に遡る。[21] 戦争中、英国の内閣の経済部に勤務していたミード（J. E. Meade）とフレミング（J. M. Fleming）は、当時の国営企業の諸問題に関するシンポジウムにおいて限界費用価格形成を支持する論文を書いている。ケインズ（J. M. Keynes）は彼らの論文を読み、きわめて高く評価し、自らが編集者であった『エコノミック・ジャーナル』（*Economic Journal*）にその論文を掲載した。[22] 限界費用価格形成を支持した経済学者はほかにもいたが、ホテリング、ラーナー、ミード、フレミング、そしてケインズという以上にあげた名前だけでも、そうそうたるものであろう。[23]

限界費用価格形成の主張が説得的であることは論をまたない。そうでなければ、これほど多くのすぐれた経済学者が賛同するはずがないであろう。その論理的基礎は、容易に説明される。ある製品を生産する際に用いられる生産要素の費用とは、それらの生産要素が他の用途に用いられたときに生みだしたであろう価値である。価格が費用に等しくなければ、たとえある製品の消費者に対する価値が、その製品を生産するのに必要な生産要素が他で生みだしたであろう価値よりも大きくとも、消費者は必ずしもその製品を需要しないだろう。消費者は、何を消費するかだけではなく、どれだけ消費するかも決定しなければならないので、価格は、生産物の追加的な一単位の費用、すなわち限界費用に等しくなければならない。サミュエルソン（P. A. Samuelson）は次のように述べている。「財の価格が限界費用に等しいときにおいてのみ、経済はその稀少な資源と限られた技術知識から最大限の生産量を引き出しているといえる。……限界費用はこのような最適性の性質をもっているので、それはいかなる制度的設定のもとでも、注意して使えば非効率性を見つけ出すのに利用することができる」[24]。このことは、多くの経済学者に対して、すべての価格は限界費用に等しくなければならないことを示唆した。

価格が限界費用と等しければ、生産者の平均費用が生産量の増加とともに上昇する場合には、総費用をカバーするのに十分なだけの収入をもたらす。実際、このような状況においては、競争は通常、なんら政府の介入を必要とすることなく、限界費用が価格と等しくなることを保証する。ところがもし、平均費用が生産量の増加にともなって低下し、したがって限界費用が平均費用以下である場合には、価格が限界費用に等しくとも、総費用をカバーするのに十分な消費者からの収入をもたらすことはできない。この難点を解決するために、政府は当該企業に対し、消費者からの収入が総費用に不足する分に等しい額の補助金を与えるべきであり、補助金に必要な額は、政府が税により徴収すべきである、という提案がなされている。「限界費用論争」という論文の目的は、この政策の弱点を指摘することにある。

生産量の増加にともなって平均費用が低下する製品やサービスは無数に存在しており、これらのすべてに補助すべきというわけではないだろうから、政府は、そのなかでどれが補助されるべきかを決定しなければならないだろう。限界費用価格形成を主張する人々がこの問題の解決策として提案しているのは、次のような手続きである。政府（あるいは企業を経営する人々）は、価格が限界費用に等しいときに消費者が需要する量を手にいれるためにはどれだけ支払う意思があるかを推定し、もしその結果、消費者が総費用を償うだけの額を支払う意思があることが判明すれば、政府はその企業に、総費用と消費者からの受取額の差額を支払う、というものである。

私にはこれは、奇妙な、しかもきわめて大きな非効率性をもたらすやり方に思える。これが奇妙だというのは、消費者が総費用を償うだけの額を支払う意思があると確かめたのに、消費者にそうするよう求めはしないからである。これが非効率性をもたらすというのは、消費者はこの額を支払わなくてもよいので、消費者がそもそもその額を支払う意思があるか否かを推定するための基礎として利用できる情報がほとんどないからである。それだけでなく、さらに、推定が正しかったかどうかがその後に市場でテストされることがなければ、その推定を行なう人は推定にあたってそれほど注意深くなくなるだろう(さらに政治的要因が働き、ある特定のサービスを補助すべきか否かの決定にあたって政府に影響を与えようとするという問題もある)。この提案はかくして、壮大な浪費への処方箋となる。また、この政策は、費用逓減の状態で生産されている財の消費者に対して有利な所得の再分配をも意味する。そのうえ、この政策は、新たな課税を必要とするが、これは課税の対象とされる製品ないしサービスの価格を限界費用より高くすることになろう。ここで起こっていることは、いくつかの製品について価格が限界費用より高くなるのを防ぐために、他の製品について価格が限界費用より高くなってしまう、ということである。こうした政策の正味の効果というものは、私にとっては明らかではない。

このような点こそ、私が「限界費用論争」のなかで強調したところである。ところでその後、私は、トム・ウィルソン（Tom Wilson）が『エコノミック・ジャーナル』誌上での討論で、いちはやく指摘していた点の重要性に気づくにいたった。[25] 彼は、財政上の自律性と管理機構との間にある密接な関係に、注意を喚起している。もし補助金が支出されるなら、政府はその額を抑えることに注意するようになり、それゆえ少なくともなんらかの程度、補助を受けているサービスの管理に関与することを望むであろう。したがって、限界費用価格形成のゆきつく方向は、私企業を国家に置き換え、分権的な運営を集権的な運営に置き換えてしまう傾向をもつ。きわめて不適切な管理構造によってしばしば非効率性がもたらされるが、この非効率性は、限界費用価格形成の最も深刻な難点だということになりかねない。もし効率性が私企業と分権的な運営によって推進されるなら、財政上の自律性が求められる。そうして財政上の自律性は、限界費用価格形成とは両立しないのである。

政策としての限界費用価格形成は、ほとんどメリットがない。では経済学の専門家の間でそれが広く支持されているということは、どのように説明されるのであろうか。私はそれは「黒板経済学」（black-board economics）と私が呼ぶアプローチを、経済学者が用いることの結果であると思う。いま問題にしている政策も、黒板の上で実行されているにすぎない。必要なすべての情報は利用可能であると仮定され、教師がすべての役を演ずる。教師が一般的な厚生を増進させるように、価格を設定し、税を課し、補助金を配分する（すべて黒板の上で）。ところが現実の経済システムには、この教師の役に対応するものは見当たらない。上述の黒板の上でなされるような仕事を委任され、行なっている人は存在しない。教師の心の裏側のどこかで（時には心の表面で）、現実の世界では教師の役割を政府が演じているという考えが、疑いなく存在している。しかし、政府の内部にはそうした単一の実体はまったく存在せず、ある部門でなされていることが他の部門でなされていることと調和するように注意深く調整しつつ経済活動を詳細に規制する主体はいない。現実の世界では、多くの異なる企業と政府諸機関とが存在し、そのそれぞれは独自の利害、政策、そうして権力をもっている。政府はその経済政策を、以下のような様々な方法で実行する。すなわち、政府機関を設立（ないし廃止）したり、責任にかかわる点について、もしくはその他のやり方で法律を改正したり、許認可制を導入したり、ある種の事柄について法廷に権限を与えたり、ある産業を国営（あるいは民営）化したり、等々といった方法である。政府が行なうのは、経済システムの諸機能を遂行する様々な社会的制度のなかから、選択することである。黒板経済学は、疑いもなく大いなる知的能力を必要とするし、経済学者の能力を発達させるのには有効であろう。しかし経済政策を考えるにあたっては、それはわれわれの注意を誤った方向へ向けてしまう。ここでわれわれが検討を求められているのは、経済システムが様々な代替的な制度的構造のもとでどのように働くかという点である。

そうしてこのためには、ほとんどの現代の経済学者によって用いられているアプローチとは異なるアプローチが必要となるのである。

6　ピグー的伝統と現代の経済分析

厚生経済学——これは経済システムの働きを規制する政府の役割の分析をその課題の一つとする経済学の一分野である——は、一九二〇年に最初に出版されたピグー（A. C. Pigou）の『厚生経済学』（*The Economics of Welfare*）における分析を基盤としている部分がきわめて大きい。もっともこの本の議論の大部分は、一九一二年に出版された彼の『富と厚生』（*Wealth and Welfare*）においてすでに述べられている。

「社会的費用の問題」において私は、ピグーの基本的立場は次のようなものであると述べた。すなわち、経済システムの働きに欠陥が見いだされた場合、これはなんらかの政府の行動を通じて正される、という立場である。この見解はいろいろな前提条件をつけたうえで表明されているものの、これが彼の考え方の中心的な傾向を表わしている。私はピグーをあまりに厳しく批判しすぎるといわれることもあるが、私が述べたことは基本的に正しいと信じている。ピグーの仕事の一部分、『厚生経済学』の第二部第二〇章——「公的機関の介入」と題された章——をとりあげて検討することによって、彼のアプローチの性質を検討してみよう。なおこの部分は「社会的費用の問題」のなかではとりあげていない(26)。

ピグーが問うているのは、なんらかの公的介入によって国民利益(national dividend)が増加するか、という問題である。彼は次のようにいう。「いかなる産業であれ、個人の利益の追求が自由に働くときに決まってくる資源の投資の量が、国民利益を最大限追求する場合に必要な量と異なっていると思われるときには、一見したところ公的介入の根拠が存在する(27)」。彼はすぐに付言して、もちろんこれが単に一見したところそうみえるにすぎない、と述べている。「自由な私企業の調整の不十分さを、経済学者が書斎で想像しうる最適な調整とくらべるだけでは十分ではない。というのは、われわれはいかなる公的機関もそのような状態を達しうると期待することはできない。あるいは公的機関がその実現に心から努めているということすら期待できないかもしれない。このような機関はおしなべて、無知や、セクショナリズムや、私的利益による個人的な腐敗にさらされやすい(28)」。

しかし、ピグーは公的介入のこのような欠陥が、いつの時代でもどの場合でも同じように現われるわけではないと主張している。イングランドにおいては、ここでピグーはマーシャルを引用しているのだが、昔よりも現在のほうがより多くの正直さ、利己的でない態度がみられるし、また今では選挙民が権力と特権の濫用をチェックすることができる。「この重要な事実は次のことを意味している。すなわち今日では、いかなる公的機関によるどのようなタイプの干渉であれ、それが有用である可能性は昔よりも高い(29)」。彼はまた

「既存の形態の公的機関の働きが改善される以外にも、より改善された形態が工夫されていくことをも考慮にいれる必要がある」ともいう[30]。自治体や類似した代議制の組織体が事業を管理もしくは運営するにあたっては、四つの難点をもっている。(1)それらは産業に介入するという目的ではない、別の目的のために選ばれている。(2)そのメンバーはつねに変動している。(3)その事業の分野は通常、営利性を考慮して決定されたものではない。(4)それらは選挙のもたらす望ましくない圧力にさらされている。しかし、ピグーによれば、これらの「四つの難点は……、近年よく用いられるようになった委員会、もしくはアド・ホックの部局の設置という方法で……克服することが可能である。……このような委員会のメンバーは、その仕事に適格な者を特に選任し、その在任期間は長期に設定し、各メンバーに割り当てられる分野を適切に調整し、彼らの任用の条件は彼らを選挙の圧力から解放することを主眼において適切に決めることができる[31]」。このような委員会の例として彼があげているのは、州際通商委員会である。ピグーは次のように結論づけている。「大きな帰結として、政府機関の構造や方法が近年発達し、過去には政府の介入が妥当とはいえなかったような状況のもとにおいて政府機関が産業に介入しても、それが国民利益につながる形に、政府機関が改められてきたのである[32]」。このようにして、ピグーはこの章のはじめで、われわれは「自由な私企業の調整の不十分さを、経済学者が書斎で想像しうる最適な調整とくらべる」べきではないと指摘しておきながら、結果的には（ほとんど）完全に機能する公的組織の存在を想定することにより、まさに、すべきでないことを行なってしまっているのである。

ピグーはこれらの委員会が、自らが描いているように機能することになんらの疑いももっていなかったようである。そのため、政府の不完全性について述べることから始めているにもかかわらず、ピグーは完璧な政府組織の形態を発見するにいたり、それゆえ、公的介入のあり方に欠陥があり、公的介入がむしろ事態をいっそう悪化させてしまう状況を検討することを回避してしまうこととなった。ピグーの独立した規制委員会の利点に対する信念は、今日、われわれにとってばかばかしいものに思われるが、これは一九一二年の『富と厚生』において最初に表明され、さらに『厚生経済学』のすべての版にまったく変更を加えられることなく繰り返されている。ピグーは、これらの委員会に対する彼の楽観的な見解が、その後の四〇年間(一九五二年のリプリントが新たな内容を含む最後の版である)の出来事によって裏づけられているのかどうか、この点を検討する必要があることをまったく考慮することがなかったように思われる。すべての版において、州際通商委員会のことを州際鉄道委員会と述べており、この組織のことを、一八八七年に創設されたにもかかわらず、いつも「最近に発展をみた」と形容している。これらのことは、彼がこの問題になんら真剣な関心を寄せていなかったことを示している。

これらのすべてが、ピグーの思考の偏りをはっきりと明らかにしている。ピグーは、オースティン・ロビンソン（Austin Robinson）がいうように、「主として……物事に新たな「光」をあてるよりもその「果実」に関心をもっていた。すなわち、現実に適用可能な厚生理論を書くにあたって」、彼は経済制度の働きについて、なんら詳細な研究を行なっていない。彼のなんらかの特定の問題についての議論は、彼が読んだいくつかの本や論文にもとづくものと思われ、彼が依拠している二次的な文献のレベルを出るものではない場合もしばしばである。彼の研究のなかに見いだされる例は、まさに彼の見解を例証するだけのものばかりで、その見解を基礎づけるようなものではない。オースティン・ロビンソンは、ピグーが読書をする際には「つねに彼自らの研究のなかで引用できるような現実的な事例を求めていた」と述べており、これは彼の研究態度を示している。[33] ピグーがこのような方法で実例を見つけだしていたので、彼がそれらの重要性をしばしば認識しえなかったことは驚くにあたらない。たとえば、私は「社会的費用の問題」のなかで次のような状況を指摘した。すなわち、鉄道の機関車の火花が鉄道に隣接する土地の森に火事を起こしても鉄道会社は森の所有者に補償を支払う必要がない（これはピグーが著作を著わしていたころのイングランドの法制下ではそうなっており、ピグーもおそらく知っていたであろう）という状態は、政府が行動をとらなかったからではなく、政府の行動の結果として、もたらされているのである。

現代の経済学者は、その大半がピグーと同じアプローチを用いる。ただし用いる用語はいくらか異なっており、また現実の世界からの遊離はいっそう大きくなっている。サミュエルソンは、『経済分析の基礎』(*Foundations of Economic Analysis*, 1947) のなかで、ピグーの立場を、とくに異論をはさむことなく、次のように要約している。「……彼の理論は、競争下の閉鎖経済の均衡は、技術的外部経済ないし不経済が存在する場合を除くと正しいと主張している。この除外される事態が存在する場合には、各個人の行動が他者に影響を与えてしまうが、各個人は意思決定を行なう際にはそれを考慮にいれないので、一見したところ明らかに介入が必要なケースである。しかし、これは技術的な要因(煤煙による被害など)の場合にのみ当てはまる……」[34]。近年の議論との唯一の違いは、「外部経済ないし不経済」という語句が最近では、「外部性」(externality) という言葉に置き換えられていることである。この言葉は、一九五〇年代にサミュエルソンによって造語されたものであろう[35]。ハーンは、一九八一年の論文のなかで、「われわれは、……ある主体の行動の他の主体の厚生への影響を外部性と呼ぶ」と述べている。彼はさらに次のように付け加えている。「マーシャルとピグー以来、外部性が存在する場合には、市場経済に対する政府の介入が正当化される一見したところ明白なケースであるという点で一致をみている」[36]。外部性はもっと普通には、ある人の意思決定が、その意思決定にかかわってはいない誰かに影響を与えること、と定義される。そこで、もしAがBから何かを買うと、Aの買うという意思決定はBに影響を与えるが、これは「外部性」とはみなされない。しかし、AのBとの取引が、取引の当事者ではないC、D、Eに、たとえば騒音や煙といった形で影響を与える結果となった場合には、C、D、Eへの影響は「外部性」と呼ばれる。このように補正をすると、ピグーのアプローチを包摂したハーンの文章は、現代経済学の主流をなす考え方をあらわしているといえよう。また、次の点も指摘しておかねばならない。現代の経済学者が政府介入について語るとき、彼らが通常念頭においているのは、課税、もしくはより少ない頻度で、関連する企業ないし個人の行動に対する直接の規制、であるようにみえる。

このアプローチは深刻な欠陥をもっている。それは、政府の介入が望ましいか否か、どのような種類の介入が望ましいか、といった点を決定する要因を明らかにしておらず、また、他の可能な対策を無視している。結果としてこれは、経済政策に対して助言を行なう際に、経済学者を誤った方向へ導くことになってしまっている。とりわけ、「外部性」の存在そのものは、一見して明白な政府介入の根拠となるとはいえないのであって、もし「外部性」が見いだされたとき、他のとりうる諸対策（なにもしないこと、従来の政府の行動を放棄すること、あるいは市場の取引を促進すること、を含む）ではなくて、政府の介入（課税ないし規制）が求められると想定されているのであれば、まさにそうだといわねばならない。

次のような状況を想定しよう。Aが製品を製造する際に煤煙を排出し（Aはその権利がある）Cに被害を与えるが、AはCとなんらの契約関係になく、またCの存在すらAは知らないかもしれない。ここには「外部性」が存在している。さらに想定として、政府は、ピグーの夢想する州際通商委員会のように、能力とやる気があると仮定しよう。政府は何をなすべきか。ケースとして、Cが被害を回避するために支払わねばならない額が、Aが煤煙が出ないようにするために追加的に必要となる費用より、小さい場合を考えよう。このような状況においては、国民利益を最大化しようと努める完全な政府は、煤煙の排出を防止するためには、なにもしないであろう。Aへの課税もしないし、直接規制をも行なわない。「外部性」は存在しつづけるが、政府の介入は必要とされないのである。

いまケースを変えて、Cが被害を回避するために支払おうとする額が、Aが煤煙を除去するために負担しなければならない追加的な費用を、超える場合を考えてみよう。われわれはまず、なぜCがAと煤煙の排出を止めさせるための交渉をしなかったかを尋ねる必要がある。というのは、この取引は、AとC双方にとって得になる条件で行なうことが可能であるように思われるからである。その答えは、取引をするための費用が、その取引がもたらす利益を打ち消すほどに高いから、ということであろう。もしその通りならば、この完全な政府は何をなすべきか。AとCが彼らの取引を実行するための費用を考慮にいれたように、完全な政府は、Cが被害を回避するために支払ってもいいと思う額や、Aが煤煙を除去するために負担しなければならない費用を見いだすための費用を考慮すべきだし、また同様に、政府がなんらかの対策を実行した場合の、その管理費用をも考慮に入れなければならない。もし調査と管理の費用が高いか、得られた結果がかなり不確実か、あるいはその双方ともであり、その結果、政府の介入によって期待される利益が、そのために必要な費用を下回る場合には、完全な政府はAに課税をしたり、煤煙を除去させるための規制を課したりはしないだろう。他の可能性は、法を改正して、Aに対し、それが引き起こした損害について賠償の責任を負わせるようにすることである。これはAとCの間の交渉を不要にするであろう。さらに他の可能性としては、AとCとの間の契約を律する法的な必要条件を改め、この取引にかかる費用を軽減させることである。しかしおそらく、この理想的な政府は、そうした法の改正が他のケースにおける他の取引にも影響を与えてしまうこともすでに検討しており、そのような改正をしていないことからみて、この改正が他のケースでもたらすと思われる損失がこの特定のケースでもたらすかもしれないなんらかの利益を上回ると判断したのであろう。このパラグラフの中で検討された仮設例では、取引するための費用と、政府の対策に必要な費用のために、「外部性」が存在し続けること、およびそれを排除するためのいかなる政府介入もしないこと、のほうが望ましいものということになっているのである。

すでにみたように、単に「外部性」が存在しているというだけでは、それ自体では、なんら政府の介入の理由とはならないことは容易にわかる。実際のところ、取引費用が存在し、それが大きな額にのぼるという事実は、[37]人々の行動のもたらすいろいろな影響のうち、その多くのものが市場の取引でカバーされないだろうということを示している。その結果、「外部性」は遍く存在することとなる。政府の介入もまた費用を要するという事実は、もし生産物の価値の最大化をねらうのなら、「外部性」の多くのものはそのままにしておくべきだ、ということを意味することになろう。政府が、ピグーの想定する理想的な政府ではなく、無知で圧力に弱く腐敗した普通の公的機関であるとするならば、この結論は、いっそう強いものとなる。「外部性」が見いだされたとき政府の介入が望ましい、との想定を立てうるか否かは、その経済における費用条件に依存する。政府の介入が望ましいといえる費用条件を想定することもできるし、そうでない費用条件を想定することもできる。経済理論が、どの想定が正しいかを決定することができると主張するのは誤っている。ここで問題とされているのは、事実の上の問題なのである。「外部性」が遍く存在するという事実は、政府の介入に反対する一見したところの明白な論拠となっているように私には思われる。そうしてアメリカ合衆国で近年行なわれてきた、農業分野から土地利用にわたる規制の効果についての研究が、規制は通常、事態をいっそう悪化させることを示しているのは、私のこのような見解を支持しているといえよう。

「外部性」の概念は厚生経済学で中心的な役割を演ずるようになり、これはきわめて不幸な結果をもたらしてきた。人々の行動が他の人々（あるいは自分自身にさえ）に影響を与えるが、それをその人々は意思決定に際して考慮に入れていないということは、疑いもなくありうる。しかし、この言葉の使われ方は、今日その含意として、「外部性」が見いだされると政府がそれを除去するよう手段を講じるべきだ、という意味が込められている。すでに示したように、個人や私的な組織がそれを除去しようとしないのは、まさしく、そうすることで得られる利益が、そうすることで失われるもの（これには、そのために必要な取決めをする費用を含んでいる）によって、帳消しにされてしまうからである。もし政府が介入することによる損失もまた「外部性」の除去による利益を上回るなら、明らかにそのままにしておくことが望ましい。私が一般的な見方に与していると思われることを避けるため、私は「社会的費用の問題」のなかで「外部性」という言葉をけっして用いなかった。代わりに、意思決定者がそれを考慮にいれているか否かを特定せずに「有害な影響」（harmful effects）という言葉を用いた。実際、その論文のねらいのなかの一つは、以下のことを示すにあった。すなわち、このような「有害な影響」は他の生産要素と同様に取り扱えること、それらを除去するほうが望ましい場合もそうでない場合もあること、正しい帰結を得るために分析のなかで「外部性」といった概念を用いる必要はないこと、である。とはいえ私は、私の議論を支配的なアプローチから切り離すことに明らかに失敗したようである。というのは「社会的費用の問題」は私の見解に同情的な人からでさえ、しばしば「外部性」の研究であるとみなされることがあるからである。

経済学者が経済システムの働きを研究する際には、次の認識が欠かせない。それは、個人の、あるいは組織の行動が、そのシステム内で活動する他者に与える影響を取り扱っているのだという認識である。これこそわれわれの課題なのである。このような影響が存在しないのであれば、研究すべき経済システムというものは存在しないことになろう。個人や組織は、自らの利益の増進のために、他の人や組織がしたいことを促したり妨げたりする行動をとる。労働サービスを提供するかもしれないし、しないかもしれない。資本設備を提供するかもしれないし、しないかもしれない。煤煙を排出するかもしれないし、排出を防止するかもしれない、等々。経済政策の目的は、人々がどのような行動をとるかを決定するにあたって、システム全体にとって最善な結果をもたらすような選択を行なうことを確実にすることにある。まず第一段階として、私は、これは総生産の価値を最大化することと等しいと想定している(この点では私はピグー派である)。

人はおおむね自らの利益を増加させる行動をとることを選ぶので、経済の面で人々の行動を変えるためには、そうすることがその人々の利益になるようにしなければならない。そのために政府がとりうる唯一の手段は(通常あまり有効でない説得という手段を別にして)、法ないしその運用を変更することである。そうした変更の形態は、いろいろな形をとりうる。人々が獲得することが許され、所有するとみなされる、権利や義務を改めたり、あるいは、法的に拘束力のある契約にするための要件を変更することで取引をより費用のかかるものにしたり、かからないものにしたりできる。あるいは、契約の外で他者に損害が加えられた際に、法廷によって科される罰を変更することもできる。そして、もちろん、経済学者好みの、ある特定の行動の成果に対する課税や補助金といった手段とか、ある特定の行動の成果を禁じたり要求したりする政府規制といった手段もまた用いられよう。その他として、法的システムが機能するその仕方を変化させる変更も、また経済システムの働きに影響を与えるだろう。これにはたとえば、法廷での手続きの変更、政府機関の間での職務の再配分や、（米国においては）連邦政府と州との間の義務の配分の変更などが含まれる。法律家は疑いもなく、こうしたリストにさらにいくつものやり方を付け加えることが容易にできよう。経済政策とは、これらの法的なルール、手続き、管理機構のなかから、生産物の価値を最大にするものを選択することにほかならない。とはいえ、法的な環境の変化が経済システムの働きに与える影響を見つけ出すことは容易ではない。しかし、「法と経済学」(law and economics) という新しい課題に取り組んでいる経済学者の研究の結果、進展はみられる。経済学者が現在のアプローチが満足できる性格のものではないということを理解するにつれて、この研究に才能をかける経済学者が増えてくるであろうと私は期待している。

経済政策が関わりをもつのは、代替的な社会的制度の間の選択である。そしてこの社会的制度は、法によってつくられているか、法に依拠している。大多数の経済学者は、問題をこのような観点からみようとはしない。彼らは理想的な経済システムの構図を描く。そうしてそれを、彼らが観察したもの（あるいは観察したと信じているもの）とくらべ、この理想的な状態に達するには何が必要かを、それがいかにしてなされうるかをあまり考慮することなしに、処方するのである。分析の取り運びはきわめてすばらしいものであるが、それは宙をただよっている。それは、私がいうところの「黒板経済学」にほかならない。そこでは、経済が現実にどのように働いているかについて、ほとんど調べられない。その結果、ピグーのように、とりあげられる事例がしばしばミスリーディングなことは、驚くべきことではない。より最近のケースは、ミードの場合である。彼は、よく引用される論文のなかで、「果樹園で授粉する蜂の例を、市場が取り扱えない相互依存関係の事例として用いているが、ここで彼は、少なくとも米国ではみられる養蜂業者と果樹園の所有者との間の契約に、明らかに気づいていないのである。(38)

経済政策上の諸問題に対する経済学者の通常のアプローチが少なくともミクロ経済学においては不適切であることを包括的な形で示しているのが、よく用いられる灯台の例である。これは、本書に収録されている私の論文「経済学のなかの灯台」において論じられている。灯台は、ジョン・スチュアート・ミル（John Stuart Mill）からサミュエルソンにいたる幾人かの偉大な経済学者たちによって、政府によって供給されるべきサービスの例として用いられてきた。また、それほどには有名ではない経済学者たちが書いた多数にのぼるテキストブックにおいても、灯台は同様の役割を演じている。しかし、私が知るかぎり、灯台の例を用いたこれら偉大な経済学者たちのだれ一人として、灯台の資金調達と灯台管理についての研究をしていない。このような状況では、彼らがこの問題について述べていることが、誤っているか、不明瞭であるか、あるいはミスリーディングであるのは、別に驚くべきことではない。サミュエルソンは昔の経済学者の議論をさらに進め、現代の経済学者に共通するアプローチを用いて次のような議論をしている。すなわち、彼は、灯台のサービスに対して料金を課すことはできない（これはあいにくと誤りである）というにとどまらず、もし料金を課すことが可能であったとしても、それは望ましくない、というのは、限界費用（灯台のサービスを利用する追加的な船舶の費用）はゼロであり、そうして価格は限界費用に等しくされるべきであるからである、と主張している。サミュエルソンは、次の比較をしていない。それは、灯台のサービスに対して料金を課すシステムによって実現されると思われる結果と、灯台のサービスが一般的な税で賄われるシステムのもとでの結果との、比較対照である。彼は理想的な状況（彼は価格ゼロの場合をそう考えている）をまず想定することから始め、これが実現されねばならないと示唆する。しかし彼の政策が灯台の運営にどのような影響を与えるかについては、まったく考慮しないままである。私は、次のように主張している。つまりイングランドのケースでは、灯台のサービスに料金が課されるが、現行のこのようなシステムのもとでのほうが、一般的な税で賄われるであろう場合よりも、船主のニーズに灯台のサービスがよりよく応えることができている、と。この私の結論が正しいか否かは、別の問題である。とはいえ、私の結論を否定するには、まず私の試みたような比較を行ない、重要な要素を私が考慮に入れていないとか、あるいは考慮してはいるがその影響を誤って評価しているといった点を示さねばならない。私の政策提言によって達成されることが、達成不可能ななんらかの理想状態と対応しないということを示したとしても、私の結論を否定したことにはならないのである。

7　今後の課題

私は経済学者が経済政策を検討するにあたって、新しいアプローチを用いる必要があるということを提案してきた。しかしアプローチを変えるだけでは十分ではない。様々な制度的取決めのそれぞれが何をもたらすか、これについてのある程度の知識がなくては、それらのなかから適切なものを選択することは不可能である。それゆえ、このような制度的取決めの効果の分析を可能にする理論体系が必要である。このためには、標準的な経済理論を放棄する必要はない。分析のなかに、取引費用をとりいれることが必要なのである。というのは、経済システムの多くの部分が、取引費用を減らすために工夫され、あるいは取引費用の存在のため実現が妨げられていることを実現させるためにデザインされたものであるからである。取引費用を考慮にいれないと理論は貧しくなる。これ以外にも考慮に加えるべき要因があることは疑いもないことである。しかし、経済活動が実際にどのようになされているかについて、現にわれわれが所有している知識をさらに増やさないことには、分析を改良することは容易ではない。灯台の例は、経済学者が事実を知らないと、どこまで誤ったまま突き進んでいってしまうかを示している。本書に収められている私の論文「産業組織論――研究についての提案」のなかで私は、企業の諸活動とその契約上の取決めについて、われわれがいかに少ししか知らないか、いかに今後研究されるべき部分が多いか、ということを指摘した。同様に、「社会的費用の問題」のなかで、今後研究が必要とされるものの例として次のような課題をあげた。すなわち、「取引の当事者を引き合わせる仲介業者の仕事、制限的な契約条項の有効性、大規模な不動産開発会社の諸問題、政府による土地利用規制、その他の規制活動」などの研究がそれである。これらの私の論文が出版された後にすぐれた研究がなされてきているが、まだなされるべき事柄も多く残っている。残された課題のなかで最も手強いものは、「法と経済学」という新しい分野に属するものである。経済システムと法的システムとの間の関係はきわめて複雑で、法の変化が経済システムの働きに与える影響（まさにこれこそ経済政策の実体である）の多くに、われわれの理解は及んでいない。本書に収められている論文はほとんど、なされるべき研究の方向性を示す以上のものではない。長く、困難な、しかし報いられることの多い旅路が、われわれを待っている。

〈第一章　注〉

(1) Lionel Robbins, *An Essay on the Nature and Significance of Economic Science*, 2nd ed. (London: Macmillan & Co., 1935), 16.〔中山伊知郎監修・辻六兵衛訳『経済学の本質と意義』東洋経済新報社、一九五七年〕。

(2) 以下に含まれる、様々な研究をみよ。Gary S. Becker, *The Economic Approach to Human Behavior* (Chicago: University of Chicago Press, 1976).

(3) Ibid., 5.

(4) たとえば次をみよ。John H. Kagel, Raymond C. Battalio, Howard Rachlin, and Leonard Green, "Demand Curves for Animal Consumers," *The Quarterly Journal of Economics* 96, no. 1 (February 1981): 1-14.

(5) マーティン・スレーターの下記への序文。Edith T. Penrose, *The Theory of the Growth of the Firm*, 2nd ed. (White Plains, N. Y.: M. E. Sharpe, 1980), ix.〔末松玄六監訳『会社成長の理論』(第一版一九五九年の訳) ダイヤモンド社、一九六二年〕。

(6) Frank H. Knight, *The Ethics of Competition*, 2nd ed. (New York: Harper & Bros., 1936), 32.

(7) Frank Hahn, "General Equilibrium Theory," in *The Crisis in Economic Theory*, ed. Daniel Bell and Irving Kristol (New York: Basic Books, 1981), 131.

（8）「社会的費用の問題」本書一九九ページをみよ。

（9）Carl J. Dahlman, "The Problem of Externality," *The Journal of Law and Economics* 22, no. 1 (April 1979): 148.

（10）市と市場の歴史および土足裁判所（Court of Piepowder）についての説明は以下をみよ。Joseph G. Pease and Herbert Chitty, *Pease and Chitty's Law of Markets and Fairs*, 2nd ed. by Harold Parrish (London: C. Knight, 1958), 1-9. および Palgrave's *Dictionary of Political Economy* (London: Macmillan & Co., 1894-1901), S. V. "Fairs and Markets" and "Piepowder Court."

〔訳注〕土足裁判所（Court of Piepowder）とは、昔、英国で定期市（fair）に付設され、行商人などの取引の争いについて、領主の執事を裁判長とする土足でも入れるほどの簡易で即決型の裁判所。

（11）Adam Smith, *An Inquiry into the Nature and Causes of the Wealth of Nations*, vol. 1 of *The Glasgow Edition of the Works and Correspondence of Adam Smith*, ed. R. H. Campbell and A. S. Skinner, text ed. W. B. Todd (Oxford, 1976), 267.〔大内兵衛・松川七郎訳『諸国民の富』全五冊、岩波文庫、一九五九―六六年。大河内一男監訳『国富論』全三冊、中公文庫、一九七八年。ほか諸版〕。

（12）組織化された先物市場についての分析で、私の分析と類似しており、また私の分析と整合的なものとして、次をみよ。Lester G. Telser and Harlow N. Higinbotham, "Organized Futures Markets: Costs and Benefits," *Journal of Political Economy* 85, no. 5 (1977): 969.

（13）R. H. Coase, "The Federal Communications Commission," *The Journal of Law and Economics* (October 1959): 1-40.

(14) 次をみよ。Edmund W. Kitch, ed., "The Fire of Truth: A Remembrance of Law and Economics at Chicago, 1932-1970," *The Journal of Law and Economics* 26, no. 1 (April 1983): 220-22.

(15) 「社会的費用の問題」本書一七八―一七九ページをみよ。

(16) 「社会的費用の問題」本書一八四ページをみよ。

〔訳注〕ただし本引用文の表現中「法的システム」(the legal system)は一八四ページでは「法的状況」(the legal position)とされていたものが言い換えられている。

(17) George J. Stigler, *The Theory of Price*, 3rd ed. (New York: Macmillan Co., 1966), 113.〔内田忠夫・宮下藤太郎訳『価格の理論』全二冊、有斐閣、一九七四―七六年〕。

〔訳注〕本書は第四版とその新訳がすでに出版されている。George J. Stigler, *The Theory of Price*, 4th ed. (New York: Macmillan Co., 1987)〔南部鶴彦・辰巳憲一訳『価格の理論』有斐閣、一九九一年〕。

(18) George J. Stigler, "The Law and Economics of Public Policy: A Plea to the Scholars," *The Journal of Legal Studies* 1 (1972): 12.

(19) Steven N. S. Cheung, *Will China Go 'Capitalist'?*, 2nd ed., Hobart Paper 94 (London: Institute of Economic Affairs, 1986), 37.

(20) H. Hotelling, "The General Welfare in Relation to Problems of Taxation and of Railway and Utility Rates," *Econometrica* 6 (July 1938): 242-69.

(21) A. P. Lerner, *The Economics of Control* (New York: Macmillan Co., 1944).〔桜井一郎訳『統制の経済学』文雅堂書店、一九六一年〕。

(22) J. E. Meade and J. M. Fleming, "Price and Output Policy of State Enterprise," *The Economic Journal* 54 (December 1944): 321–39.

(23) ここにあげられた経済学者やその他の経済学者による限界費用価格形成についての議論の説明は、以下をみよ。R. H. Coase, "The Theory of Public Utility Pricing and its Application," *The Bell Journal of Economics and Management Science* 1, no. 1 (Spring 1970): 113–23.

(24) Paul A. Samuelson, *Economics: An Introductory Analysis*, 6th ed. (New York: McGraw-Hill, 1964), 462.〔都留重人訳『経済学（第六版）』全二冊、岩波書店、一九六六—六七年〕。

(25) Tom Wilson, "Price and Output Policy of State Enterprise: A Comment," *The Economic Journal* 55 (1945): 254–61.

(26) A. C. Pigou, *The Economics of Welfare*, 5th ed. (London: Macmillan & Co., 1952), 329–35.〔永田清監修・気賀健三ほか訳『厚生経済学』全四冊、東洋経済新報社、一九五三—五五年〕。

(27) Ibid., 331.

(28) Ibid., 332.

(29) Ibid., 333.

(30) Ibid., 333.

(31) Ibid., 334.

(32) Ibid., 335.

(33) Austin Robinson, "Arthur Cecil Pigou," in the *International Encyclopedia of the Social Sciences*, vol. 12 (Macmillan Co. and Free Press, 1968), 92, 94. 私はピグーが所有していたEdward W. Bemis, *Municipal Monopolies*, 4th ed. (Thomas Y. Crowell & Co., 1904) の本をもっている。

これは『厚生経済学』の第二〇章（「公的機関の介入」）、第二一章（「独占の公的統制」）、第二二章（「産業の公的運営」）において、六回にわたって引用されている。私はこの本をシカゴ大学レーゲンスタイン・ライブラリーのスペシャル・コレクションのなかにいつでも利用できるように預けておく。ピグーが印をつけたり書き込みをしたりしているところを調べることによって、彼の研究方法が知られよう。

(34) Paul A. Samuelson, *Foundations of Economic Analysis* (Cambridge, Mass.: Harvard University Press 1947), 208.〔佐藤隆三訳『経済分析の基礎』勁草書房、一九六七年〕。

(35) 「外部性」という用語が最も早く用いられているのは、私が目にしたかぎりでは、サミュエルソンによる *The Economic Journal* (September 1958): 539-41 誌上での Graaff, *Theoretical Welfare Economics*〔南部鶴彦・前原金一訳『現代厚生経済学』創文社、一九七三年〕の書評、および彼の次の論文である。"Aspects of Public Expenditure Theories," *The Review of Economics and Statistics* (November 1958): 332-38. この論文は一九五五年一二月に報告された論文にわずかな改訂を加えたものである。

(36) Frank Hahn, "Reflections on the Invisible Hand," *Lloyds Bank Review* (April 1982): 7-8. この論文は次に収録されている。Frank Hahn, *Equilibrium and Macroeconomics* (Cambridge, Mass.: MIT Press, 1984), 111-33.

(37) 次をみよ。D. North and J. Wallis, "Measuring the Transaction Sector in the American Economy, 1870-1970," in *Long-Term Factors in American Economic Growth*, edited by S. Engerman and R. Gallman, Studies in Income and Wealth, vol. 51 (National Bureau of Economic Research, 1987), 95-148.

(38) James E. Meade, "External Economies and Diseconomies in a Competitive Situation," *The Economic Journal* 62 (March 1952): 54-67. 養蜂業者と作物の生産者との間の契約上の取決めを含んだ、アメリカ合衆国における養蜂業者の事業に関わる制度的な環境についての興味深い説明は、次にみられる。David B. Johnson, "Meade, Bees and Externalities," *The Journal of Law and Economics* 16, no. 1 (April 1973): 35-52. 次の論文では、そのなかで市場の有効性が説得的に示されるようなこれらの契約上の取決めについて、より詳細な分析がなされている。Steven N. S. Cheung, "The Fable of the Bees: A Economic Investigation," これは上と同じ号の *The Journal of Law and Economics*, 11-33 に掲載されている。ミードもまた、自らの主張することが現実の世界で見いだされることと対応するか否かを検討することの必要性をまったく感じることなく、自らの理論的発見に事例を与えるという、経済学者がよくやる仕事のやり方に陥っている。

第二章　企業の本質*

経済理論はこれまで、その様々な仮定を明確にしなかったことによって弊害を被ってきた。理論を構築しようとする経済学者は、その理論が組み立てられている土台の検討をしばしば怠ってきたのである。しかし、仮定を検討することは、基本的なことである。それはたんに、理論の基盤となっている仮定についての知識が欠けていることから生ずる誤解や無用な論争を避けるために重要であるばかりでなく、さらに、互いに競い合う一連の仮定のなかから正しいものを選択する判断が、経済学にとってことのほか重要であるからでもある。たとえば、「企業」という用語が、経済学で用いられる場合と「普通の人」によって用いられる場合では異なっているかもしれない、ということが指摘されている。[1]経済理論が産業ではなく個々の企業を分析の出発点とする傾向が明らかに強まっているので、[2]なおさらのこと、「企業」という言葉に明確な定義を与えることが必要となるだけではなく、もし「現実の世界」での企業と、経済学における企業とが異なっているならば、その違いを明らかにすることもまた、いっそう重要となってくるのである。ジョーン・ロビンソン（Joan Robinson）は次のように述べている。「経済学における一連の仮定については、二つの疑問が発せられるべきである。すなわち、それらは取り扱いやすいか。そうして、それらは現実の世界と対応しているか[3]。ジョーン・ロビンソンが指摘しているように、「ある一連の仮定は扱いやすいが、他の一連の仮定のほうが現実的だ、という場合が多い」。しかし、仮定が扱いやすいと同時に現実的でもある理論の分野も存在しよう。本章で、私は次のような企業の定義が得られることを望んでいる。それは、現実の世界で企業という言葉で意味されているものに対応する点で現実的であるのみならず、マーシャルによって開発された経済分析における最も強力な二つの分析道具、すなわち限界の概念および代替の概念——なお、これらが組み合わさって限界における代替という概念が与えられるのだが[4]——これら二つの分析道具によって取り扱うことができる、そうした企業の定義である。われわれの定義は、もちろん、「正確に考察することが可能な形式のととのった関係に合致[5]」している必要がある。

I　資源配分の二つのルート

企業の定義を求めるにあたっては、経済システムを、通常、経済学者が取り扱っているような形で検討してみることから始めるのが都合がよいであろう。まず、サー・アーサー・ソルター（Sir Arthur Salter）による経済システムの描写から検討してみよう。「通常の経済システムはひとりでに機能している。その経常的な運行に、中央による統制も中央による監視もなんら必要としない。人間の活動と人間の必要のすべての領域にわたって、供給は需要に、生産は消費に、自動的で弾力的で敏感に反応する過程によって調整される」[6]。ある経済学者は、経済システムを価格メカニズムによって調整されるものとみなし、そこでは社会は、組織ではなく有機体となるとみる[7]。経済システムは「ひとりでに機能している」。このことは、個人による計画が存在しないということを意味するわけではない。個々人は予想をたて、また代替的な選択肢のなかから選択を行なう。これは、システムに秩序が存在するかぎり、必要なことである。しかしこの理論は、想定として、資源の割りふりが直接、価格メカニズムに依存しているとみなしている。実際、経済計画に対する一つの批判として、経済計画はすでに価格メカニズムによってなされていることをたんに実現しようとしているにすぎない、という点がよくあげられる[8]。しかしながら、サー・アーサー・ソルターの描写は、われわれの経済システムの全体像としてはまことに不完全なものである。企業の内部については、この描写は、まったくのところ当てはまらない。たとえば、経済理論においては、生産要素の様々な用途への配分は価格メカニズムによって決定されることとなっている。生産要素Aの価格がYよりもXにおいて高くなっているとする。その結果は、XとYにおける価格差がなくなるまで、AはYからXへと移動する。他の差別的利益によって埋め合わされるのでないかぎり、そうである。ところが、現実の世界においては、このことが当てはまらない多くの領域がある。労働者がY部門からX部門へ移動するとする場合、彼は相対価格の格差のゆえに移るわけではなく、移るように命じられたからそうするのである。価格の変動によって問題は解決されるという理由で経済計画に反対する人々に対しては、次の指摘で返答できる。つまり、われわれの経済システムのなかにも計画は存在しており、それは上述したような個人の計画とはまったく異なっていて、むしろそれは通常、経済計画とよばれているものに類似している。上にあげた例は、われわれの現代の経済システムの広い領域によくみられる。もちろんこの事実を、経済学者たちは見逃してきたわけではなかった。マーシャルは、組織を第四の生産要素として導入している。J・B・クラーク（J. B. Clark）は、企業家（entrepreneur）の調整機能を認めている。ナイトは、調整役としての経営者を導入している。D・H・ロバートソン（D. H. Robertson）が指摘しているように、われわれは、「バターミルクの桶のなかで凝固しつつあるバターの塊のような、無意識の共同作業の大海のなかの、意識的な力という島々」を見いだすことができる。(9) とはいえ、調整は価格メカニズムによってなされると通常論じられているという事実からみると、なぜ、そのような組織が必要なのであろうか。なにゆえに、これらの「意識的な力という島々」が存在するのであろうか。企業の外部では、価格の変動が生産を方向づけ、それは市場における一連の交換取引を通じて調整される。企業の内部では、このような市場取引は排除され、交換取引をともなう複雑な市場構造に代わって、調整者としての企業家が生産を方向づける。[10] これが、生産を調整するもう一つの方法であることは明らかである。とはいうものの、もし生産が価格の変動で調整されるなら、生産はいかなる組織なしでも遂行され得るであろうという事実からみて、当然、次のような疑問が発せられよう。なぜ、組織が存在するのであろうか。

もちろん、価格メカニズムがその役割を他にとって代わられる場合、その程度には、大きな差がある。デパートにおいては、種々の売り場を建物のなかの様々な場所に割り当てることは管理責任者によってなされる場合もあろうし、競争入札で決定される場合もあるかもしれない。ランカシャーの綿工業においては、織工は、動力と作業場を借り、織機と糸を信用で入手することができる。[11] しかし、このような様々な生産要素の調整は、通常、価格メカニズムの関与なしに行なわれる。明らかに、「垂直的」統合の程度、これは価格メカニズムがそこでは用いられていないということを意味しているが、その程度は産業によって、また企業によって、大きく異なっている。

企業の特質は、価格メカニズムにとって代わることにある、とみなしてよいと思われる。もちろん、ロビンズが指摘するように、それは「外部の相対価格と費用とのネットワークに関連して」いる。[12] しかし重要なのは、この関係の正確な性質を明らかにすることである。この区別、つまり企業内における資源配分と、経済システム内における配分との区別は、アダム・スミスの資本家の概念について述べたモーリス・ドッブ (Maurice Dobb) の文章によってきわめて鮮やかに描写されている。「事業者によって率いられた各々の工場ないしユニットの内部における関係よりも、重要な何ものかがあるということが明らかになってきた。それは、事業者と、事業者の身近な領域の外にある経済社会のその他の部分との間の関係である。……事業者は自ら、それぞれの企業の内部における仕事の割りふりに努力を傾け、注意深く計画を立て、組織化を行なう」。しかし、「事業者は、より大きな経済的な専門化に関わっている。そこでは、事業者自身も一つの専門化された単位にすぎない。ここで事業者は、より大きな有機体の一細胞の役割を演じる。その際、自らが果たしているより広いこの役割について、ほとんど意識していない」[13]。

経済学者は価格メカニズムを調整の手段として取り扱う一方で、「企業家」の調整機能をも認めているという事実からみて、以下のことを問うことが、確かに重要なことになってくる。それは、なぜある場合には価格メカニズムが調整を行ない、また別の場合には企業家がこれを行なうのか、という点である。本章の目的は、二つの仮説、すなわち資源は価格メカニズムという手段によって配分されるという（いくつかの目的のために立てられた）仮説と、この配分は調整者である企業家に依存してなされるという（前とは異なる他の目的のために立てられた）仮説との間の、経済理論におけるギャップを埋めることにある[14]。われわれは、現実においてこの両者の間の選択を決定する基盤を説明しなければならない。

2 市場利用の費用、組織化、企業規模

われわれの課題は、なぜ専門化された交換経済において企業がそもそも生まれてくるのかという理由を見いだすよう努めることにある。(資源配分の方向づけという側面だけからみた)価格メカニズムは、もしそれにとって代わる関係がそれ自体で必要とされるのであれば、それに置き換えられてしまうであろう。たとえば、次のような場合などがこれにあたる。人々が他の人の監督のもとに働くことを望む場合がそうで、このような人々は誰か他の人のもとで働くためにより少ない報酬を受け容れる。企業はこのことから自然に発生してくる。しかし、これはあまり重要な理由になりうるとは思えない。というのは、通常、「他人の指図をうけず独立していること」の利点が強調される点から判断して、むしろ逆の傾向が働いているように思われる。(15) もちろん、もし支配されるのではなく支配することを望み、他者に権力を行使することを願うのであれば、人々は他の人たちを監督するために、なにかを進んであきらめようとするであろう。つまり、人々は他の人たちを監督できるならば、その人たちが価格メカニズムのもとで得る報酬より以上のものを支払おうとするであろう。しかし、これでは、監督する人々は監督させてもらうために他の人へ支払いをするのであり、監督することに対して報酬を受け取っているのではない、ということに

なってしまう。これは明らかに大方の実態とは異なっている。(16) また、企業が存在するほかの理由として、買手が、企業以外の主体によって生産された商品よりも企業によって生産された商品を好むから、ということがあるのかもしれない。しかし、このような買手の選好（それがもし存在するとして）がほとんど無視しうるほどの重要性しかもたないと予想される分野においても、企業は現実に存在している。(17) そこで、やはり他の理由が存在していると考えざるをえないのである。

企業を設立することがなぜ有利かという主要な理由は、価格メカニズムを利用するための費用が存在する、ということにあるように思われる。生産を価格メカニズムを通じて「組織する」ことにともなう費用のうち明白なものは、関連する諸価格を見つけだすための費用である。(18) この費用は、この情報を販売する専門家が現われることによって削減されようが、完全になくなってしまうわけではない。また、市場で生ずる各々の交換取引の際に、それぞれについて交渉を行ない契約を結ぶための費用も考慮されねばならない。(19) ここでも、たとえば農産物の取引所のようなある種の市場では、このような契約費用を最小にとどめるための方法が工夫されるが、しかし、この費用が完全になくなるわけではない。これは間違いのないところだが、企業が存在する場合には、契約はなくなるのではないが、大幅に減少する。生産要素（あるいはその所有者）は、同じ企業のなかで協働する場合には、この協働が価格メカニズムの作動の直接の結果としてなされる場合に当然に必要となる一連の契約を、他の生産要素との間に結ぶ必要はない。この一連の契約は、一つの契約に置き換えられる。この段階で重要となるのは、企業のなかで雇用される生産要素が結ぶ契約の性格に注目しておくことである。その契約とは、生産要素がある範囲のなかで、ある報酬の対価として（それが固定給であれ変動給であれ）企業家の指示に従うことに同意する、というものである。[20] この契約の本質は、企業家の権限の範囲を明確にしさえすればよいという点にある。その範囲のなかでは、それゆえ、企業家は他の生産要素に命令することができる。

ところで、このほかにも価格メカニズムを利用することにともなう不利益――あるいは費用――が存在する。ある種の品物ないしサービスの供給については、長期契約を結ぶことが望まれよう。その理由は、もし短期の契約を何度も結ぶかわりに長期にわたる契約を一回結ぶと、契約を結ぶたびに発生するある種の費用を回避することができる、という事実によるものであろう。あるいは、関係する人々の危険に対する態度のゆえに、短期よりは長期の契約が好まれるのかもしれない。さて、将来を予測することは困難であるため、商品やサービスの供給の契約の期間が長くなるにつれて、買手側にとっては契約の相手側がなすべきことを特定することは困難となり、また実際のところ、そうすることは買手にとって望ましくないものとなろう。サービスや商品を供給している人にとっては、いくつかの一連の行動のうちどれをとるかはどうでもよい、ということはありうることかもしれないが、そのサービスや商品の買手にとっては、そうでない。しかし買手は、これらの一連の行動のうちどれを供給者に選んでもらったらよいかは、わからないであろう。それゆえ、提供されるサービスは一般的な形で述べられ、正確な詳細は後日にまわされる。契約のなかで述べられていることは、商品やサービスを供給している人が行なうと期待されることの範囲がすべてである。供給者に期待される事柄の細目は、契約に述べられるのではなく、買手によって後日、決定される。資源配分の方向がこのような形で(契約の範囲内で)買手に依存するようになるとき、私が「企業」と呼ぶ関係が成立する。(21) それゆえ、企業は、非常に短期の契約が不十分であるときに出現する傾向がある。それがいっそう重要性をもつのは、明らかに、商品を購入する場合よりも、サービス——労働——の場合においてである。商品の場合には、主要な事項は事前に指定することが可能であり、後に決定される細目は些細なものとなろう。

この節の議論を次のように要約することができよう。市場が機能するには、なんらかの費用が発生する。そして組織を形成し、資源の指示監督を、ある権限をもつ人(「企業家」)に与えることによって、市場利用の費用をなにほどか節約することができる。企業家がその機能を果たすにあたっては、企業家は自らがそれにとって代わった市場での取引よりは低い価格で生産要素を入手できることを考えに入れると、より低い費用でその機能を果たさねばならない。というのは、企業家は組織内の価格が高くなるといつでも、公開の市場をふたたび利用することができるからである。

不確実性の問題は、企業の均衡の研究に密接に関わっているとしばしばみなされてきた。不確実性の存在なしには、企業の出現は不可能のように思われる。しかし、たとえばナイトのように、企業のきわだった特質が報酬支払いのあり方にある――ある人は残余としての変動する所得を受け取り、生産に従事する他の人々はこの人によって保証された固定的な所得を受け取るといった支払いのあり方にある――と考える人々は、ここで検討している問題とは関わりのない論点を持ち込んでいるように思われる。ある企業家が他の企業家へ自らのサービスをある固定額で販売することもあり得ようし、また被雇用者への報酬が、主として、あるいはすべて、利潤の分与となっている場合もあるかもしれない。(22) 本質的な問題は、なぜ資源配分が価格メカニズムによって直接なされないのか、という点にあるように思われる。

注意すべきもう一つの要因がある。それは、市場において交換取引される場合と、同じ取引でもそれが企業内で組織される場合とでは、政府その他の規制当局によって異なる取扱いを受けることがしばしばある、という点である。売上税の働きを考えてみると明らかなことだが、それは市場の取引に課税されるものであり、同様の取引でも企業内で組織された場合には課税されることはない。ここで、「組織化」の代替的な方法として、価格メカニズムによるものと企業家によるものとがあるのだから、この規制が引き金となって、さもなければ、なんら存在理由をもたない企業を生ぜしめることになろう。これはある専門分野に特化した交換経済において、企業が生起してくる一つの理由を与えよう。もちろん、すでに存在する企業に関しては、このような売上税のような政策は、税が存在しない場合よりも企業を大きくする傾向をもつというだけである。同様に、様々な割当制、および割当をもたらすような価格統制の方法や、その製品を自ら生産している企業には適用されないような価格統制の方法の場合には、市場を通じるのではなく企業の内部で組織化する人々が有利になるから、必然的に企業の成長を促す。しかしながら、このパラグラフで述べたような政策手段が企業を生み出すというのは受け容れがたいことである。とはいえ、これらの政策手段は、企業が他の理由で生み出されるのでなければ、このような結果ももたらしえよう。

以上が、資源配分が価格メカニズムによって「組織化される」と通常想定されている専門化された交換経済において、企業のような組織が存在する理由である。それゆえ、企業は、資源配分の方向づけが企業家に依存している場合に生まれてくる諸関係のシステムから構成されるのである。

ここでスケッチしたアプローチは、企業が規模を大きくしたり小さくしたりすることについて、科学的な意味を与えることを可能にする意味で、利点をもっているように思われる。企業は、企業家が追加的な取引（それは価格メカニズムを通じて調整される交換取引でも織化を放棄することによって小さくなる。ここで起こってくる問題は、企業の規模を決定する様々な力を研究することが可能か、という点である。なぜ企業家は、今よりももう一つ取引の組織化を減らさないのであろうか。あるいはもう一つ取引を組織化して増やさないのであろうか。ナイトの次のような考察は興味深く、注目に値する。

企業の効率性と規模の間の関係は、理論上、最も重要な問題の一つである。というのは、プラントにおける両者の関係とは対照的に、それは理論的な一般的原理の問題というよりは、大部分がパーソナリティや歴史的偶然の問題であるからである。とはいえ、この問題はかくべつに重大である。というのは、独占利潤の可能性が、企業の持続的で無限の拡張への強力な誘因を与えるからであるが、ただこの力は、規模の増大につれて効率性（貨幣所得の生産における）を低下させる同等に強力な力によって、この二つの力の境界におけるせめぎあいは存在するとしても、相殺されることになろう。[23]

ナイトは、企業の規模の決定因を科学的に取り扱うことは不可能であると考えているようにみえる。しかしこのことは、これまでに展開してきた企業の概念を基礎にすることによって、いまや取り組むことができよう。

以上では、企業の誕生は主として、市場利用の費用が存在することによると述べた。ここでまさに問われるべき問題は、(ナイトによって提起された独占の諸問題ではなく)次のようなものであろう。もし、組織化することである種の費用を排除し、生産費を実際に低減させることができるのなら、いったい、なぜ、市場取引がそもそも存在しているのだろうか。[24]なぜすべての生産は、巨大な一企業によって行なわれてしまわないのだろうか。これらにはいくつかの説明が可能であろう。

第一に、企業が大きくなるにともない、企業家の機能に関して収穫逓減が働くかもしれない。すなわち、追加的な取引を企業内に組織化するための費用が増加するかもしれない。[25]当然のなりゆきとして、企業内にさらに取引を組織化するための費用は、公開市場で取引を実行することにともなう費用、ないしは、他の企業家がその取引を組織化した場合の費用と、等しくなる点に達するに違いない。第二に、企業内に組織化される取引が増加するにしたがって、企業家は生産要素をその価値が最大となるように配置することに失敗するかもしれない。すなわち、生産要素を最も有効に利用し損なうようになるかもしれない。ここでも、資源の浪費にもとづく損失が、公開市場での交換取引にともなう市場利用の費用、ないしは、取引が他の企業家により組織化される場合の損失と等しくなる点に達するであろう。最後に、一つないしはいくつかの生産要素の供給価格が上昇するかもしれない。[26]というのは、小企業が有する「その他の優位性」が、大企業のそれより大きいからである。

もちろん、実際に企業の拡張が止まる点は、上述した諸要因の組合せによって決定されよう。これらのうち、おそらく最初の二つの理由は、経済学者のいう「経営管理についての収穫逓減」に最もよく対応しているといえよう[27]。

前のパラグラフで述べたように、ここでのポイントは次の点にある。企業の拡張が進められるのは、次のところまでであろう。すなわち、追加的な取引を自らの企業内に組織化するための費用が、その同じ取引を公開市場で交換という手段で実行するための費用、もしくは他の企業のなかに組織化される際の費用と、等しくなるところまでである。しかしながら、もし企業がその拡張を、公開市場で市場を利用する費用よりも低い点で、かつ、他の企業のなかに組織化される費用と等しい点で止めた場合には、以下のことが意味されることになる。つまり(「結合」[28]の場合を除いて)多くの場合、両者のいずれもが実際の市場利用の費用よりも低い費用で自社内に組織化することが可能な、これら二者の生産者の間には市場取引が存在するということである。このパラドックスはいかにして解決されるであろうか。次のような一つの例を考えることによって、その理由は明らかになろう。いまAがBから製品を買っており、AもBも共にこの市場取引を現在の費用以下で自社内に組織化できるとしよう。仮定として、Bは生産の一過程ないし一段階だけを組織化しているのではなく、いくつかの過程ないし段階を組織化しているとしよう。もし、Aが市場取引を避けようとするなら、それゆえ、Bが支配している生産の全工程を買収しなければならない。Aが生産の全過程を買収するのでなければ、売買される製品には違いが生ずるものの、依然として市場取引は残ることになるからである。ところで、われわれは先に、各生産者は規模を拡大するに従って非効率的になると仮定した。現在よりもさらにもう一つ取引を組織化するための追加的な費用は逓増するのである。そこで次のことは十分可能となる。つまり、これまでBによって組織化されていた取引をAが自社内に組織化するための費用が、Bが同じことを行なう場合の費用よりも大きい、ということはありうる。それゆえ、Aは、次の場合にのみ、Bの組織全体を買収するであろう。それは、Bの仕事をAが自社内に組織化するための費用が、公開市場で交換取引を実行するための費用に等しい額以上に、Bの費用を上回ることがないかぎりにおいてである。しかし、いったん市場取引のほうが経済的になれば、各企業において追加的な取引を組織化する費用が等しくなるように生産を分割することが、また有利となるのである。

これまでは、価格メカニズムを通じて行なわれる交換取引は同質的である、と仮定してきた。実際には、われわれの現代の世界でなされている現実の取引ほど多様なものはない。これは次のことを意味している。つまり、価格メカニズムを通じて交換取引を実行するための費用は、これらの取引を企業内に組織化する費用と同様に、ケースごとに大きく異なるということである。それゆえ、可能性として、収穫逓減の問題は別にしても、ある取引を企業内に組織化する費用が、公開市場で交換取引を実行するための費用よりも大きいということも、ありうるように思われる。このことは、必然的に、価格メカニズムを通じてなされる交換取引も存在するということを意味するだろう。しかし、同時にそれは、企業が一社以上、存在しなければならないということを意味するのであろうか。明らかにそうではない。というのは、資源配分の方向性が直接に価格メカニズムに依存しない経済システムの諸領域はすべて、一企業のなかに組織化されうるからである。すでに論じてきた諸要因が、重要なものとなると思われる。ただし、「経営管理における収穫逓減」と、生産要素の供給価格の上昇との、どちらがより重要であるかをいうのは困難である。他の条件にして一定ならば、したがって、企業は次のような場合に拡大する傾向がある。

(a) 取引を組織化する費用が低いほど、そうして、組織化される取引の増加にともなうこの費用の増加がゆるやかであるほど、拡大する。

(b) 企業家が誤りをおかす可能性が小さいほど、そうして、組織化される取引の増加にともなう誤りの増加が小さいほど、拡大する。

(c) 規模の大きな企業に対する生産要素の供給価格の低下が大きいほど（あるいは上昇が小さいほど）、拡大する。

企業規模が異なると生産要素の供給価格も変わるという点を別にして、組織化の費用および誤りによる損失は、次にともなって増大するようになろう。組織化される取引の空間的な分散の増大、取引の多様性の増大、そうして、関連する諸価格の変動の確率の増大、である。[29] 一企業家によって組織化される取引が増大するにともなって、取引の種類や取引される場所が多様になるようである。このことが、企業が拡大すると効率性が低下しがちとなるもう一つの理由となっている。生産要素をより近くに結びつけるのに役立つような発明は、空間的な分散を減じることによって、企業の規模を拡大することとなる傾向にある。[30] 電話や電信のような変化は、空間的な組織化の費用を減少させる傾向にあり、これは企業の規模を拡大させる傾向をもつ。[31] 経営管理の技術を改善させるすべての変化は、企業規模を拡大させる傾向をもつ。

上で与えられた企業の定義は、「結合」(combination)と「統合」[32](integration)という言葉に、より厳密な意味を与えるのに用いることができる点に注意する必要がある。結合とは、以前に二つもしくはそれ以上の企業家によって組織化されていた取引が、一つへと組織化されることを意味する。これに対して、統合とよばれるものは、以前に市場において企業家の間で行なわれていた取引が、組織化される場合を指す。企業は、この二つの方法のいずれか、または双方によって拡張することができる。「競争的産業の構造」の全体を、経済分析の通常のテクニックによって取り扱うことが可能となるのである。

3 分業、不確実性との関連

前節で検討した問題は、これまで経済学者によって完全に無視されてきたわけではない。そこでここに必要となるのは、専門化された交換経済において企業が出現する理由として上で挙げたものが、これまでに提出されてきた他の説明よりも、なぜ望ましいかを考えることである。

企業が存在する理由は、分業にあると主張されたことがある。これはアッシャー（A. Usher）の見解であり、さらにモーリス・ドッブによってとりあげられ、拡張された。企業は「分業の複雑さの増大の結果」から生じ、「……この経済的分化の進展は、それなしでは分化が混沌へと崩壊してしまうところのなんらかの統合を促す力への要求をつくりだす。そうして産業の諸形態が主として重要となるのは、分化された経済における統合力としてである」[33]。この議論への回答は明白である。「分化された経済における統合力」は、価格メカニズムという形ですでに存在しているのである。分化は混沌へつながらざるをえないとみなす理由は、なんら存在しない。このことを示したのは、科学たる経済学の主要な功績であろう[34]。それゆえ、モーリス・ドッブによって与えられている理由は認めがたい。説明されねばならないのは、なぜある統合のための力（企業家）が、他の統合のための力

（価格メカニズム）に置き換えられねばならないか、という点である。

この事実を説明するための理由として与えられたもののうち、最も興味深い（そうしておそらく最も広く受け容れられている）ものは、ナイトの『危険・不確実性および利潤』（*Risk, Uncertainty and Profit*）のなかに見いだされる。彼の見解をやや詳細に検討してみよう。

ナイトはまず、不確実性が存在しないシステムから出発する。

個人が完全な自由のもとで共謀をせずに行動することによって、人々は、組織化された経済生活をもつようになり、それは一次的および二次的な分業や資本の利用等々をともない、今日のアメリカによく見られるようなところまで発展した形をとったといえよう。想像力の発揮を要求される基本的な点は、生産的集団ないし組織体の、内部組織である。不確実性がまったく存在しないと、すべての個人は状況についての完全な知識をもっており、責任を負う経営や生産活動の支配といった性質のものが存在する余地はまったくない。いかなる現実的な意味での市場取引でさえ、存在しないであろう。原料や生産サービスの消費者へ向けての流れは、完全に自動的になされよう。[35]

ナイトは、この調整を「試行錯誤の方法によってのみ形づくられる長い実験の過程の帰結」とみなすことができるとしているが、ただし、そのことは必ずしも「すべての働く者が、他の働く者との間の一種の〝予定調和〟として、適切な時期に適切な行動をまさに正確に行なっているとみなす」ものではないとする。「個々人の行動を調整する目的をもった経営者や監督者などは存在するかもしれない」が、これら経営者は「いかなる責任を負うこともなく」純粋にきまりきった機能を果たすだけであろう。(36)

ナイトは続けて、次のように述べる。

このエデンの楽園のような状態へ、不確実性――すなわち、無知と、知識ではなく意見にもとづいて行動しなければならないという事実――を導入することによって、その性質はまったく異なったものとなる。……不確実性が存在するもとでは、物事を行なうこと、行為の実際の実行ということは、実質上、生活においては二次的なものとなる。一次的な問題や一次的な機能は、なにを、どのように、なすべきかの決定となるのである。(37)

この不確実性という事実は、社会組織の二つの最も重要な性格をもたらす。

まず第一に、財は市場のために生産され、それは、欲求についてのまったく偏りのない予測にもとづいてなされ、生産者自らの欲求の充足のためになされるのではない。生産者は、消費者の欲求の予測について責任をもつのである。第二に、予測という仕事、およびそれと同時に生産の技術的な管理と統制の大部分が、生産者の非常に限られた階層に集中される。ここにおいてわれわれは新しい経済的な職責を持つ者——企業家と出会うのである。……不確実性が存在して、何をなすべきか、どのように行なうべきかを決定する仕事のほうが、その実行よりも優勢になるにつれて、生産的集団の内部組織は、もはやどうでもよい問題でも、機械的な細かいことでもなくなる。この決定と統制機能との集中は避けられず、「頭部集中化」の傾向は……不可避である。[38]……

確信に満ち冒険心に富む人々が、疑い深く小心な人々に対して、実際に生起した結果の譲渡を得る見返りに特定の所得を保証するという形で、危険を引き受け、あるいは後者の人々を保護するというシステム。……われわれが知る人間の本性にてらしてみて、ある人が他の人に後者の行動の確定的な結果を保証してやっているのに、その人に後者の人の仕事を監督する権限を与えないというのは、実際的でないし、あるいはきわめて異例のことであろう。そうしてまた他方では、後者の人々は、このような保証なしには自らを前者の監督下におくことをしないだろう。……機能のこの多面的な専門化の帰結が、最も根本的な変化は、次のようなものである。

産業における企業であり、賃金システムなのである。これらが現実に存在するということは、不確実性という事実の直接の帰結である。(39)

ここで引用した文章がナイトの理論のエッセンスである。不確実性という事実は、人々が将来の欲求を予測せねばならないということを意味している。それゆえ、賃金という形の保証を得た他の人々の活動を監督する、特別な階層が発生してくる。その階層がそうした行動をとるのは、よき判断というものは、一般的に、自らの判断への確信に結びついているからである。(40)

ナイトの議論は、いくつかの根拠から批判される余地を残しているように思える。まず最初に、彼自らも指摘しているところだが、ある種の人々がよりすぐれた判断力やよりよき知識をもっているからといって、その事実は、その人たちがその判断力や知識を利用して所得を得るのは、生産に積極的に参加することによってのみ可能である、ということを意味しているわけではない。彼らは、助言や知識を売ることもできるのである。すべての企業は、様々な助言者のサービスを買っている。われわれは、すべての助言や知識が、必要に応じて購入されるシステムというものを考えることができる。次に、さらに以下のことも可能である。つまり、よりすぐれた知識や判断力を利用して報酬を得るためには、生産に実際に関わるのではなく、生産に携わっている人と契約を結べばよいのである。将来時点の受渡しで購入する商人は、この一例である。しかしこれは、単に次の点を示しているにすぎない。つまり、行動の成果を監督することなしに一定の行動がなされることを前提として、保証された報酬を与えることが十分に可能である、ということが語られているだけである。ナイトは、「われわれが知る人間の本性にてらしてみて、ある人が他の人に後者の行動の確定的な結果を保証してやっているのに、その人に後者の人の仕事を監督する権限を与えないというのは、実際的でないし、あるいはきわめて異例のことであろう」と述べているが、これは明らかに誤っている。契約にもとづいてなされる仕事もきわめて多い。すなわち契約者は、一定の行動をすることを条件に、一定の額の報酬を保証されているのである。しかし、ここではなんら監督はなされていない。にもかかわらず、このことは、相対価格の体系には変化がみられ、生産要素については新たな取決めがなされる、ということを意味している。[41] ナイトは「後者の人々は、このような保証なしには自らを前者の監督下におくことをしないだろう」というが、この事実は、われわれが検討している問題には関係がないのである。最後に、以下の点に注目することは重要であるようにみえる。不確実性の存在しない経済システムの場合においてさえ、ほんの決まりきった日常的な機能しか果たさないのであるけれども、調整者が存在するとナイトが考えていた点である。彼は急いで、調整者は「いかなる種類の責任も負わない」と付け加えているが、このことは次の疑問をよびさます。彼らは誰から報酬を支払われているのか、そうして何のために、と。ナイトは、なぜ価格機構が置き換えられることになるのか、その理由を、どこにも示していないように思われる。

4　費用曲線、複数財生産との関連

さらにもう一つの点を検討することが重要であるように思われる。それは、ここでの議論と、一般的な「企業の費用曲線」の問題との関連である。しばしば、次の想定がみられた。完全競争のもとでは、企業はその費用曲線が右上がりであれば、規模が制限されるということ[42]、そして他方、不完全競争のもとでは、限界費用が限界収入に等しくなる生産量以上に生産するのは採算に合わないので、企業の規模が制限されるということ、である[43]。しかし、明らかなことだが、企業は一つの生産物ではなく複数の生産物を生産するかもしれない。それゆえ、なぜ完全競争の場合において費用曲線が右上がりであることが、あるいは不完全競争の場合においては限界費用が必ずしもつねに限界収入以下であるわけではないという事実が、企業の規模を制限せねばならないのか、この点について一見して明白な理由というものは存在しないように思える[44]。ジョーン・ロビンソンは、簡略化のために、企業は一つの生産物しか生産しないという仮定を設けている[45]。しかし、一企業によって生産される生産物の数がいかにして決定されるかを検討することは、明らかに重要である。実質的には企業が一つの生産物しか生産しないと仮定している理論は、どのような理論であれ、ごく大きな実際上の重要性をもつとはいえないのである。

これに対する反論として、完全競争のもとでは、生産されたものはすべて現行の価格で販売できるので、他の生産物を生産する必要はないのだ、と論じられるかもしれない。しかしこの議論は、次の事実を無視している。すなわち、旧来の生産物の交換取引をさらにこれ以上に組織化するよりは、新しい生産物の交換取引を組織化するほうが、費用が少なくてすむ点が存在するだろうという事実で、これが考慮されていない。この点は以下のように示すことができる。フォン・チューネン（von Thünen）に従って、消費のセンターとしての町があり、この中心点のまわりに産業が環状をなして立地している、という状況を考えてみよう。この状況は上の図に示されており、ここでA、B、Cは異なる産業を表わしている。Xから交換取引のコントロールを始める企業家を想定しよう。この企業家が同じ生産物（B）のなかでその活動を拡大していくにつれて、組織化のための費用は増大し、ついにある点において、より近い異種の生産物を組織化

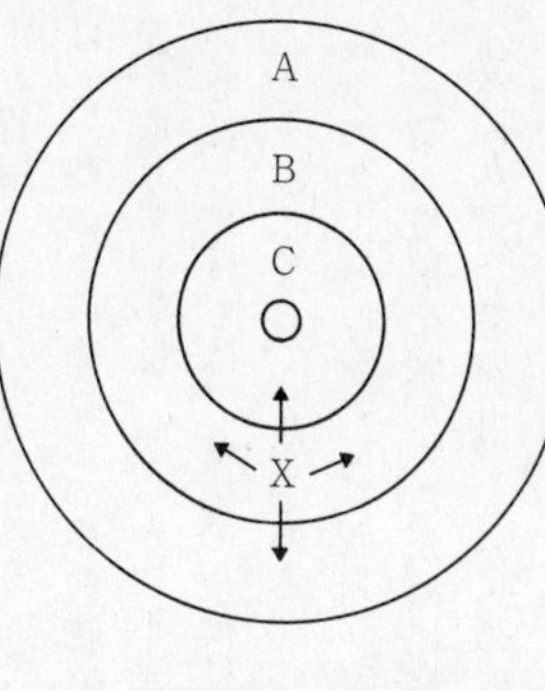

する費用と等しくなるだろう。それゆえ、企業が拡大するにともない、この点に達した後は、一つの生産物以上の生産物（AとC）を生産するようになろう。こうしたやり方で問題を取り扱うのは、明らかに不完全である。[46] とはいえ、単に費用曲線が右上がりになるということだけでは、企業の規模には限界があるということにはならないのであって、このことを示しておく必要がある。これまでは完全競争のケースのみを検討してきた。不完全競争のケースについては明らかであろう。

企業の規模を確定するために検討しなければならないのは、市場利用の費用（すなわち、価格メカニズムを利用するための費用）、および他の企業家による組織化の費用である。この検討によってはじめて、各企業によってどれだけの種類の生産物が生産されるか、そうしてそれぞれの生産物がどれだけの量で生産されるかが決定されるのである。それゆえ、ショーブはその「不完全競争」に関する論文のなかで、ジョーン・ロビンソンの費用曲線の分析道具だけでは答えられない問題を問うているように思われる。[47] 私がここでのべた諸要因が、重要な関わりをもつと思われる。

5　法的関係、現実との対応性

あと一つだけ、検討すべき事柄が残っている。それは、これまで展開されてきた企業の概念が、現実の世界に存在している企業と適合するだろうか、という点である。実際に何が企業を構成しているか、この問題に近づく最良のやり方は、通常、「主人と従者」ないし「雇用主と被雇用者」とよばれる法的な関係を検討することである。[48] この法的関係の本質は、次のように示される。

(1) 従者は、主人に、あるいは主人に代わって他の人に、個人的サービスを提供する義務がある。これ以外の点では、この契約は、財の販売などに関する契約と同じである。

(2) 主人は、自らないしは他の従者あるいは代理人を通じて、従者の仕事を支配する権利をもつ。この支配ないし干渉する権利、従者に（労働時間のなかで）いつ働きいつ働かなくてよい、どのような仕事を（このサービスの条件内で）どのような方法で行なえ、という権利をもっていることが、この関係の支配的特色である。またこの権利は、従者を、独立した契約者から分かち、あるいは、単に労働の果実を雇用主に渡す被雇用者から分かつものである。後者の場合には、契約者ないし実行者は仕事を行なうにあたって、あるいはサービスを実行するにあたって、雇用主の支配下にはない。彼は契約した仕事を実効あるものにすべく、自ら仕事の段取りをし、管理しなければならないのである。[49]

このように、「雇用者と被雇用者」という法的な概念の本質は、監督という事実であり、それは、すでに述べてきた経済学的な概念の本質とも一致していることが理解される。バット(Batt)が、さらに次のように述べているのは興味深い。

代理人を従者と区別するものは、固定的な賃金の有無でもなければ、達成された仕事に対する代金のみが支払われるかということでもなく、むしろ区別は、代理人は自ら仕事を行なうにあたって自由になしうるという点にある。(50)

それゆえ、われわれが与えた企業の定義は、現実の世界で考えられている企業をかなりよく表わしているもの、と結論することができる。

われわれの定義は、それゆえ、現実的である。では、それは扱いやすいものであろうか。これは明らかというべきである。企業がどの程度の規模になりうるかを検討する際には、限界主義の原理はスムースに働く。問題はつねに、さらなる追加的な交換取引を組織のオーソリティのもとにおくことは利益となるだろうか、という点にある。限界において、企業の内部に組織化する費用は、次のいずれかと等しくなる。他の企業の内部に組織化する費用、ないしは取引を価格メカニズムによって「組織化」させるにまかせる際の費用、である。事業家は、調整を大なり小なり試みながらたえず実地に移しているのであって、このようにして均衡は維持されることになる。これは静学的分析における均衡の位置を与える。しかし、明らかなことだが、動学的諸要因もまた、ことのほか重要である。様々な条件の変化がどのような効果を、企業の内部に組織化する費用や市場利用の費用一般に与えるか。このことを検討することによって、なぜ企業の規模が大きくなったり小さくなったりするかを説明することが可能になる。かくしてわれわれは、移動均衡の理論を得る。また、これまでの分析は、創意および起業と、管理との関係を、明確にしたように思われる。創意とは、予測をし、新たな契約を結ぶことによって価格メカニズムを通じて実行していくことを意味する。管理とは、そのものとしては、自らの支配下にある生産要素を再編成するという形で、価格変化に反応しているにすぎない。事業家が通常、両方の機能を兼ね備えているということは以上で論じた市場利用の費用が存在することの明白な帰結である。最後に、この分析は、企業家の「限界生産物」とは何かということを、より正確に表現することを可能にする。しかし、この点をさらに詳しく検討していくことは、定義と明確化というわれわれの比較的単純な仕事をはるかに越えるものである。

〈第二章　注〉

* *Economica*, n. s., 4 (November 1937) より再録。

〔訳注〕本章における各節の小見出し文は、訳者が便宜のため補ったものである。

（1） Joan Robinson, *Economics is a Serious Subject* (Cambridge, Eng.: W. Heffer & Sons, 1932), 12.

（2） 次を参照。Nicholas Kaldor, "The Equilibrium of the Firm," *The Economic Journal* 44 (March 1934): 60-76.

（3） Robinson, *Serious Subject*, 6.

（4） J. M. Keynes, *Essays in Biography* (London: Macmillan & Co., 1933), 223-24.〔熊谷尚夫・大野忠男訳『人物評伝』岩波書店、一九五九年、および『ケインズ全集』第一〇巻、東洋経済新報社、一九八〇年〕。

（5） L. Robbins, *Nature and Significance of Economic Science* (London: Macmillan & Co., 1932), 66.〔邦訳、前出〕。

（6） この叙述は、著者の承諾のもとに、D. H. Robertson, *The Control of Industry*, rev. ed. (London: Nisbet & Co., 1928), 85 において引用されており、また、同様に Arnold Plant, "Trends in Business Administration," *Economica* 12, no. 35 (February 1932): 387 において引用されている。この文章は元来は、次に収められている。J. A. Salter, *Allied Shipping Control* (Oxford: Clarendon Press, 1921), 16-17.

（7） 次を参照。F. A. Hayek, "The Trend of Economic Thinking," *Economica* (May 1933).

（8） Ibid.

（9） Robertson, *Control of Industry*, 85.

（10） この論文において、以下、「企業家」（entrepreneur）という用語は、競争的システムのもとで、資源配分の方向づけを価格メカニズムに代わって行なう人ないし人々を指して用いる。

(11) United Kingdom, Parliament, Committee on Industry and Trade, *Survey of Textile Industries* 26 (1928).

(12) Robbins, *Nature and Significance*, 71.

(13) Maurice Dobb, *Capitalist Enterprise and Social Progress* (London: G. Routledge & Sons, 1925), 20. また、H. D. Henderson, *Supply and Demand* (London: Nisbet & Co., 1932), 3-5 参照。

(14) 次の点は容易に理解されよう。それは、国家が産業の統制を行なうようになると、産業の計画化をつうじて、かつては価格メカニズムによってなされていた事柄を、国家が行なっているのだという点である。これに対して、通常、よく理解されていないのは、いかなる実業家も、自らの企業の各部署の間の関係を組織化することによって、価格メカニズムを通じて組織化できたはずの事柄を、自らで行なっているのだ、という点である。それゆえ、経済計画にともなう諸問題を強調する人たちに対するダービン（Durbin）の反論、すなわち、同様の問題は競争的なシステムのなかで実業家によって解決されているではないか、という反論はポイントを得ている。（次をみよ。E. F. M. Durbin, "Economic Calculus in a Planned Economy," *The Economic Journal* 46 [December 1936]: 676-90.）これら二つのケースにおける重要な相違点は、次にある。経済計画は産業に上から強制されるのに対して、企業は、生産を組織化するより効率的な方法として自発的に生起してくることである。競争的システムにおいては、「最適な」量の計画化が存在しているのである！

(15) Harry Dawes, "Labour Mobility in the Steel Industry," *The Economic Journal* 44 (March 1934): 86 を参照。ここでは、以下の例があげられている。「熟練を有し、高給を得ている人々が、独立したいという（しばしば労働者の人生における最大の目標である）願望のゆえに、商店主や保険の仕事へと転職する」。

(16) それにもかかわらず、これはけっして非現実的というわけでもない。小商店主のなかには、店員よりも収入が少ないものもいるといわれる。

(17) ショーブ (G. F. Shove) は、"The Imperfection of the Market: a Further Note," *The Economic Journal* 43 (March 1933): 116, n. 1 において、このような選好は存在するかもしれないと指摘している。もっとも彼があげている例は、論文のなかでの事例とはほとんど逆である。

(18) Nicholas Kaldor, "A Classificatory Note on the Determinateness of Equilibrium," *The Review of Economic Studies* (February 1934): 123 によれば、「すべての関連する諸価格は、……すべての個人によって知られている」という仮定は、静学理論の仮定の一つである。しかし、明らかにこれは現実の世界には妥当しない。

(19) この影響は、アボット・アッシャーによって、資本主義の発展について論じられる際にふれられている。彼は「部分的にしか完成していない製品を継続的に売買するのは、まったくエネルギーの浪費である」と述べている (*An Introduction to the Industrial History of England* [Boston: Houghton Mifflin Co., 1920], 13)。しかし、彼はこの考えをさらに展開してはいないし、また、なぜこのような売買行為が依然として存在しているのかについて説明してもいない。

(20) 企業家の権力になんら制限が設けられない、ということもありうる。これは自発的な奴隷制である。Francis R. Batt, *The Law of Master and Servant*, 1st ed. (London: Sir I. Pitman & Sons, 1929), 18 によれば、このような契約は無効であり、強制できない。

(21) もちろん、企業が存在するか否かを明確に、かつ、すみやかに判別する境界線を引くことはできない。多かれ少なかれ監督というものは存在しているかもしれない。これは、主人と従者の関係と、依頼者と代理人の関係との区別に関する法的な問題と類似している。この点については、以下での議論をみよ。

(22) ナイトのこれらの見解については、以下でより詳細に検討される。

(23) Frank H. Knight, *Risk, Uncertainty and Profit*, Preface to the Reissue (London: London School of Economics and Political Science, 1933).〔奥隅栄喜訳『危険・不確実性および利潤』文雅堂銀行研究社、一九五九年〕。

(24) 市場利用の費用のなかには「消費者選択」を廃止することによってしか除去できないものがある。小売に要する費用がそれである。これらの費用がきわめて高いため、製品をさらにもう一単位入手できれば選択の幅を犠牲にしてもよいという場合には、人々は割当制を進んで受け容れることがあるかもしれない。

(25) この議論は、市場における交換取引は同質的と考えられると仮定しているが、これは明らかに実際とは異なっている。この複雑化は、以下で考慮される。

(26) 生産要素の供給価格が、規模の異なる企業に対しては異なるという点については、次を参照。E. A. G. Robinson, *The Structure of Competitive Industry* (London: Nisbet & Co., 1931).〔黒松巌訳『産業の規模と能率』有斐閣、一九六九年〕。次のようにいわれることもある。人というものは、大企業の一部門の長となるよりは、小さくとも独立した企業の長となるほうを好むので、組織化能力の供給価格は、企業規模の増加とともに上昇する。以下をみよ。Eliot Jones, *The Trust Problem in the United States* (New York: Macmillan Co., 1921), 231, および D. H. MacGregor, *Industrial Combination* (London: G. Bell & Sons, 1906), 63. これはいわゆる「合理化」を唱道する人々に共通にみられる議論である。大規模な組織単位のほうがより効率的であろうが、しかし小企業の企業家の独立心のゆえに、合理化で達成されるより高い効率性によってより高い所得を実現できるのにもかかわらず、独立していることを選ぶ、といわれる。

(27) この議論は、もちろん、簡単にすぎ、不完全である。とくに、この問題についてのより徹底した議論については、以下をみよ。Kaldor, "Equilibrium of the Firm," および Austin Robinson, "The Problem of Management and the Size of Firms," *Economic Journal* 44 (June 1934) : 242-57.

(28) この用語の定義は以下で与えられる。

(29) 問題のこの側面は、次において強調されている。Kaldor, "Equilibrium of the Firm." これに関連しての、その重要性は、すでに次によって指摘されている。E. A. G. Robinson, *Competitive Industry*, 83-106. これは以下のことを仮定している。価格変動の確率の増加は、それが市場で交換取引を実行する費用を増加させる以上に、企業の内部に組織化するための費用を増加させると。——そしてこのことは、ありうることである。

(30) これは、E. A. G. Robinson, *Competitive Industry*, 27-33 においてとりあげられている技術的単位についての重要性を示しているように思われる。技術的単位が大きいほど、諸要素の集中も大きく、それゆえ、企業も大規模になりがちである。

(31) 留意を必要とするのは、ほとんどの発明が、組織化の費用と、価格メカニズムを利用する費用との、両方を変えることである。このような場合、発明が企業を大きくするか小さくするかは、これら二種類の費用に与える影響の相対的な大小関係に依存している。たとえば、電話が、組織化の費用を低下させる以上に、価格メカニズムを利用する費用を低下させるならば、それは企業の規模を小さくさせる効果をもつだろう。

このような動学的な諸力の例は、以下に与えられている。Maurice Dobb, *Russian Economic Development Since the Revolution* (New York: E. P. Dutton & Co., 1928), 68.「奴隷制が過去のものになるとともに、監督の鞭のもとに労働が組織化された組織としての工場は、その存在理由を失っていたが、やがて一八四六年以降に動力機械が導入されて、その必然性が回復されることとなった」。家内工業制から工場制への移行は、単に歴史的な偶然ではなく、経済的諸力によって条件づけられたものであって、この点を理解するのは、重要なことのように思われる。このことは、ロシアの例のように工場制から家内工業制へと移ることも、またその逆も、ともに可能であるという事実によって示されている。価格メカニズムが機能することが許されていないという点が奴隷制の本質である。それゆえ、なんらかの組織者からの指令が必要となる。しかし、奴隷制が過去のものとなれば、価格メカニズムは働くことが許される。価格メカニズムにとって代わり、企業がふたたび生起したのは、機械が労働者を一つの場所へとひきよせるようになってからである。

(32) 統合は、しばしば「垂直的統合」と呼ばれる。これに対し、結合は「水平的統合」と名づけられる。

(33) Dobb, *Capitalist Enterprise and Social Progress*, 10. アッシャーの見解は彼の *Industrial History of England*, 1-18 にみられる。

(34) 次を参照。J. B. Clark, *The Distribution of Wealth* (New York: Macmillan Co., 1931), 19.〔林要訳『分配論』岩波書店、一九二四年〕。ここで彼は交換の理論のことを、「産業社会の組織の理論」であると語っている。

(35) Knight, *Risk, Uncertainty and Profit*, 267.

(36) Ibid., 267–268.
(37) Ibid., 268.
(38) Ibid., 268–295.
(39) Ibid., 270.
(40) Ibid., 269–270.
(41) このことは、私企業体制を、企業の存在なしにもつことが可能であることを示している。実際には、企業活動の二つの機能（欲求を予測すること、およびその予測にもとづいて行動すること、これによって相対価格の体系に実際に影響を与える）と、管理（それは相対価格の体系を所与のものとして受け容れる）とは、通常、同一の人物によって担われる。しかし、理論においては、これらを分けておくことが重要であるように思われる。この点は以下でさらに論じられる。
(42) 以下をみよ。Kaldor, "Equilibrium of the Firm," および Robinson, "Problem of Management."
(43) オースティン・ロビンソンは、これを小企業の生き残りのための「不完全競争解」と呼んでいる。
(44) オースティン・ロビンソンの "Problem of Management," 249, n. 1 における結論は、明らかに誤っているようにみえる。彼の意見に続くものとして Horace J. White, Jr., "Monopolistic and Perfect Competition," *American Economic Review* (December 1936): 645, n. 27 がある。ホワイト氏は、次のように述べている。「企業の規模は独占的競争の条件のなかで制限されているのは明らかである」。
(45) Joan Robinson, *The Economics of Imperfect Competition* (London: Macmillan & Co., 1933),

17.〔加藤泰男訳『不完全競争の経済学』文雅堂書店、一九五六年〕。

(46) 以上にも示してあるように、立地は、組織化のための費用に影響する諸要因のなかの一つにすぎない。

(47) Shove, "Imperfection of the Market," 115. 郊外における需要の増加と、供給業者の設定する価格の影響との関連で、ショーブは次のように問いかけている。「……なぜ古い企業は、支店を郊外に開こうとしないのであろうか」。本文中での議論が正しければ、この問題はジョーン・ロビンソンの分析用具が答えることのできないものである。

(48) 「雇用主と被雇用者」の法的な概念と、企業の経済的概念とは、次の点で同一ではない。それは、企業は労働者に対すると同様に他者の財産に対しても支配を及ぼすことも含みうる点である。しかし、これら二つの概念の実体は十分に近く、経済的概念の価値を評価するにあたって法的概念を吟味することは意味をもつ。

(49) Batt, *Master and Servant*, 6.

(50) Ibid., 7.

第三章

産業組織論——研究についての提案*

経済学者および広くは一般公衆へのナショナル・ビューローの五〇年に及ぶ貢献を祝って同ビューローにより催された集まりにおいて、産業組織論の分野について論文を提出するのは、いささか当惑をおぼえる。ナショナル・ビューローが、経済学の多くの領域においてわれわれの考え方や研究に大きな——そうして有益な——影響を与えたことは、疑いのないところである。しかし、これが私の当惑の原因なのだが、ナショナル・ビューローは産業組織の諸問題に直接に関わる研究をほとんど行なってきていないのである。私は将来、ナショナル・ビューローが産業組織の分野における研究をより活発になすべきだと信じており、そうでなければ、この論文をどのように進めていくかについて、私はよくわからなかったであろう。実際、この分野はナショナル・ビューローがきわめて熟達した方法で取り扱えるタイプの研究分野である。それはすなわち、詳細な情報の丹念な収集と、その加工を通じての経済行動の類型の提示、である。これは、産業の組織を決定する諸力の理解を進めようとするならば、基本的なものであると私には思える。そこで、私はナショナル・ビューローのこれまでの仕事についてはほとんどいうことがないとしても、私(および他の人々）がこの機会に述べることがナショナル・ビューローのより拡大した研究プログラムへとつながり、結果的に、やがてもたれる一〇〇年記念を祝う集まりに参加するという幸運にめぐまれた人たちが、報告者が景気循環論ではなく産業組織論の分野でのナショナル・ビューローの業績をたたえるのを聞くことになるということを切に望んでいる。

ナショナル・ビューローが産業組織論の研究に力を入れてこなかったのは、ナショナル・ビューロー自体の特質によるものではない。それはかなりの部分、経済学研究一般においてみられてきたことを反映しているといってよい。産業組織という主題について、私のみるところでは、現在ほとんど研究がなされていない。というのも、産業組織論という名のもとに通常取り扱われている事柄は、産業の組織についてほとんどなにもわれわれに教えてくれてはいないのである。あるいはご存知かと思うが、シャーロック・ホームズが「夜中におけるあの犬の奇妙な出来事」に警部の注意を喚起したことがあった。警部からはこれに対し「あの犬は夜には何もしていません」との返答がかえってきた。ホームズはそこでいわく「それこそが奇妙な出来事なのだ」(1)。私は産業組織論という分野の現状に思いを至すとき、この会話を思い出さずにはいられないのである。

経済学における産業組織に関わる諸問題の取扱いにおいて奇妙なことは、それが現在、存在していないということである。われわれは皆、産業の組織が何を意味するものであるかを知っている。それは、経済システムのなかで営まれる諸活動が、各企業の間に分割されるその方法を示している。よく知られているように、企業のなかには、多くの様々な活動を行なっているものもある。かと思うと、狭い領域に止まっている企業もある。大きな企業もあれば、小さな企業もある。垂直的に統合された企業もあれば、そうでない企業もある。これが産業の組織である。――あるいは、かつての言い方では――産業の構造と呼ばれたものである。すなわち、産業組織の研究から人々が学ぼうと期待するものは、次のような事柄であろう。すなわち、現在、産業がどのように組織されているか、それが過去のものとどのように異なっているか、また、この産業の組織が形成されるにあたってどのような力が働いたか、この力は時間とともにどのように変化したか、そうして、もろもろの法的な手段を通じて産業組織の形態を変化させようという提案の影響はどのようなものであろうか、といった事柄である。このような課題は、ナショナル・ビューローが得意とするタイプの研究によってがっしりと支えられるはずのもので、その主題は、産業が組織される方法を変更する目的をもつ様々な方策の価値や方策の提案について、われわれが評価を与えることを可能にする。

産業の組織をこのようにとらえるのは、この分野についての伝統的な見解を反映しているのだが、とはいうものの、その研究の範囲について、これはあまりにも狭い見方であるとほぼ確実にいえよう。企業は、経済活動を営む唯一の組織ではない。様々な種類の団体や非営利組織（しかし、これは企業の特殊な形態とみなすことができるかもしれない）は別にしても、経済活動を営む数多くの政府機関が存在しており、それらのうちの多くはきわめて重要なものである。政府の経済活動――たとえば警察による保護、ゴミの収集、公益事業サービスの供給、教育、病院といったもの――は、そのすべてとはいえないまでもほとんどが、企業（あるいは他の類似の組織）によってもまた供給されている。産業組織の研究課題の一部として、政府機関によってなされる経済活動を解明すること、そうしてまた、なぜこれらの経済活動の遂行が現在あるような形で私的組織と政府とに分割されているかを説明することも、確かに含まれるのである。(2)

次に、この分野が今日、どのように取り扱われているかをみてみよう。ここで、この分野で最も高く評価されている二冊の本を例としてとりあげてみよう。一つはスティグラーの『産業の組織』（*The Organization of Industry*）であり、もう一つはベイン（J. S. Bain）の『産業組織論』（*Industrial Organization*）である。スティグラーはその最初の章でこのように述べている。「本書の冒頭にあたってつとめてより率直な形で進めていきたい。すなわち、産業組織論というような分野は存在しないのである。この題名のもとに教えられているコースは、経済における諸産業（財とサービスの生産者）の構造と行動の理解を目的としている。このコースで取り扱われる問題には、企業の規模構造（一社か、多数の企業か、「集中されているか」いないか）、この規模構造の原因（とりわけなによりも規模の経済）、集中が競争に与える影響、競争が価格、投資、イノベーションに与える影響、等々が含まれる。しかし、これはまさに経済理論——とりわけ価格理論ないし資源配分の理論、そうして今日、あまり適切とはいえないがミクロ経済学ともしばしば呼ばれる理論——の、取り扱う内容にほかならない」。このような経済理論のコースに加えて、なぜさらに産業組織論のコースが存在するのか、その理由として、スティグラーは二つのものをあげている。第一に、理論のコースはその性質上、きわめて形式の整ったものであって、費用曲線、集中、等々の実証的な計測の研究には立ち入れないという点である。第二に、理論のコースは、公共政策、とりわけ反トラストと規制の問題に入っていけない。そうして、スティグラーの言い方によれば、「産業組織論のコースはこれら難しい課題を引き受けている」(3)。

ベインは、自らの本の一般的な課題は「資本主義経済における企業部門の組織と働き」であると述べている。彼は自らのアプローチを「外部的かつ行動主義的」であると称している。彼の関心事は「企業がそのなかで事業を行なっている環境の設定と、そのなかで、企業が生産者として、売手として、そして買手としていかに行動するか」という点にあった。彼が「おもに力点をおくのは、様々な産業ないし市場において、競争的傾向と独占的傾向のうち、何れの影響が相対的に強いか」(4)という点である。ベインが著わしたものは、基本的には、集中の影響や、その想定されている影響が反トラスト政策に対してもつ重要性といった問題を取り扱っている、ある種の価格理論の本だったのである。ベインは、企業が何をするか(その内部的な活動)という点についての関心は、ある意味で経営学と関連していると示唆しており、さらに彼は、これを企業はいかに経営されるべきかということを教えることと結びつけているようにみえる。(5) ただし私には、上述のような諸問題は、このようなねらいをもつことがなくても研究できるものと思われる。ベインの産業組織論に対する見方は(もちろん、その取扱い方は異なるが)、基本的にはスティグラーの見方と異なってはいない。基本的には、スティグラーもベインも共に、産業組織論という分野を応用価格理論とみなしている。ケイヴス(Caves)はその著書『アメリカの産業——構造・行動・成果』(*American Industry: Structure, Conduct, Performance*)のなかで、いっそう明確に述べている。「〝産業組織論〟の課題は、経済学者の価格理論のモデルを、われわれをとりかこんでいる世界における産業に適用することにある」。(6)

産業組織論は、とりわけ寡占的状況における、企業による価格決定と生産量決定政策の研究となった(それはしばしば市場構造の研究とよばれるが、しかし、市場がどのように機能するかということとはまったく関係がない)。もちろん、寡占の理論が存在しないこと、あるいは、同じことになるが、あまりにも多くの寡占の諸理論が存在することは何の助けにもならなかった。しかし、寡占問題を越えてさらに——といっても私はこの問題が重要でないというつもりはないが——、産業組織について書かれた現代の経済学者の著作は、産業組織論の課題について、きわめて狭い視野しかもっていないことは明らかである。

もっとも、いつもそうであったわけではない。図書館にいってみればすぐわかるように、一九二〇年代および一九三〇年代に書かれた、特定の諸産業の組織を扱った本がいくつもの書架を占めるほど、存在している。さらに、水平的統合や垂直的統合とよばれる問題を取り扱ったもっと一般的な文献も（とりわけ米国においては）かなり存在している。たとえば、一九二四年に出版されたウィラード・ソープ（Willard Thorp）の『産業活動の統合』（*The Integration of Industrial Operation*）という研究がある。またイングランドにおいてはケンブリッジ経済学叢書のなかには、D・H・ロバートソンの『産業の統制』（*The Control of Industry*, 1928）やE・A・G・ロビンソンの『競争的産業の構造』（*The Structure of Competitive Industry*, 1931）のような一般的な書物が含まれている。もちろん、それ以前に、アルフレッド・マーシャルの『産業と交易』（*Industry and Trade*, 1919）が存在している（多くのイギリスの研究はこの本から触発されているところが大である）。これらの研究は、その対象とする領域と方法が、大きく異なってはいる。それは、ロバートソンによる労働者協議会の議論から、マーシャルによる産業発展の歴史的説明までにわたっており、また、イギリスの研究者の比較的単純な経験主義から、ウィラード・ソープの綿密な統計的研究までに及んでいる。しかし、これらの研究はすべて、産業がいかに組織されているかという点への関心と、その豊かさと奥の深さという点で、共通の性格をもっている。

確かに、産業組織論という分野についての私の見解を形成するにいたったのは、このような書物であった。しかし、私のみるところ、これらの文献に欠けているのは、産業の組織の決定因を分析することを可能にさせる理論であると思われる。このような状況から、私は一九三〇年代の初めに私の論文「企業の本質」[7]を書くにいたった。――これは、しばしば引用されるがあまり使われていない論文である。このあまり使われないということは、まったく意外というわけではない。というのは、私の理論が解明しようと意図していた諸問題について、近年の経済学者はあまり関心をもたないからである。しかし、もしわれわれが産業組織論の問題に真剣に取り組もうとするならば、理論が必要である。

企業が何をするかを決定するものは何であろうか。この問いに答えるには、そもそも企業がなぜ存在するのか、このことを理解することが欠かせない。というのは、この点こそ、企業が何をするかを決定するものを明らかにするために、捜すべき方向を指し示すカギを与えてくれるからである。私が学生の頃は（おそらく今日でも依然としてそうであろうが）、価格メカニズムは自動的に自己制御するシステムとしてとらえられていた。サー・アーサー・ソルターの言葉によれば、「通常の経済システムはひとりでに機能している」のである。資源配分は価格システムによって調整される。このように簡単にとらえられているけれども、私には、その当時、そうして今でもまた、このような叙述は企業の内部で生じていることとまったく合致していないように思われる。労働者がY部門からX部門へ移るのは、Xでの価格がYでの価格にくらべ上昇し、このような移動が労働者にとって利益をもたらすものになったという理由からではない。労働者はYからXへ移るよう命じられたから移るのである。

D・H・ロバートソンが生き生きと描写したように、「バターミルクの桶のなかで凝固しつつあるバターの塊のような、無意識の共同作業の大海のなかの、意識的な力という島々」を、われわれは見いだすことができる。企業の外部では、価格が資源の配分を決定する。そうしてその働きは、市場における一連の交換取引を通じて調整される。企業の内部では、このような市場取引は排除され、資源の配分は経営者の意思決定によってなされる。なぜ、企業は、資源配分を価格システムにまかせることができるのに、経営管理機構を設立し維持していく費用を負担しようとするのであろうか。主な理由は、次の点にある。すなわち、市場を利用するにあたっては負担せねばならない費用が存在し、経営管理機構を用いることによってこの費用を回避することができるからである。もし取引が市場を通してなされるなら、妥当な価格はどのあたりになるかを見つけだすための費用が必要となる。また、各々の市場取引のそれぞれに、交渉し契約をまとめるための費用がかかる。さらに、これらのほかにもその他の費用が存在する。もちろん、企業は市場に面しており、すべての契約を取り除くことができるわけではない。しかし、生産要素の所有者は、同じ企業内で自らと協働している他の生産要素の所有者と、一連の契約をかわす必要はないのである。

企業をもつことにより生ずる利得の源泉は、市場が機能するにはなんらかの費用を必要とするというところにあり、また、組織を結成し資源の配分を経営管理的に決定することでこれらの費用を節約できるというところにある。しかし、もちろん企業は、市場でなされていた取引を、市場取引に要する費用よりも低い費用でとり行なわねばならない。というのは、もしそうできなければ、企業はいつでも市場に頼ることができるからである。そうしてまた、ことわるまでもなく、個々の企業にとっては、もしより低い費用でこれを行なうことができる他の企業が存在すれば、その企業がとって代わるという途も存在しているのである。

このように、産業が組織される形は、次の点に依存していることになる。すなわち、取引を市場で行なうための費用と、これをより低い費用で実現できる企業の内部にその活動を組織化するための費用との間の関係である。さらに、ある活動をなんらかの企業のなかに組織化するための費用は、その企業がほかにどのような活動に従事しているかに依存する。所与の一連の活動は、ある種の活動を行なうのを助けるだろうが、また他の活動の成果を損なうかもしれない。現実の産業の組織を決定するのは、このような関係である。しかし、このように述べた上でいうのだが、われわれはどこまで前進したといえるのであろうか。われわれは、市場で取引を行なうための費用や、それが何に依存しているかについて、ほとんど知らない。さらにまた、同一の企業内での様々な諸活動の組合せのあり方がどのように費用に影響するかについては何もわかっていないに等しい。われわれが知っているのは、たかだか、これらの様々な相互関係が作用しあう結果として、育ちうる組織が、それが属する経済システム全体にくらべて小さい、という状況がもたらされるということである。

実際のところ、われわれは産業の組織を決定する様々な力について、驚くほど無知である。以下の点についてはわれわれはある見解をもっていることは確かである。すなわち、なぜ企業内に組織される活動の増加が経営管理機構のなかに緊張をつくりだし、そのことが(すでに従事している事業と類似のものである場合でさえ)追加的な事業を組織化する費用を上昇させるかという点については心得ている。費用の増加は、次の二つの理由から発生する。経営管理費用それ自体の上昇、および意思決定を行なう人がいっそう誤りをおかすようになり資源を賢明に配分するのに失敗すること、である。これは、経済学が企業経営という問題を取り扱う際のほぼ慣行的な方法である。(8) しかし、企業がその機能を拡大させるに従って、私の見方では、企業は地理的にも分散を広め、また他の方法でも多角化の特性を強め、より多様な活動を包摂するようになると思われる。私は、このことこそ企業の拡大を制約する役割を果たすものの一つであると考えている。実際のところ、これは、異なる諸活動を単一の企業内に組み合わせることが費用に影響を与える場合の、一つの特別な例である。——ただしそのすべてが悪影響というわけではないが。ところで、このような相互関係が存在するということから示唆されるのは、様々な活動を諸企業の間に効率的に配分すると、各企業に特定の（そうして異なる）一連の諸活動を割り当てることになるということである（実際、このような状況が観察されている）。われわれは、各企業のそれぞれ従事する諸活動の領域が類似してくるものと考えてはいないが、しかし、私の知るかぎり、諸活動の各企業への配分については、いまだ多くを語るだけのものをもっていないのである。

なぜ、われわれはこのように乏しい理解しか有していないようなのであろうか。その理由の一端は、明らかに産業の組織を取り扱っているはずの経済分析の性質によって説明される。――この経済分析とは、企業の最適規模、および規模の経済についての分析を意味している。この分析は、（そうではないにもかかわらず）産業の組織を取り扱っているように聞こえて、顕著なギャップに頭を悩まされている人々を安心させることになりがちである。経済学で示されている企業の最適規模の理論の、どこがおかしいかをみるのは困難ではない。まず第一に、求められているものは、企業の最適な規模そのもの（おそらく各産業ごとに異なった最適値をもつのであろうが）についての説明ではなくて、企業の間でのさまざまな活動ないし機能の最適配分についての理論なのである。第二に、いわゆる企業の最適規模の理論は、企業が従事している活動を取り扱うという意味での企業の規模についての理論なのではなく、企業の生産量についての規模の決定に関わるものである。そのうえ、ここでさえも、今日の理論が関わっているのは、特定の製品あるいは一般化された一製品の生産量のみについてであって、企業が生産する一連の製品群についてではない。いま最後に述べた点はやや言いすぎかもしれない。というのは、経済学者は企業の規模を測るのに価値や資産や従業員数をも用いるからである。——しかし、いずれにせよ、企業が現実に何をしているかについて、ほとんど論じられていないという点は、間違いのないところである。

規模の経済についての議論は、主としてその注意を、費用と生産量の関係(要するに費用関数の導出)に集中している。このような議論は、以下のことについては何も教えてくれない。つまり、ある活動を行なうことが費用にどのように影響するかという点や、また、別の活動を行なうことが費用にどのように影響するかという点、あるいは、ある特定の活動を他の様々な企業が行なった場合の費用との比較、などの点については知らされるところがない。さらに、ある製品の(あるいは一般化された製品の)生産量が増加するにともなって「外注」(contracting out)がどう変化するかというその程度については、なおさらわずかにしか取り扱われていない。ここで起こっている事柄は、次のようである。すなわち、経済学者が従事してきた分析の性質からみて、私がこれまで挙げてきたような疑問に対する回答は、求められてはこなかったと思えることである。

しかし、ここでまさに、これらの疑問を取り扱おうと試みた一つの論文を逸することはできない。それは、スティグラーの論文「分業は市場の広さによって制約される」である。(9)

われわれ皆が了解しているように、アダム・スミスの分業についてのこの叙述は正しいが（アダム・スミスのすべての叙述は正しいのだが）、ただ、いくらかの困惑も呼びおこした。というのは、それは競争的状態の存在と整合的でないように思われるからである。この問題を解き明かす過程でスティグラーは、特化した企業が出現する条件、およびそれが垂直的統合の程度に影響することとなるその条件について論じている。スティグラーは、われわれに非常に深い理解まではもたらしてくれないが、それでもわれわれの前進にとって可能な最大限の理解を可能にしてくれている。

私が述べてきたのは、経済学者によって用いられる分析の性質のゆえに、産業組織論のある種の諸問題が取り上げられていない事実が覆いかくされてしまう傾向があることである。しかしこの無視の傾向には、もっと重要な一つの理由があると思われる。すなわち、産業組織論の関心は、独占、独占の規制、および反トラスト政策の研究と結びつく傾向にあったのである。これは最近始まったことではない。一九世紀の終わりに、経済学者が産業組織の諸問題に興味をもちはじめた頃、経済学者たちは合衆国におけるトラストと、ドイツにおけるカルテルの問題に直面した。そこで自然のなりゆきとして、合衆国における反トラスト政策の発展とともに、産業組織論における反トラストの側面への関心が、この分野を支配するにいたったのである。

このことは良い影響と悪い影響とを及ぼしたが、しかし、私の見解では、悪影響のほうが良きそれをはるかに圧倒した。それが産業組織の諸問題に取り組んでいる多くの研究者の志気を高めたことは疑いもないことである。というのは、彼らは、重要な政策的含意をもつ仕事に取り組んでいると感じたからである。それは有益な結果をもたらし、これらの研究者の注意を、経済システムが機能する仕方に関する現実の諸問題に向けさせた。それはまた、さもなくば無視されたであろう情報源のいくつかを、彼らが利用することになるという効果ももった。とはいうものの、他の点では、残念な結果をもたらしたように私には思える。自らと同時代の人の役に立ちたいという欲求は、疑いもなく高貴な動機である。しかし、回答を与えようとしないのでは、政策に影響を及ぼすことはできない。それゆえ、これは人々を、経済的政治家（エコノミック・ステーツマン）にすることを促してしまったのである。――ここで、経済的政治家（エコノミック・ステーツマン）とは、答えが存在しないのに答えを与える人々である。この傾向は、データおよび分析の価値について批判的検討を加えることを阻害してしまった。その結果として生じたことは、この分野の多くの有能な研究者が、他の場合であれば拒絶したであろうと私が思うような実証研究や分析の水準を許容してしまう、ということになった。政策――とりわけ反トラスト政策――との結びつきは、産業組織の研究において、ある種の問題が提起されるのをふさいでしまった、あるいはとにかく、提起されるのをより困難にしてしまったのである。反トラスト訴訟で述べられた事実は、正しいもの（あるいは実質的には正しいもの）として受け取られた。法律家（判事と弁護士）が問題を取り上げる視点は、われわれが問題に接近すべき方法として受け取られた。判事の見解はしばしば分析の出発点となり、判事のいったことを明らかにする試みがなされた。このことは議論をあまりにも錯綜したものにしたため、ほとんどの経済学者は、失敗したことに明らかに気づいていないのである。この傾向は、とりわけエーデルマン（Adelman）とマギー（McGee）の研究[10]の結果、変わりはじめているのは事実だが、しかし、支配的なアプローチは、依然として、私が述べてきたようなものであると思われる。

このようにもっぱら独占の問題にばかりとらわれていることの重要な帰結の一つは、経済学者が理解できない何ものか——なんらかのビジネス上の慣行その他——に出会うと、経済学者は独占の観点からの説明を求めるようになった、という点にある。そうして、われわれはこの分野にはきわめて疎いので、理解できない慣行の数はかなり多くにのぼりがちで、独占による説明に頼ることがしばしばなされることとなる。より近年には、税負担を減らしたいという欲求が、もう一つの説明方法となり、なぜ企業は現在のような慣行を用いるかの論拠にされた。実際のところ、事態は以下の姿をとる。もしわれわれが限定された政府のシステム（そうして、それゆえ低い課税）と、明らかに競争的とみられる経済システムとに行き着いてしまうと、われわれは経済システムのなかでなされている諸活動が各企業の間にどのように割りふられるかについての説明を、まったく失ってしまうかのごとくである。なぜゼネラルモーターズが石炭産業で支配的な地位にないか、なぜA&Pが航空機を生産しないかを、説明できなくなってしまうのである。

ここで『ジャーナル・オブ・ロー・アンド・エコノミックス』誌のなかの最近の論文を、例として取り上げてみよう。論文はジョン・L・ピーターマン(John L. Peterman)の「クロロックス事件とテレビジョンの料金体系」である。[11] プロクター・アンド・ギャンブルがクロロックスを買収し、この合併は反トラスト法のもとで異議申し立てがなされた。プロクター・アンド・ギャンブルに反対する主張の主要な点は、プロクター・アンド・ギャンブルが二五から三〇パーセント程度のテレビジョン広告の割引を得ることができるようになったが、このような割引は、より規模の小さな企業は得ることができない、ということにあった。このことから多くの人は、これはテレビジョン産業における独占の現われであり、価格差別の一例であると結論づけるにいたった。ところが、ピーターマンによる注意深い研究によって、以下のことが明らかになった。実際は、プロクター・アンド・ギャンブルと同じやり方で広告放送時間を買った広告主には、平均すると悪い時間帯(視聴者が少ない時間帯)しか得られなかったのであるが、料金割引の体系はそうしたことを相殺するようにデザインされていたのである。実際、もし支払われた広告料金が、時間の長さではなく視聴者の数によって決まっているとすれば、プロクター・アンド・ギャンブルが得ていると主張された有利な取扱いは、消滅してしまうのである。

これが一般的にみられる状況であるように私には思われる。なにか普通でない状況が存在すると――この場合の大幅割引がそうなのだが――、ただちに結論が導かれて、独占、ということになる。次のような点は通常、検討されようともしない。はたして問題とされている慣行は、競争的な状況をもたらすために必要な要素なのではないのかどうか。もしこのような検討がなされたなら、私が思うに、独占とされているもののかなりの部分は消滅してしまい、競争的状態がいま一般的に信じられているよりもさらに広く見いだされるようになるだろう。同様にして、垂直的統合（たとえば、製造業者が小売の販売網を買収する場合）は、しばしば他の製造業者を閉めだす手段、すなわちフォークロジャーとみなされることになり、他の見方、つまり、より効率的な流通の方法となりうるかもしれないという観点からはなされない。同様に、合併は、独占を獲得する方法として、あるいは景気循環に関連したものとして、考えられる傾向にある。そうして、合併が経済性をもたらす可能性は、無視されてはいないけれども、あまり注意を払われない傾向がある。

私がいままで例を挙げてきたように、産業組織の研究が反トラスト政策と結びついてきたことが、その傾向として、理由が必ずしも理知的に明瞭でないすべてのビジネス上の慣行について独占による説明を求めるという方向性をつくりだした。しかしここで、確かに次の問いがなされよう。経済学者は、司法省や連邦取引委員会の判事や反トラスト弁護士の忠実な随行者の役割ばかりを演じてきたわけではないであろう、と。その答えは、以下のとおりである。すなわち、経済学者はそのような役割だけを演じてきたわけではない

――しかし、彼らの行なってきたことがもっと有用なものであったか否かは疑わしい、ということである。この二〇年間、産業組織論とよばれる分野の研究に従事してきた経済学者の主要な関心事は、特定の産業における集中とその影響の研究であった。彼らが追求した影響は独占的な影響であり、それはより高い利潤という形であらわれると彼らは予期していた。私の見方では（この分野に私が大変くわしいわけではないことを述べておかねばならないが）、得られた結果は、彼らに期待をもたせるようにみえて結局は偽りであったように私には思える。集中と利潤率の間には相関が存在し、それが弱いものであることは確かなのだが、彼らの主張では、統計的に有意である、というにあった。理論的な立場からみて、これはやや不可解なことである。産業の供給の弾力性が高ければ、あるいはその製品への需要の弾力性が高ければ、集中と利潤率の間に、なんらの相関も期待できない。そうしてもし、生産者の数が少ないことが、共謀の結果としてより多くの利潤をもたらすと想定するなら、共謀が成功する可能性に影響する要因は、企業数が少ないこと以外にも、多数存在することが指摘されねばならない。そうしたわけで、そもそもなんらかの感知しうる相関が存在するということ自体が、むしろ奇妙なことなのである。そのほかにもこの結果にはおかしな側面が存在する。たとえば、産業がより細かく定義されると相関関係は悪くなる、といった点である。しかしおそらく、われわれはこのような集中についての研究の意義について、あれこれ悩むのを止めるべきであろう。私がこういうのは、最近発表された「反トラスト作業委員会による集中排除の提案」と題された論文のゆえである（この論文は、これらの研究の結論をまともに受け取り、何らかの処置をとるべきだと主張する提案に対する批判である）[12]。著者のイエール・ブローゼン（Yale Brozen）の主張では、これらの集中についての研究によって得られた結論は、これらの研究がなされた期間の不均衡状態を反映したものである。もし同様の計算がさらに後の期間についてふたたび試みられたならば、高い利潤率は下がり、低い利潤率は上がる傾向にあるだろう。もしブローゼンによって報告された結果が、それに対して必ずなされるであろう（またそうされるべきである）批判的検討に耐えることができれば、この論文が一時代を終らせることになることは、ほとんど疑いのないところであるように思われる。集中とその影響についての研究は混乱に陥るだろう。実際にそのような状況に変わるとすれば[13]、今こそ、救えるものを救い出し、ふたたび新たに研究を始める絶好の時機といえよう。われわれの理論になんらかの再検討が求められていることは、明らかなように思われる。しかし、同様に現段階で重要なことは、産業の組織についての新しいデータを体系的な方法で集めることであり、それによってわれわれが、説明しなければならない事柄についてもっと確かな理解をもつことができるようになることである。

ここで目を転じて、企業以外の組織、とりわけ政府組織が行なう経済活動の仕事に戻ることにしよう。やや驚くべきことに、この主題に、経済学者はあまり関わってこなかった。

経済学者がこの論題を考えるにしても、それは、経済システムの働きを改善するために、課税、規制、もしくは政府事業のいずれかの手段によって、政府が何をなすべきか、という議論の一部として考えられてきた。これら三つの政策手段のなかで、政府事業には最も注意が払われなかった。いずれにせよ、この議論は二つの弱点をもっていた。第一に、推奨されている政策が現実にどのように働くかについて、真剣な検討がなされなかった。政府の行動を正当化するには、「市場」——あるいはより正確には私企業——が、最適な結果を達成するのに失敗することを示せば十分とされたのである。提案されている政府の行動の結果もまた、最適なものではないかもしれないという点は、ほとんど検討されなかった。その結果、得られた結論は、公共政策を評価するのにほとんど役に立たなかったのである。

ところで、このような議論は、ここでの私の主な論点にいっそう関わるような弱点を、さらにもっていた。以下のような想定が、暗黙裡になされてきたように思える。つまり、厚生経済学者が政府の行動の必要性をみるにいたったと同様の考えが、これらの政策提言の実現に必要な政治的変革をもたらすうえに積極的な支持を要請される人々をも、また突き動かすという想定である。この点については、主に新しい「政治の経済理論」(economic theory of politics)のおかげで、昔よりは理解が進んでいる。われわれは、法律を改変させるにいたる様々な力の性質を理解しはじめている。——そしてそこでは、このような変化に賛成する勢力の強さと、経済学者の見るこのような変化がもたらす利得との間には、なんら必然的な関係は存在しないのである。このことが示唆しているのは、特定の経済政策を推進することに興味をもつ経済学者がなさねばならないことは、われわれの政治システムの枠組みを分析し、それらの経済政策が採用されるにはどのような改革が必要となるかを明らかにすることであり、また、そのような政治的変化の費用を計算に入れることである。このことには、次のことが前提とされている。すなわち、政治制度の性質と、特定の経済政策——われわれの場合では産業への政府の介入——の採用とのこの両者の関係が明らかになっている、という前提である。われわれはこれらの関係については、あまり理解していない。がしかし、それらを明らかにすることは、産業組織論の研究者に課せられた課題であると私には思われる。容易に観察されるように、政府の産業への介入の程度は、時間の経過とともに変化し、あるいは産業の間でも違っており、さらには地理的な差異によっても異なっている。産業組織のこの側面についての研究の結果として、これらの差異をもたらす諸要因が明らかになるであろうことは疑いないところである。ナショナル・ビューローがこの仕事に関わっていくことを希望したい。

私は、求められているのは、合衆国における産業組織の大規模で体系的な研究であるということを示唆した。また、次のことも示唆した。この研究は、むずかしい政策課題に性急な解答を求めようとする欲求（あるいは自意識過剰の義務感）によって科学的な精神が汚染されていないような環境のもとでなされるときに、最良の結果をもたらすであろう。ナショナル・ビューローをおいて他に、どこでこのような科学的に純粋な環境が見いだせようか。よりいっそうの研究が必要であるとのこの提案は、次のような私の信念、つまり、われわれが説明しなければならないのは何かについてさらに知るまでは、われわれの産業組織の理論が大きく進展することはきわめてむずかしいという信念にもとづいている。インスピレーションの豊かな理論家は、このような実証研究なしでもかまわないかもしれない。しかし、私自身としては、体系的なデータの収集を通して明らかにされるパターン、問いかけ、そして変則的と思われる事象、これらによってもたらされる刺激を通じてこそ、インスピレーションは生まれるものと感じている。このことはとりわけ、われわれの既存の思考習性を打ち破ることが主目的であるときには、とくにそういえるのである。ナショナル・ビューローは産業組織の分野ではほとんど研究をしてこなかったと述べた。しかし、この分野が完全に無視されてきたわけではない。スティグラーが（疑いもなく正しく）指摘したように、ナショナル・ビューローの財政、課税、技術進歩についての研究から、産業組織について学ぶべきことはきわめて多い(14)。しかし、ナショナル・ビューローが支援した研究で正面から産業組織に取り組んだ研究も、いくつかはある。私はこれらについて何かを述べておくべきであろう。これらの仕事が高い学識の研究であり、きわめて重要な主題を取り扱っていることは疑いのないところである。ただし、この分野の現状からみて当然に予想されたところではあるが、これらの研究がある種の論点については、無視すべき、ないしはほんの軽くふれるだけにとどまるべきであったということ、あるいは、他の側面において不完全な取扱いがみられたということがいえる。

ナショナル・ビューローにおける産業組織についての主要な研究は、以下のものであろう。ソロモン・ファブリカント（Solomon Fabricant）『一九〇〇年以降の合衆国における政府の活動の趨勢』（*The Trend of Government Activity in the United States since 1900*, 1952）。ラルフ・L・ネルソン（Ralph L. Nelson）『アメリカの産業における合併の動向』（*Merger Movements in American Industry, 1895–1956*, 1959）。マイケル・ゴート（Michael Gort）『アメリカの産業における多角化と統合』（*Diversification and Integration in American Industry*, 1962）。

まず、ファブリカントの仕事について若干述べてみたい。というのは、それは政府の活動を取り扱っており、産業組織論でもこの側面はややおろそかにされてきたように私には思われるからである。この本は、対象を財政や規制の問題に限っていない。これらは重要な問題であるが、これらの分野に限定していないということは、ナショナル・ビューローが一面で、経済活動のオーガナイザーとしての政府の役割について、関心を抱いているということを示している。ところが、この本での議論が取り扱っているのは、主として、政府の雇用と支出の構成を分析すること、それと経済全体の雇用量と支出量との関係を分析すること、政府の雇用と支出の集計量の趨勢を見いだすこと、等々の問題である。それ自体としては、この研究は、政府が経済的な事業体を自ら運営するにいたる諸要因についてはあまり光を投じてくれない。ただし、この本が目的としていた研究分野については、有用なかなりのデータを提供してくれている。私は将来いつの日にか、ナショナル・ビューローが政府事業についての詳細な情報を収集することを望みたい。そのデータに望まれるのは、なぜ他の経済組織の方法ではなくて政府事業が選択されるにいたるか、その理由を明らかにすることを可能にする分析の基礎となりうるような形で、それが収集されることである。この点に関連して、ナショナル・ビューローが政府の契約についての研究を試みるよう望みたい。というのは、論点とされているのは、ただ単に政府事業か私企業かという問題だけではなく、また、政府事業か、それとも政府が必要とする製品やサービスを「外注する」か、という問題でもあるからである。

次にネルソンとゴートの本を検討してみよう。これらはより伝統的な種類の産業組織の問題を取り扱っている。ネルソンの力強い研究が取り上げているのは、主として以下の点である。すなわち、合衆国における合併の時系列データの開発、合併の動向と景気循環の関係の研究、そうして彼のデータが許す範囲内での、合併活動の変動を説明するものとして提示された主要な解釈のテスト、がそれである。ネルソンがあまり詳細に述べていないのは、合併によってつくりだされた組織がどのような種類のものか（同一の組織のなかにもちこまれた活動がどのような種類のものか）という点である。また、合併が完成した後にいかなることが起こったかについても、取り上げていない。その結果、われわれはこの研究からでは、合衆国の産業構造の形成にあたって、様々な合併の動向がどのような役割を果たしたかを判断することはできない。また、効率を追求する上でこのような組織変革を必要とするにいたった基本的な変化に対して、合併の動向がどの程度までそれへの反応とみることができるのか、この点についても、同様に判定できない。ここで付言すれば、これらの点はすべてネルソンによって認められているところである。彼は結論において「解答を出すという重要で興味深い仕事は、今後に待たれる」と述べているのである。(15)

以上であげた三つの研究のなかで、産業組織の研究において今日求められているものについて私が語るとき、念頭においているものに一番近いのはゴートの研究である。ゴートはまさに、企業の内部に組織化されている活動の領域についての問題を取り扱っている。そうして、産業組織論において重要な問題で彼がふれていないものはほとんどないであろう。けれども、ゴートは、ウィラード・ソープのようなより早い時期の研究者の、もっと直截的な方法を採らなかったのである。彼は多角化の研究を、自らの本の中心的なテーマとしている。彼は多角化の傾向を計測し、また、多角化している企業、および多角化している企業が参入した産業の、経済的特徴を明らかにしようとしている。とはいえ、多角化の程度は、これを定義したり計測したりするのは容易ではなく、ゴートが提示している結果も、その背景となる産業構造についての知識なしでは解釈するのが困難である。多角化の研究を通じた産業組織へのアプローチはそれなりに興味深いものではあるが、それは奇妙な第一歩である。それはあたかも、食生活の研究を、実際の食品消費のパターンそのものを明らかにするのではなく、個々人の消費する食料の多様性の程度を計測することから始めたようなものである。

私の見解では、産業組織論において求められているのは、問題への直接的なアプローチである。それはアプローチの中心を、企業がどのような活動を行なっているかに集中することであり、またその努力を、企業の内部での諸活動の様々なグループの特徴を明らかにすることに向けることである。どのような活動が結びつきやすく、いかなる活動がそうでないか。その答えは、企業の種類が異なるに従って、かなり異なるであろう。たとえば、企業の規模によって異なり、企業の組織構造によって違い、企業の属する産業によって相違するであろう。このような研究がなされる前に、結局、何が重要であるかを予測することは可能ではない。もちろん、このような研究こそが必要とされているものなのである。企業の内部で何が起こっているかについての研究に加えて、企業間の契約上の取決めについての研究（長期契約、リース契約、フランチャイズ契約も含めた様々なタイプのライセンス契約の取決め等々）も、またなされるべきである。というのは、市場での取決めは、企業の内部組織の代替策であるからである。合併の研究も、対象を広げて、主要なこのような研究課題のなかに含まれた一部分となりうるように、拡張されるべきである。合併が企業間の諸機能の再配分にどのような影響を与えるかの研究に加えて、以下の点も考慮に入れておかねばならない。すなわち、「ディスマージャー」(企業の分割)や、部課ないし部門の企業間での移転、新しい活動の開始や古い活動の廃止、そうしてまた——忘れられがちな点なのであるが——新しい企業の生成、といった諸点である。

私がいま概略を述べたような諸研究は、合衆国の産業組織の全体像を点検することになるであろう。そうして、これを足場として、それを形成させるにいたった諸要因を明らかにするという、長くて困難な仕事が始まるのである。ナショナル・ビューローに、このような産業組織の研究のルネッサンスをもたらすにあたって主要な役割を演じてもらいたいというのが私の希望である。

〈第三章 注〉

＊ 以下より再録。*Policy Issues and Research Opportunities in Industrial Organization*, edited by Victor R. Fuchs, vol. 3 of *Economic Research: Retrospect and Prospect*, NBER General Series, no. 96 (Cambridge: National Bureau of Economic Research, 1972), 59-73.

(1) 最初に出版された版において私は、この会話はホームズとワトソン博士の間のものであると述べた。実際は、(『シルバー・ブレーズの冒険』のなかでの) ホームズとグレゴリー警部の間のものである。私は、この言いわけのしようもない間違いに注意を喚起してくれたS・C・リトルチャイルド（S. C. Littlechild）に感謝し、ここに訂正する。

（2）私はここで、ヴィクター・フュックス（Victor Fuchs）の未公刊論文「生産の組織の理論へ向けてのいくつかのノート」（"Some Notes Toward a Theory of the Organization of Production"）にふれておきたい。これは、この問題を検討し、その重要性を明らかにしている。

（3）George J. Stigler, *The Organization of Industry* (Homewood, Ill.: Richard D. Irwin, 1968), 1.〔神谷傳造・余語将尊訳『産業組織論』東洋経済新報社、一九七五年〕。

（4）Joe S. Bain, *Industrial Organization* (New York: John Wiley and Sons, 1968), vii〔宮澤健一監訳『産業組織論』全二冊、丸善、一九七〇年〕をみよ。

（5）Ibid.

（6）Richard Caves, *American Industry: Structure, Conduct, Performance* (Englewood Cliffs, N. J.: Prentice-Hall, 1967), 14〔小西唯雄訳『産業組織論』東洋経済新報社、一九六八年〕をみよ。

（7）「企業の本質」本書六三―一〇一ページをみよ。

（8）次をみよ。Oliver E. Williamson, "Internal Organization and Limits to Firm Size," in *Corporate Control and Business Behavior* (Englewood Cliffs, N. J.: Prentice-Hall, 1970), 14-40.〔岡本康雄・高宮誠訳『現代企業の組織革新と企業行動』丸善、一九七五年〕。

（9）Stigler, *Organization of Industry*, 129-41をみよ。

（10）たとえば、以下をみよ。Morris A. Adelman, "The A and P Case: A Study in Applied Economic Theory," *The Quarterly Journal of Economics* 63 (May 1949): 238-57. および、John S. McGee, "Predatory Price Cutting: The Standard Oil (N. J.) Case," *The Journal of Law and Eco-*

nomics (October 1958): 137–69.

(11) John L. Peterman, "The Clorox Case and the Television Rate Structures," *The Journal of Law and Economics* 11 (October 1968): 321–422.

(12) Yale Brozen, "The Antitrust Task Force Deconcentration Recommendation," *The Journal of Law and Economics* 13 (October 1970): 279–92.

(13) 次の点を私に示唆してくれた人がいた。集中と利潤率との間になんら有意な関係が存在しないということは、集中と産業組織の他の側面との間に有意な関係が存在するかもしれないということを意味しない、と。これはそのとおりかもしれない。けれども、この問題に直接取り組むまでは、これらの関係の理由を理解できるかは、私には疑わしく思われる。

(14) George J. Stigler の下記への序文をみよ。*Diversification and Integration in American Industry*, by Michael Gort (New York: National Bureau of Economic Research, 1962), xxi.

(15) Ralph L. Nelson, *Merger Movements in American Industry, 1895–1956* (New York: National Bureau of Economic Research, 1959), 126 をみよ。

第四章

限界費用論争*

I　論争の状況

私はこの論文において、平均費用が逓減する状況のもとでいかに価格が決定されるべきかという点を論じたい。とりわけここで、ほとんどの経済学者にとっていまやなじみ深いものとなったこの問いへの、一つの解答について論じたい。それは次のように要約される。

(a)　生産物の各一単位に対して支払われる額（価格）は、限界費用に等しくなければならない。

(b)　平均費用が逓減しているところでは限界費用は平均費用より低いから、生産物に対して支払われる総額は、総費用に満たないであろう。

(c)　総費用が総売上げを上回る額（損失と称されることもある）は政府が負担すべきであり、それは課税によってまかなわれるべきである。

この見解は、H・ホテリング、[1] A・P・ラーナー、[2] J・E・ミードとJ・M・フレミング[3]によって支持されてきた。それは多くの興味をよびおこし、すでに公益事業経済学のテキストブックのいくつかにとりあげられるところとなっている。[4] しかし、現実の問題に対して重要な含意をもつにもかかわらず、そのパラドキシカルな性質と、それを誤りであるとみなす経済学者が多く存在するという事実のために、これまでのところ、書かれた形の批判論文はあまり見あたらない。[5] その解決を支持する論文がきわめて多数にのぼり、否定的な批判の論文が相対的に少ないということから、J・M・フレミングが、それは「私が思うには、本格的に批判される余地はもうない」と主張し、「経済学者だけの狭いグループを越えて」より広く理解されず受け容れられないのを嘆くにいたったのであろう。[6] しかし、私が基本的には正しいと信ずる別の解決法が、[7] 一九三七年にC・L・ペイン(C. L. Paine)によって、一九四一年にE・W・クレメンス(E. W. Clemens)によって、すでに示唆されている。私も一九四五年にミードとフレミングによって提示された解決を批判する短い覚書(ノート)を書いた。[8] さらにT・ウィルソンによる覚書は、[9] 経済学者の間での合意はいまだに達成されていないという事実を裏づけている。そこで、ここでは私がホテリング＝ラーナー解法と呼んでいる解決法を詳細に検討することとし、それが有すると思われる根本的な欠陥を指摘してみたい。

2　問題の明確化

いかなる現実の経済状況も複雑であり、他から切り離された単一の経済問題というものは存在しない。それゆえに、混乱を招きやすい。というのは、経済学者が現実の状況を取り扱う際に、いくつかの問題を一度に解決しようと試みるからである。これは、この論文で論じている問題についても当てはまると思う。中心的な問題は、平均費用と限界費用との乖離に関わる。ところが、いかなる現実のケースにおいても、他の二つの問題が、通常、起こってくる。第一に、費用のなかのある部分は、多くの消費者に共通している。そこで、総費用は消費者によって負担されるべきであるという見解について吟味すると、問題として直面するのは、この共通費用を、消費者の間に配分するなんらかの合理的方法が存在するか、という問題である。第二に、いわゆる固定費用のなかの多くのものは、実際には過去において生産要素に対してなされた支出であり、現在におけるその生産要素の報酬は準レントである。このような生産要素への報酬はどのようなものであるべきか（総費用を決定するにはこれが必要である）[10]を検討すると、きわめて微妙な諸問題が新たに追加的に浮かびあがってくる。これらが、私が考えるところでは、通常、平均費用と限界費用の乖離と同時に存在する他の二つの問題である。けれども、これらは別個の、あるいは少なくとも切り離すことができる問題である。このようにみてくると、ホテリングによって用いられた例、すなわち、橋の場合の価格決定の問題は、[11]表面上は単純なものにみえるが実際ははるかにかなり複雑なものなのである。

いま次のような例を検討することによって、ここで問われている論題を他から切り離して明確にすることを提案したい。その例とは、限界費用と平均費用との間に乖離が存在するものの、すべての費用を個々の消費者に帰着させることができ、また、すべての費用はその時点で負担され、かつ、限界費用の意味についていくらか読者をわずらわすことになるかもしれないような厄介な問題を避けるために、すべての生産要素は完全に弾力的に供給される、というケースである。

仮定として、消費者が中央市場を中心として位置しており、そこではある生産物を一定の価格で購入することができるとしよう。また中央市場からは何本もの道路が通っているが、その道路の一本一本はそれぞれ生産物を消費する消費者一人にだけ通じているとしよう。さらに、運送業者は一回の運送のたびに、追加的な費用なしで生産物をさらにいくらでも多く運べるものとしよう（少なくとも、各消費者すべての消費の限界を越えるところまで、そうできるものとしよう）[12]。そうしてさらに、生産物は消費される地点で販売されるものとしよう。そのとき、次が成り立つことは明らかである。個々の消費者に供給する費用は、運送業者に払う費用、プラス、それぞれ特定の消費者によって消費される生産物の数量分の中央市場における費用、である。限界費用は、中央市場での生産物一単位の費用に等しい。平均費用は、限界費用より高く、運送費がより多くの生産物の単位に分散されるにともなって低下するであろう。[13] ホテリング＝ラーナー解法が示すところは、消費者が生産物のそれぞれの単位に対して支払わねばならない額は、限界費用にのみ等しくあるべきだ、というものであろう。そのことの結果として、消費者は、中央市場での生産物の価格を支払い、そして政府あるいは納税者が運送費を負担すべきである、ということになろう。私が検討したいと思うのは、まさにこの解の妥当性いかんである。しかし、まず最初に、基本的な事柄の検討から始めることが肝要である。

3 最適な価格形成とは何か

私は価格システムを、次のようなものとみなしている。すなわち、そこでは個々の消費者が様々な額の自由に使える金をもっており、消費者は財やサービスを得るためにこの金を価格体系に従って支出する。もちろん、これが財やサービスを配分する唯一の方法ではない、あるいはより的確にいえば、消費者の間で生産要素の用途を決定する唯一の方法ではない。もう一つの可能な途として、政府が何を生産するかを決定し、財とサービスを直接、消費者に配分することもできる。しかし、この方法は、価格システムを用いる場合とくらべて、不利な点がある。いかなる政府も、個々の消費者の多様な嗜好を詳細に識別することはできない(いうまでもないことだが、このことが戦時下に様々な物品について「点数」制の割当がなされる理由である)[14]。価格システムなしでは、消費者の選好がほんとうにどのようなものであるかについての、最も有用な指針が存在しないであろう。そのうえ、価格システムは、消費者や企業に対して市場利用の費用を追加的に要求するが、その額は、実際のところ、さもなくば政府が負担せねばならなかったであろう組織化の費用を下回るであろう[15]。これらが、なにゆえに、賢明な政府が、価格システムを採用するにいたるかという理由である。

これらのことがきわめて深く関わっているのである。——そうして、後にみるように、われわれがここで検討している問題にも、もし価格システムを用いることが決定されると、二つの解決すべき主要な問題がある。第一は、個々の消費者はどれだけずつの金をもつべきか——すなわち所得と富の最適な分配の問題である。第二は、財とサービスが消費者に供される際に用いられる価格の体系いかん——すなわち、最適な価格体系の問題である。この章で私が取り組んでいるのは、これらのうちの第二の問題である。第一の問題は、全面的ではないにせよ部分的には、倫理の主題である。しかし、重要なことは、ここにはこれら二つの問題が存在しており、価格システムが満足すべき結果をもたらすためには、この両方ともが解決されねばならない、ということを理解しておくことである。私はこの節ではこれらのうち二番目の問題についてのみを取り扱っており、そこでは所得と富の分配は最適になされているものと想定しておくことにする。

個々の消費者にとっては、価格の体系は、消費者が様々な財やサービスを得る際の条件を示している。いかなる原理にもとづいて、価格は決定されるべきであろうか。第一の原理は、各々の消費者にとって、どのような用途のために用いられたにせよ、同一の生産要素は同一の価格をもつべきである、というものであるように思われる。というのは、さもなくば消費者は、生産要素をどのような用途のために雇用すべきかを、価格を基礎として合理的に選択することができないからである。第二の原理は、生産要素の価格は、すべての消費者にとって同一であるべきである、というものであるように思われる。というのは、さもなくばある消費者は、同じ金額によって他の消費者よりもより多くを得ることになってしまうからである。最適な所得と富の分配が達成されている場合、もし同一の生産要素を異なる価格で異なる人々に課することになると、これはその分配を攪乱してしまうという影響を与えるだろう。第二の原理のやや精巧な応用として、設定された価格は、すべての生産要素を最も高い価格をつけた者のところへいくことを許すものでなければならない、という点があげられる。すなわち、価格は、供給と需要を等しくさせるものでなければならず、また価格は、すべての消費者に対して、さらにすべての用途に対して、等しくなければならない。[16] これは、次のことを意味している。すなわち、ある製品に対して支払われた金額は、その生産に用いられた生産要素の他の用途での価値、あるいは他の使用者にとっての価値、と等しくなければならない。ところで、ある製品の生産に用いられた生産要素の他の用途での価値、あるいは他の使用者にとっての価値とは、その製品の費用にほかならない。かくしてわれわれは、なじみ深いが重要な結論、すなわちある製品に対して支払われる金額は、その費用に等しくなければならない、という結論にたどりつく。こうしてこの原理によってわれわれは、個々の価格決定の問題を、ある一つの価格の変化が結果的にもたらすすべての変化を経済システム全体にわたって追跡してまわることなく、論ずることができるようになる。

4 多部価格形成（マルティパートプライシング）を支持する議論

価格の基礎を費用におくというこの一般的な議論は、われわれが検討しているケース——平均費用逓減のケースに、どのように適用されるだろうか。私がここでその議論を検討している論者たちは、その見方として、とりうる選択肢は二つ、すなわち、価格を限界費用に等しく設定する（その場合、損失が発生する）というものか、あるいは、価格を平均費用に等しく設定する（その場合、損失は発生しない）というものか、そのいずれかであると想定しているように思われる。しかしながら、第三の可能性が存在する。——多部価格形成(multi-part pricing)がそれである。この節では、平均費用が逓減する条件のもとでは、多部価格形成が望ましいという議論を述べる。

次の点は明らかである。もし消費者が、平均費用が逓減する条件のもとで、製品を限界費用に等しい額を支払うことによってさらに一単位得ることができないとすると、消費者が選択をする場合、その製品をもう一単位消費することに自らの金を使うことと、他のなんらかの方法に自らの金を使うこととの間で、合理的な選択ができないということになる。というのは〔その場合〕、製品をもう一単位入手するために支出することを消費者に求められる額は、生産要素が、他の用途における価値、あるいは他の使用者にとっての価値を、反映していないことになるからである。しかし、同じ理由によって、消費者は、製品の総費用を支払うべきだ、という主張をすることができる。消費者が決定しなければならないのは、単にある製品の追加的な一単位を消費するか否かということだけではなくて、また同時に、自らの金を他のなんらかの方向に使うのではなく、そもそもその製品が消費するだけの値うちがあるか否かをも決めなければならない。このことは、消費者が支払うよう求められているものが、彼に供給するための総費用に等しい額、すなわち、彼にその製品を提供するために用いられた生産要素の総価値に等しい額であることを考えれば、わかるところである。もしこの議論をわれわれの例に適用すると、次のようになる。消費者が支払うべきものは、単に中央市場で製品をさらに追加的に得るための費用だけではなくて、運送費用をもまた支払わねばならない。これはどのようにしてなされうるであろうか。その答えは明らかに、次のようなものであろう。消費者は運送費をカバーするために一定の金額を課されるべきであり、また他方、追加的に購入される製品の単位については中央市場での製品の費用が課されるべきである。このようにしてわれわれは、適切な価格形成の形は、多部価格形成システム（ここで検討した特定のケースにおいては二部価格形成［two-part pricing］システム）であるとの結論に達する。このタイプの価格形成は公益事業の研究者にはよく知られており、まさに私が本章で述べているような理由によってよく推奨されているのである。(17)

そこで私の見方では、ホテリング＝ラーナー解法の推奨者のいずれもが、自らが検討している問題の解決法として多部価格形成の可能性を検討していないということは、まことにもって重要な点であると思う。彼らはあたかも、価格形成の唯一の可能な方法は単位あたり単一の価格を課すことであり、解決すべき問題はその価格がどのようなものかということであるかのように述べている。多部価格形成システムを彼らが検討しなかった理由は、彼らが実際に最適な価格形成システムを見いだしたものと確信していたからであるのかもしれない。そこでわれわれに必要とされるのは、ホテリング＝ラーナー解法を採用した場合の結果と、多部価格形成を用いた場合の結果とを、比較してみることである。

5　多部価格形成とホテリング＝ラーナー解法との比較

ホテリング＝ラーナー解法を私の例に当てはめてみると、中央市場での財の費用は消費者によって支払われ、他方、運送の費用は税によって負担される、ということになろう。二部価格形成システムを採用する場合と比較して、このような解法をとることに対する私の反対意見は、以下の三点である。第一に、この解法は、多様な用途への生産要素の最適な配分に失敗する。第二に、この解法は所得の再分配をもたらす。そうして第三に、新たに課される税は他の望ましくない影響をもたらす傾向にある。

第一に、ホテリング＝ラーナー解法は、消費者が選択にあたって、運送のための費用のなかに入ってくる生産要素を、運送業者が用いる場合と、なにか他の目的のために用いる場合との間で、合理的な選択を行なうための手段をとり去ってしまうように思われる。一方の用い方では、生産要素はタダであり、他方の用い方では、（それが限界費用に含まれると仮定して）費用を負担せねばならない。同様に、この解法は、消費者が、地点いかんによって運送費が異なることを考慮に入れずに立地を選択することをも意味することになる。

このような批判に対するホテリング＝ラーナー解法の支持者たちの答えは、次のようなものであろう。私の例でいえば、個々の消費者がその製品を買うか否か、また総費用を支払わなければならないとしたら消費者はどのような立地を選ぶかを、政府が推定すべきである[18]、というものである。ホテリング＝ラーナー方式のもとでは、所与の地点に製品を供給するための総費用を消費者が支払う用意があるとわかったときにおいてのみ、その地点への製品の供給がなされることになる。ホテリングは、次のように指摘している。橋を建設する費用を支出するに値するだけの十分な需要があるか否かの決定は「推定の問題に帰着する。つまり、ある特定の地域から出発したりその地域に到着したりする自動車や歩行者の交通量を推定し、ひとつひとつのケースについて他のルートと距離を比較してみること、そうして自動車、歩行者それぞれについて橋を建設すればどのくらい距離が短縮されるかを推定してみることである」[19]。もしこのような推定が可能であって、その推定が低費用でなされ、かつきわめて正確に、しかも消費者が過去に総費用を支払うように求められた際どのようなことが起こったかの知識をもたずに行なうことが可能であるとしよう。もしそうであれば、このことは、私の見解では、価格システムの修正ではなくて、価格システムの廃止につながることになろう。価格システムは、先に私が指摘したように、生産要素の使用を消費者の間に配分する特別な方法である。そうして価格システムの採用を支持する議論は、政府によるこのような個々の需要の推定が著しく不正確であるという見解を、その主たる基盤としているのである。ここにおいて、ラーナーとミードのいずれもが、実のところ、このような推定の正確さについていかなる実質的な主張もしていないことは、記しておかねばならない。実際のところ、ラーナーは自らの著作のはじめのほうの一節において、政府がこのような推定を行なうことは不可能であるというまさにその理由により、価格システムを支持する議論を行なっているのである。(20)

私の見解では、ホテリング、ラーナー、ミードのいずれもが、消費者が製品の総費用を支払う意思があるか否かについての想定が、実際の市場でのテストによってさらに修正されていくということの重要性について、十分に重きをおいていない。彼らはいずれも、この市場でのテストの結果が将来においてより正確な予測を可能にする助けになることの重要性を認識していないのである。ホテリングは次のように述べている。「産業の共通費用はその製品ないしサービスの売上げでまかなわれるべきだ、とする現今の理論の擁護者たちは、その産業を創り出すことが賢明な社会政策か否かを見いだすためにそれが必要だと主張している。これほど愚かなことはない」。ホテリングは、これは「興味深い歴史の上での問題ではある」(21)という。そうして後に次のようにつけ加えている。「新鉄道の建設、あるいはいかなる種類のものであれ新しい主要な産業の創設ないし古い産業の廃止といった新たな問題が起こったときには、われわれは歴史の上での問題としてではなく、数学的、経済的な問題として立ち向かうべきである」(22)。ホテリングの論文のどこをさがしても、次の点への認識が欠けている。つまり、過去の鉄道の建設や産業の創設が賢明な社会政策であったか否かを知らなければ、新しい鉄道を建設すべきか新しい産業を創設すべきかを明らかにすることは、いっそう困難になるだろうという認識が見あたらないのである。そうして、これは明らかと思われるのだが、意思決定がなされた後にその決定が賢明な社会政策であったか否かをなんらかの形でテストしたほうが、そのような調査をまったくしない場合よりも、よりよい意思決定ができるだろうということ、——この事実を考慮に入れるのは、決して愚かなことではない。

私としては、すべての価格が限界費用にもとづいている制度のもとで、政府が個々の需要について正確な推定を行なえるとは思わない。しかし、政府がホテリング＝ラーナー政策を実行しようと試みるとき、どういうことが起こりそうかは、考えてみるだけの価値があるかもしれない。私がこれまで用いてきた例で考えてみよう。一定の消費者が、製品を買うことができるものとして、指定されねばならないだろう。そうして、政府はこれらの消費者に代わって、かかった運送の費用をそれがいくらであれ支払うことになろう。政府は、どこで線を引くのかを決めるという、困難な作業に直面しよう。もし政府が、製品を消費することを許される人々の資格について狭く限定すると、製品を運送するために用いられた生産要素をまさにその運送のために使用したいと消費者が強く願っていたとしても、彼はそのように生産要素を用いることができなくなってしまうだろう。他方、政府がゆるやかな立場をとれば、多くの消費者が、運送に用いられる生産要素の費用のために、すなわち、生産要素の他の用途の価値ないし他の使用者にとっての価値のゆえに、製品の消費を思いとどまるという状況が、もはやなくなることになるし、あるいは、中央市場からはるか離れた所に住めないという状況が、もはやなくなることになろう。もちろん、政府が同時に、ある種の消費者にはゆるやかな政策をとり、他の消費者には厳格な政策をとることはありうる。政府がどのような政策をとりそうか——このことを推測するのは容易ではない。しかしイギリスでは、ゆるやかすぎる政策をとるという誤ちをおかしがちであり、製品の運送に過大な生産要素が用いられる結果を招くことになろうと私は推察している。(23)

しかし〔第二に〕、もし政府が個々の需要を正確に推定できるとしても、ホテリング＝ラーナー解法に対しては、もう一つの反論がある。政府はどの消費者が運送の費用を支払う意思があるかを推定するものと想定されている（ここで当面、政府は正しく推定するものと仮定しておこう）。ところが、政府は実際には、これらの消費者に対しこの額を支払うようには求めないのである。したがってこの額だけ、これらの消費者は何か他の商品の支出に充てることが可能となる。そこで、平均費用が逓減する条件のもとで生産された製品を買う消費者は、これを買わない消費者にくらべて、所与の支出金額で、より多くの生産要素の価値を体化した製品を得ることができることになる。ここには、平均費用が逓減する条件のもとで(24)生産された製品の消費者にとって有利となるような、所得の再分配がなされているのである。

このような状況のもとで所得の再分配に等しいことが生じているということは、争いようのないことのように思える。しかし、ホテリングは、ここで私が検討している研究者のなかで、この点をはっきりと取り上げている唯一の研究者である。そこで、ここでの私の批判がほとんど意味がないと彼が考えるその理由を検討してみよう。まず第一に、初期の所得分配が少なくとも米国では実際のところ最適ではないので、この私の批判はほとんど見当はずれであるとホテリングはみなしていると思われる。彼が直接このようにいっているわけではないが、この問題への彼のアプローチ全体から、このことは明らかである。(25)限界費用ルールを適用することによって発生する損失は、所得税、相続税、土地の固定資産税からまかなわれるべきだとホテリングが主張しているとき、私が思うに、彼は、ひとつには、富裕な人々や地主はすでに一国の富や所得全体の過大な割合を所有していると考えているために、そのような主張をしているのであろう。しかし、なぜ、平均費用が逓減する条件のもとで生産された製品の消費者だけしか、この再分配の恩恵を受けられないのだろうか。なぜホテリングが価格政策を部分的には所得再分配の手段として用いることにあまり問題がないとみなしているか——その理由は次のようなものだと私は思う。それは彼が、平均費用が逓減する条件のもとで生産された製品の消費者と、平均費用が一定もしくは逓増する条件のもとで生産された製品の消費者との、両者の区別がとりわけ重要であるとは考えつかなかったからであろう。彼は、彼の政策を実行すると、政府は、非常に多くの種類の公共事業を企てるだろうと主張している。「分配がほぼランダムであれば、このような便益の分配は、国内の様々な層の人々のほとんどをこの計画全体の理由によって豊かにする、ということを十分に保証するであろう」[26]。これは次のようにいっているのに等しい。すなわち、限界費用価格形成の制度のもとでは、すべての消費者は平均費用逓減の条件のもとで生産された財を買う。またある措置にともなう再分配によって特定の消費者が損失を被っても、それは別の措置による再分配によって相殺される。さらに、その結果、大きな再分配は、富裕な人々や地主からそれ以外の人々への再分配である、こういっているのと同じである。たしかに、望ましい目的が達成されたのに、単にそれがあまり普通ではない方法でなされたからといって反対するのは、実際のところペダンティックにすぎよう。しかし、この議論の当否は、様々な種類の製品の消費者の間で大規模な再分配が生じないという仮定にかかっている。これがそのとおりであると仮定する理由は、なにもないのである。ホテリング゠ラーナー政策の結果、個々の消費者が得ることになる利益は、次の点に依存している。すなわち、(消費者の当初の所得を所与として)平均費用が逓減する条件のもとで生産された財の総費用を消費者がどの程度まで支払う意思があるか、そうして、これらの財の場合の、限界費用と平均費用の間の絶対的な乖離の程度いかん、ホテリング゠ラーナー政策の結果得られた追加的な所得が平均費用逓減のもとで生産された財に支出される程度いかん、さらに、これらの場合における限界費用と平均費用の間の絶対的な乖離の大きさいかん、これらにかかっている。再分配の性格については、詳細な事実の検討の後においてはじめて評価することが可能となる性質のものであろう。しかし、再分配が無視できるほどのものであると想定する理由は、何もないように思われる。

公益事業の諸産業は、平均費用が逓減する条件のもとで製品が供給される最も顕著な例のいくつかを提供している。いま、公益事業が、この条件があてはまる唯一のケースだと仮定しよう。消費者のうち人口密度の低い地域に住む者は、公益事業サービスの供給の総費用を支払おうとはしないであろう。この場合には、この総費用はきわめて高いだろう。そのためこのような消費者は、サービスが得られないからホテリング＝ラーナー政策の結果、何も得るところがない、ということになろう。消費者のうち都市に住む者は、自らの利益が限られていることに気づこう。というのは、設備が相対的に集約的に利用されているので、限界費用と平均費用の乖離の程度はおそらく他の地域よりもかなり小さいだろうからである。そうして、おそらく都市の消費者はすでにすべての公益事業サービスを使用しているので、その追加的な所得は、公益事業サービス以外のものに支出されることになりがちであろう。消費者のうち小さな町に住む者の場合は、小さな町では公益事業サービスのすべてではなく若干が供給されているだけなので、限界費用と平均費用の乖離は大きく、そこに住む消費者は、思うに、ホテリング＝ラーナー政策からもっとも大きな利益を得ることになろう。私のみるところ、この政策が全面的に採用されると、その結果、なんらかの再分配が起こらないと想定する理由は見あたらない。おそらく、かなりの再分配が起こるだろう。ホテリングはこの可能性を認めているが、後になされる再分配によってすべての人が前よりも豊かになっているという状況がつくりだせると主張している[27]。彼はこの再分配が実際にどのように実行されるかは説明していない。しかし明らかにそれは、多部価格形成システムの適用にくらべて、劣った仕組みである。多部価格形成のもとでは、所得の再分配を後に改めて行なう必要は、まったくないのである。ところで、私には、平均費用逓減のもとで生産された財の消費者から他のすべての消費者へ所得を再分配するために通常の課税の手続きをどのように用いうるのか、見当もつかない。これを試みようとするには、平均費用逓減のもとで生産された財の消費に対して課税するという手段を用いようとするのかもしれない。ところが、そうすることは、(もし消費者に一括税が課されるなら)多部価格形成を導入するに等しいことになる。あるいはまた、もし消費一単位あたりの税が課されるというのであれば、追加的な一単位に対して支払われる額と限界費用との間の乖離が生みだされることになる。そしてこれはまさに、ホテリング＝ラーナー解法が回避することを目的としていたその結果にほかならない。

ここで、ホテリング＝ラーナー解法への第三の反論に移ろう。被った損失は課税の増加によって償われる、とされている。ここでの課税として、ホテリングその他この解法を支持する人々が念頭においているのは、所得税、相続税、そうして土地の固定資産税である。いま当面の仮定として、損失を償うのに用いられる税の種類は、所得税であるとしよう。

ところで、所得税は、通常、所得の限界的な単位に課税されるように構成されている。そのため所得税もまた、財への課税と同様の、望ましくない影響を消費者の選択に与える。そうしてこれは性格上、生産物の追加的な単位に限界費用よりも大きな価格をつけることから引き起こされる結果と、類似した望ましくない結果をもたらすことになるだろう。ホテリングは、自らの最初の論文の出版以後、この点についてラーナーにより注意を喚起されたようである。ホテリングは自らの最初の論文に引き続いてのフリッシュ（Frisch）との議論のなかで、次のように述べている。「通常の所得税は、努力と忍耐への一種の物品税であり、また、他のより弁護しがたい所得稼得手段への物品税でもある。所得税にはある程度、問題がある。というのは、所得税は、努力と余暇との間の選択に影響し、また、現時点での消費と将来時点での消費との間の選択に影響を与える。そこで所得税には、物品税そのものと同様の悪影響のいくつかがともなう。この影響がどの程度深刻なものかは、事実にあたって検討されねばならない。しかし、この点については、個々の商品への物品税よりも所得税のほうがすぐれていると考えられるいくらかの理由が存在する……」[28]。ホテリングは、なぜ所得税のほうが物品税よりもこの点でより悪影響が小さいと考えるのか、その理由をなんら挙げていない。たしかに、所得税のほうが悪影響が小さいこともあるかもしれない。しかし、ここで明らかに望まれることは、ホテリング＝ラーナー解法を用いる前に、どのような状況のもとで所得税のほうが悪影響が少ないのか、どのような時にそのような状況がもたらされる傾向にあるのか、これらの点を知ることである。――もし、このホテリング＝ラーナー政策が所得税の増加につながるのであれば、とりわけそのようにいえよう。(29) ホテリングは次のように示唆することで、この難点を避けようとしている。「限界費用で販売する産業の操業を維持するのに必要な分も含めて、財政収入は……主としてその財源を、土地その他の稀少な財のレント、相続税、一時所得への課税、社会に害を与える消費の削減に向けられた課税、に求めるべきである」(30)。これは満足すべき解決にはほど遠い。何よりも第一に、それは仮定として、これらの税が必要な額を満たすに十分だとみている。第二に、次のような課税の比較についての仮定、すなわち、これらの方法で所得を得ている人々への追加的な課税が生む所得と富の分配への攪乱のほうが、追加的な課税が一国の人々により広く均等に課された場合に起こりうる損失よりも、望ましいとの仮定がなされている。あるいは見方を変えれば、ホテリングは、所得と富の最適な分配はいまだに達成されておらず、以上のような方法で所得を得ている人々はこれまで十分に課税されてこなかった、と仮定しているのかもしれない。しかし、もしそうであるのなら、いうまでもなく、このような方向へのいっそうの課税が望まれるのは、価格政策の問題とはまったく独立なことであり、これを、平均費用逓減の条件のもとでの価格形成の問題とリンクさせる必要は、ほとんどないのである。さらにいえば、最適な所得と富の分配が達成されたとしても、価格形成の問題をいかに解決するかという問題は、依然として残っている。所得税の増税の結果発生する損失を回避するためのホテリングの提案は、限られた妥当性しか有していないのである。

この節では、多部価格形成システムを用いた場合の結果を、ホテリング＝ラーナー政策によってもたらされる結果と比較してきた。私が明らかにしたところは、ホテリング＝ラーナー解法は、誤った生産要素の配分をもたらすこと、誤った所得の分配をもたらすこと、さらに、おそらく、この方式がそもそも回避するように設計されたはずの損失と同様の損失が、所得税の増税の結果としてもたらされることである。これらの帰結は、多部価格形成システムを用いることによって、回避することができよう。

6 平均費用価格形成とホテリング＝ラーナー解法との比較

ホテリング、ラーナー、ミード、そしてフレミングが理解し損なっていると思われるのは、彼らが解決しようと努めている問題の多くは、多部価格形成という手段によって取り扱うことができることであり、また多部価格形成システムは、実際に、ホテリング＝ラーナー解法に向けられた批判からは自由な結果をもたらし得るだろうということである。とはいえ、彼らに対してフェアであるためには、次のことは指摘しておかねばならない。すなわち、彼らが攻撃を向けたのは、平均費用にもとづいた単一の価格を課することに対してなのであって、多部価格形成に対してではない。では前者の場合について、この議論は妥当するであろうか。もし多部価格形成が可能でないとしたとき、平均費用にもとづいた価格形成を用いるよりは、ホテリング＝ラーナー解法を用いたほうが望ましいのではなかろうか。

もしそのとおりなら、ホテリング＝ラーナー解法を支持する説は、著しく強められるものとなろう。——これは二つの点でそういえる。まず第一に、なによりも明らかなことは、もし消費者が追加的な単位を限界費用で買うことが許されていないとすれば、生産要素の誤った配分がもたらされることになる。ホテリング＝ラーナー解法を採用することによってもたらされるこの側面の利点がどういうものかについては、すでに前節で論じた。[31]ホテリング＝ラーナー解法を支持する説が強化される第二の点は、消費者が総費用を支払う意思があるか否かを市場で効果的にテストすることが、平均費用価格形成のもとでできるかどうかに関わる。前節で私は、多部価格形成のもとでは、このようなテストがなされることを示した。平均費用価格形成の場合にはどうであろうか。消費者が平均費用をカバーする価格で買う意思があるという事実が語っていることは、明らかに、その消費者が、可能な他の形ではなく、まさにその形で生産要素の価値を獲得することを選好しているということである。[32]問題なのは、ホテリングが指摘しているように、逆は当てはまらない、ということにある。経済学者にはかなり以前から知られていたことだが、需要曲線がすべての点で平均費用曲線の下に位置している場合に、価格差別という手段をとることによって、平均収入を高めて平均費用まで十分に引き上げることが可能となるかもしれない。そこで、もし価格形成が平均費用をもとにして行なわれていれば、消費者が総費用を支払う意思があるにもかかわらず、差別価格といった特別な価格形成の方法がもつ制約のゆえに、購入できなくなるケースも起こりうるだろう。ところが、このような場合でも、もしホテリング＝ラーナー政策がとられたならば、生産はなされえたであろう。

これらが、平均費用価格形成とくらべた場合のホテリング＝ラーナー解法の利点である。とはいえ、前節で検討した不利な点は、依然として残っている。これらの点は、互いに比較秤量されねばならない。平均費用価格形成と比べた場合のホテリング＝ラーナー解法が有する第一の利点は、消費の限界点でよりよい選択を可能にするという点である。ところが、この利点は、もしホテリング＝ラーナー解法が所得税の増税を含むなら、これに起因する損失によって小さなものとなるか、あるいは、減殺されてしまうかもしれない。第二の利点は、消費者が総費用を支払う意思があるのに平均費用価格形成のもとでは生産がなされない場合でも、政府が生産を行なうことができる、という点である。しかし思い起こす必要があるのは、この政策では、政府が個々の需要を推定することになっており、それゆえ、前節で述べたような限界のもとにおかれる点である。平均費用価格形成のもとで生産が行なわれない場合のすべてのケースについて、生産がなされるべきであるということにはならなくなる。政府が個々の需要の推定において多くの誤りをおかすと、このような政策のもたらすどんな利得も、たやすく相殺されてしまうだろう。平均費用価格形成は、おそらく実現されるべき事柄が実現されるのを妨げるかもしれないが、しかしそれはまた、生産におけるある種の誤りを回避する手段でもある。もしホテリング＝ラーナー解法が採られると、その誤りのいくつかは不可避的におかされることになろう。先に示したように、すべての価格が限界費用にもとづいている場合に、政府が個々の需要について正確な推定を行なうことができると想定するのは道理にかなっているとは私には思えない。最後に、ホテリング＝ラーナー解法には、所得と富の再分配がともなっている。そして前節で示したように、この再分配を是正することは、多部価格形成を欠いたままでは困難であり、ホテリング＝ラーナー解法が達成しようとねらった限界における合理的な選択を妨げるようなタイプの税を再導入することなしにはむずかしいように思われる。

この節の議論からみられるように、平均費用価格形成とホテリング＝ラーナー解法との対決の問題に、明確な黒白をつけることは困難である。それゆえ、ホテリング＝ラーナー解法のほうが、不可避的に平均費用価格形成よりすぐれているという主張は、認められないものとなる。

7　残された問題

この章において私は、平均費用逓減の条件のもとでの価格形成の問題を検討してきた。しかし私は、検討の対象を一つの特定のケースにのみ限定してきた。それは、すべての費用は個々の消費者に帰着させることができ、また、すべての費用は当該時点で負担される、というケースである。これらの仮定のもとで、ホテリング＝ラーナー解法は多部価格形成より劣っていることを示し、また、平均費用価格形成とくらべてもどちらがすぐれているかは明らかではないことを示してきた。次のステップは、共通費用が存在する場合の価格形成の問題を検討することにあるように思われる。もし個々の消費者に帰着させることができない費用が存在する場合には、ハヴリック(H. F. Havlik)が示唆したように(33)、ホテリング＝ラーナー解法は妥当なものとなるのであろうか。その場合、そうした共通費用は課税によってまかなわれるべきなのであろうか。それとも、この費用を個々の消費者に割りふる基準を見いだす方向に検討を進めていくのが正しい道なのであろうか。最後に、生産要素に対してすでに過去に支払われている支出の問題がある。はたしてこの費用は、税によってまかなわれるべきであろうか。それとも消費者によってまかなわれるべきであろうか。もしこの章の分析が受け容れられるのであれば、これらがさらに次の段階で検討されるべき問題となろう。

〈第四章　注〉

*　*Economica*, n. s., 13 (August 1946) より再録。

(1)　H. Hotelling, "The General Welfare in Relation to Problems of Taxation and of Railway and Utility Rates," *Econometrica* 6, no. 3 (July 1938): 242-69.

(2)　A. P. Lerner, *The Economics of Control* (New York: Macmillan Co., 1944)〔邦訳、前出〕。ラーナーは、この見解を *The Review of Economic Studies* と *The Economic Journal* ですでに展開している。

(3)　J. E. Meade and J. M. Fleming, "Price and Output Policy of State Enterprise," *The Economic Journal* 54 (December 1944): 321-39. また次をみよ。J. E. Meade, *An Introduction to Economic Analysis and Policy* (Oxford: Clarendon Press, 1936), 182-86.〔北野熊喜男・木下和夫訳『経済学入門――分析と政策』全二冊、東洋経済新報社、一九五二年〕。アメリカ版は、C. J. Hitch (New York: Oxford University Press, 1938), 195-99.

(4)　以下をみよ。C. Woody Thompson and Wendell R. Smith, *Public Utility Economics* (New York: McGraw-Hill, 1941), 271-73. Irston R. Barnes, *The Economics of Public Utility Regulation* (New York: F. S. Crofts & Co., 1942), 586-88. 次もみよ。Emery Troxel, "I: Incremental Cost Determination of Utility Prices," "II: Limitations of the Incremental Cost Patterns of Pricing," "III: Incremental Cost Control under Public Ownership," *Journal of Land and Public Utili-*

ty Economics (November 1942, February 1943 and August 1943). James C. Bonbright, "Major Controversies as to the Criteria of Reasonable Public Utility Rates," *Papers and Proceedings*, American Economic Association (December 1940). ボンブライトの指摘によると、「公益事業および鉄道の多くの専門家の極端な社会的保守主義に災いされて」この解法が「料金理論の分野で幅広く受け容れられること、あるいは、なんらかの相当な注目を集めることをすら」妨げられてきた。しかし、ボンブライトは、ホテリングの論文の結果として、それは（一九四〇年以後の）数年のうちに注目の話題となるだろうと考えていた。ボンブライトはホテリングの論文を「経済学の文献全体のなかで料金決定理論に対する最も卓越した貢献の一つ」とみなしていた。

（5）ラグナー・フリッシュ（Ragnar Frisch）が、ホテリングの論文が発表されたすぐ後にそれを批判したことは事実である。しかし、フリッシュのノートとそれに引き続くホテリングとの議論では深い関心が示されたものの、少なくとも数学的でない読者にとっては、フリッシュの攻撃はホテリングの議論の基盤に向けられているのではなく、むしろ彼がその定式化上の欠陥とみなした点に向けられているものと受けとられている。次をみよ。Ragnar Frisch, "The Dupuit Taxation Theorem" (145-50), "A Further Note on the Dupuit Taxation Theorem" (156-57), H. Hotelling, "The Relation of Prices to Marginal Costs in an Optimum System" (151-55), "A Final Note" (158-60). これらはすべて *Econometrica* 7, no. 2 (April 1939) に収められている。

（6）次をみよ。C. L. Paine, "Some Aspects of Discrimination by Public Utilities," *Economica*, n. s., 4, no. 16 (November 1937): 425-39.

（7）次をみよ。E. W. Clemens, "Price Discrimination in Decreasing Cost Industries," *American Economic Review* 31, no. 4 (December 1941): 794-802.

(8) R. H. Coase, "Price and Output Policy of State Enterprise: A Comment," *The Economic Journal* 55 (April 1945): 112-13.

(9) T. Wilson, "Price and Output Policy of State Enterprise," *The Economic Journal* 55 (December 1945): 454-61.

(10) 次をみよ。F. A. Hayek, "The Present State of the Debate," in *Collectivist Economic Planning*, ed. F. A. Hayek (London: G. Routledge & Sons, 1935), 226-31.〔迫間眞治郎訳『集産主義計画經濟の理論』実業之日本社、一九五〇年〕。

(11) この例はデュピュイ（Dupuit）によって、*Annales des Ponts et Chaussées*（1844）のなかの論文において最初に用いられている。この論文は次に再録されている。*De l'utilité et de sa mesure* (Turin: La Riforma sociale, 1933).

(12) 不可分性は平均費用逓減のケースのすべてに存在しているに違いない。私はここで運送業者一人以下の量を雇用することは可能ではないと仮定しているが、あわせて、運送業者のサービスは完全に弾力的に供給され、報酬は運送業者が雇用されている時間に比例して変化し、運送業者をさらに追加的に雇用しても運送業者の料金を上昇させることはない、と仮定することができよう。

(13) ここでの仮定、総費用は二つの明確に区別される種類、すなわち、限界費用のなかに入ってくるものとそうでないもの、とからなっているという仮定は、本質的なものではない。別の仮定として、追加的な単位が運送されると運送の費用が増加するが、運送の限界費用は平均費用を下回る、とすることもできた。しかし、最初の仮定を保ったほうが説明が容易となろう。

(14) 次も参照せよ。Lerner, *Economics of Control*, 53.

(15)「企業の本質」本書六三―一〇一ページをみよ。

(16) 次も参照せよ。Lerner, *Economics of Control*, 45-50.

(17) 次の書およびそこで参照されている文献をみよ。H. F. Havlik, *Service Charges in Gas and Electric Rates* (New York: Columbia University Press, 1938). また次もみよ。Barnes, *Public Utility Regulation*, 588. ハヴリック自身は、個々の消費者に帰着させることができる費用は、それらの消費者に課すべきだとの見解を支持しているようにみえる。ところが、彼のいう限界顧客費用、すなわち「実際に電力を供給するのではないが、顧客を新たに引き受け、顧客関係を維持するためにかかる追加的な費用」が、平均顧客費用よりも低い場合を取り扱うにあたっては、彼は一種のホテリング＝ラーナー解法を用いている。この場合、「顧客からの料金収入は総顧客費用よりも小さくなるだろう」、そこで、政府が「補助金を与えること」は「正当化」されよう(pp. 92-93)。ハヴリックは、補助金をどのようにして調達すべきかについては論じていない。これに対して、本章で私は、単にすべての費用を個々の消費者に帰着させることができるケースを取り扱っているのであって、共通費用と関わっているハヴリック版のホテリング＝ラーナー解法は、このケースに対しては当てはまらない。

(18) Lerner, *Economics of Control*, 186-99 および Meade, *Economic Analysis and Policy*, 324-25 をみよ。そしてホテリングの数学的定式化はこれとほぼ同じことになるものと思われる。Hotelling, "General Welfare," 262, 268 をみよ。

(19) Hotelling, "General Welfare," 247-48.

(20) Lerner, *Economics of Control*, 61-64.

(21) Hotelling, "General Welfare," 268.

(22) Ibid., 269.

(23) この議論のすべての要点は、エドウィン・キャナン（Edwin Cannan）によって以下の本のなかで、別の関わりにおいて提示されている。*The History of Local Rates in England*, 2nd ed. (London: P. S. King & Son, 1912) の第八章"The Economy of Local Rates,"とりわけ p. 187 における彼の論述をみよ。

(24) ここでは、損失を償うための税は、平均費用逓減の条件のもとで生産された財の消費者に、すべて課されるわけではないと仮定している。もちろん、そうなるのは、用いられるべき税として考えられているのが所得税や類似の税であるからである。

(25) たとえば、彼の"General Welfare," 259 における論述をみよ。

(26) Ibid.

(27) Ibid., 257-58.

(28) Hotelling, "Relation of Prices," 154-55. さらに、次の点を付け加えておきたい。所得税は、自らで仕事をすることと、その仕事を誰かを雇って行なわせることとの間の選択に影響を与え、結果的に所得税は、特化の利益のいくらかを失わせることになる。次をみよ。F. W. Paish, "Economic Incentive in Wartime," *Economica*, n. s., 8, no. 31 (August 1941): 244.

(29) この問題は、財政理論において見過ごされてきたように思われる。間接税の負担に関する通常の議論は、これに代わる案は一括支払いであると想定している。次をみよ。M. F. W. Joseph, "The Excess Burden of Indirect Taxation," *The Review of Economic Studies* 6 (June 1939): 226-31. 次も参照せよ。J. R. Hicks, *Value and Capital* (Oxford: Clarendon Press, 1939), 41.〔安井琢磨・熊谷尚夫訳『価値と資本』全二冊、岩波書店、一九五一年〕。

(30) Hotelling, "Relation of Prices," 155.

(31) 次のように考えられるかもしれない。もしすべての財が平均費用をもとにして価格付けがなされるのなら、すべての価格は限界費用の水準の上まで上昇するので、消費者の選択は影響されないだろう、と。しかし、これが正しいのは、価格の上昇が限界費用と比例的であるときにのみであり、このことはとても起こりそうなことではない。フリッシュとホテリングの間での *Econometrica* (April 1939) における議論をみよ。

(32) 次を参照せよ。Philip H. Wicksteed, *The Common Sense of Political Economy and Selected Papers and Reviews on Economic Theory*, vol. 2 (London: G. Routledge & Sons, 1933), 675-76.

(33) 注17をみよ。

第五章　社会的費用の問題*

I　検討すべき問題(1)

本章でとりあげるのは、他者に対して有害な影響を及ぼす企業行動についての問題である。標準的な例としては、ある工場から排出される煤煙が、その近隣住民の財産に損害を与えるといった事例が挙げられる。こうした状況の経済分析は、普通、この工場の私的生産物と社会的生産物との乖離という概念を用いて進められてきた。そうした分析にあたって多くの場合に経済学者が拠りどころとしたのは、ピグーがその著作『厚生経済学』で用いた取扱いの方法である。この種の分析から大部分の経済学者が引き出してきた結論は、以下のことが望まれるということであったと思われる。それは、煤煙を排出する工場所有者に、被害者がその煤煙によって被っている損害を賠償させること、あるいは、煤煙の排出による損害の金銭的等価額を、排出される煤煙の量に応じて、税として工場所有者に課すこと、あるいはまた、最終的には、居住地域（ないし、煤煙の排出が他者に対して危害を与え得るすべての地域）からこの工場を締め出すこと、である。この章で私が述べたいのは、そのようなやり方は、必然性のない、むしろ一般には望ましくない結果を招くという意味で、不適切なものだということである。

2 問題の双方的性質

伝統的なアプローチには、とるべき選択の本質を不明瞭にしてしまう傾向があった。通常、AがBに対して損害を与えている状況がとりあげられ、Aの行動をいかにして抑制するべきか、この点を決定しなければならないという形で、問題は考えられてきた。しかし、問題のこうした捉え方は間違っている。われわれは双方的性質を備えた問題を取り扱っているのである。Bに対する損害が抑えられたならば、今度はAが損害を受けることになるだろう。決定されるべき真の論点は、Bに対して損害を与えることをAは許されてよいか、それとも、Aに対して損害を与えることをBは許されてよいか、ということである。問題は、より大きな損害のほうを避けることなのである。以前に書いた論文のなかで[2]、私は、菓子屋の機械で生じる騒音と振動で、医者の診療が妨害されている例をとりあげた。医者が損害を避け得たとすれば、菓子屋が損害を受けるだろう。この例で提起された問題は、本質的には、菓子屋の利用できる生産方法を制限し、その結果として菓子の供給量減少という代償のもとにより多くの医療サービスが確保できたとして、そのことがはたして価値をもつかどうかであった。もう一つの例として挙げられるのは、隣接する土地の収穫物に対して損害を与える迷い牛の問題である。飼い牛の何頭かが群れからはぐれるのを避け得ないとすれば、牛肉供給の増加は作物供給の減少を代償としてしか得られない。この選択の本質は明白であり、肉か、それとも作物か、である。もちろん、その答えが何であるかは、獲得されるものの価値だけでなく、それを獲得するために犠牲にされるものの価値をも知ったうえでないと、明らかにはならない。さらに、これらとは別の例として、ジョージ・J・スティグラーは河川の汚染をとりあげている。(3) 汚染の危害が川の魚を殺してしまうことにあると仮定すれば、決定されなければならない問題は、失われる魚の価値が、河川を汚染することで可能となる生産物の価値よりも大きいか小さいか、である。あえていうまでもなく、この問題が、全体的かつ限界的な観点から考察されなければならないことは、明らかである。

3　損害賠償責任が問われるときの価格システム

分析を始めるにあたって、こうした問題が完全に満足のいく形で解決されることに、おそらく大概の経済学者が合意すると思われる状況を考えよう。すなわち、損害を与えている企業は惹起した損害のすべてを弁済しなければならず、価格システムも円滑に機能している（その厳密な意味は、価格システムが費用を必要とせずに作動していることである）という状況である。

ここで議論する問題の格好の例としては、隣接する土地で育てられている作物の作柄に被害を与える、迷い牛の事例が挙げられよう。農家と牧場主とが、隣接した土地で仕事を営んでいるものとする。さらに、二つの土地の間に柵を設けないときには、牧場主が飼い牛の頭数を増やすのにともなって、農家の作物の被害総額は増大するものとする。それとは別に、群れの規模が増えたときに、限界的損失がどう変化するかの問題がある。これを左右するのは、飼い牛の群れが前後に列を組む性向をもつか、横に広がって歩き回る性向をもつかのいかん、あるいは、群れの規模の増加につれて飼い牛の群れは静かになる傾向にあるか、落ち着きをなくす傾向にあるのかどうか、さらには、そのほかの類似した要因のいかんである。ここでの直接の目的にとっては、群れの規模が増加したときの限界的損害についてどのような仮定をおいたとしても、議論の本質に差異はない。

数値例を使って議論を簡単化しよう。農家の土地を柵で囲う年あたりの費用は九ドル、作物の価格はトンあたり一ドルとする。また、群れの牛の頭数と年間の作物損失との間には、次の表に示される関係があるとする。

群れの牛の数（単位　頭）	作物の年間損失（単位　トン）	牛一頭の追加による作物損失（単位　トン）
1	1	1
2	3	2
3	6	3
4	10	4

生じた危害への損害賠償責任が牧場主にあるとすれば、牧場主が牛の頭数を二頭から三頭へと増加させたとき、彼が負担することになる追加的な年間費用は三ドルである。飼い牛の頭数を決定する際、牧場主は、他の費用とともに、この追加的な費用も計算に加えるであろう。すなわち、（牧場主が牛を畜殺すると仮定したときに）生産される追加的な牛肉の価値が、追加的な作物損失の価値を含むもろもろの追加的費用を上回るのでないかぎり、彼は飼い牛の頭数を増加させようとはしないだろう。もちろん、番犬、牧童、飛行機、無線機、その他の手段で損害額が削減できるならば、それを雇い入れる費用が、それによって損失を食いとめられる作物の価値よりも少ないかぎり、こうした手段も採用されるだろう。土地を柵で囲う年あたり費用は九ドルであるから、四頭ないしそれ以上の頭数の牛を飼いたいと望む牧場主は、ほかにもっと安上がりな方法がないとすれば、柵を建て、その維持のために支払いをしてもよいと考えるはずである。柵が建てられれば、損害賠償責任

のために生じる限界費用はゼロになる。もっとも、次のケースは別である。つまり、飼い牛の頭数が増えるにつれて同じ時間内により多くの牛が柵にもたれかかるようになり、そのため柵にはより強い強度が要求され、したがって費用もより多くかかるといったケースである。しかし、もちろん、柵を建てないで、作物の損害分を賠償するほうが牧場主にとって安上がりになる場合もある。それは先の数値例で、飼い牛の数が三頭ないしそれ以下であるケースをみればわかる。

あるいは、次のように考えられるかもしれない。牧場主が被害を与えた作物をすべて弁済することになると、牧場主が隣接する土地を占有するたびに、農家は作付けを増やそうとするようになると。しかし、そうではない。作物があらかじめ完全競争条件のもとで販売されていたとすれば、限界費用はそのときの作付量の価格に等しかったわけで、作付けをそれ以上に拡大していたら、農家の利益は減少してしまったはずである。〔隣接する土地を牧場主が占有するようになったという〕新たな状況のもとでは、作物に損害が生じるために、農家はより少ない量の作物を公開の市場で販売することになる。しかし、作物の被害は、牧場主によって、すべて市場価格で弁済されるから、所定の生産から農家が得る収益は、以前と同じに保たれる。もっとも、牛の飼育で作物損害が発生するのが一般的ならば、牧畜産業が成立することで作物価格は引き上げられることになろうから、その結果として、農家は作付けを増加しようとするかもしれない。私は、しかし、ここでは個々の農家に関心を限定することにしたい。

牧場主による隣接する土地の占有は、農家による生産量、ないし、より厳密にいえば作付量を増加させることはない、と私は述べた。実際、牛の飼育が何か影響力をもつとしたら、それは作付量を減少させることである。その理由はこうである。つまり、任意の与えられた土地について、被害を受けた作物の価値があまりに大きいために、被害を受けずにすんだ作物からの収入が土地の耕作の総費用よりも少なくなる場合には、農家と牧場主にとって、この土地を耕作しないままにしておくという内容の取引をすることが、有利となるのである。数値例によって、この点は鮮明にできる。まず仮定として、与えられた土地の耕作で得られる作物の価値を一二ドル、この土地の耕作に要するコストを一〇ドル、したがって土地耕作の純収益は二ドルであるとする。単純化のために、農家がこの土地の所有者であると仮定しておく。いま、牧場主が隣接する土地で牛を飼いはじめたとし、これによって損害を被る作物の価値を一ドルとする。この場合、農家の得る収入は、作物を市場で売って獲得する一一ドルと、損害の弁済として牧場主から支払われる一ドルであり、したがって、純収益は依然として二ドルである。さて、想定として、牧場主は、飼い牛の頭数を増やすことが、そのために損害が三ドルに増えるにもかかわらず、有利であると知ったとしよう。その意味は、もちろん、追加的な牛肉製品の価値が、損害の弁済として追加して支払われる二ドルを含めた追加的費用よりも大きい、ということである。しかし、損害賠償としての総支払額はいまや三ドルであるが、土地の耕作で農家が得る純便益は依然として二ドルのままである。牧場主としては、農家が三ドル未満の受取りと引き換えに土地を耕作しないことに合意すれば、より大きな便益を確保できる。また、農家としては、二ドルよりも大きな額の支払いを受け取ることができるならば、土地を耕作しないことに合意できる。明らかに、双方いずれにとっても満足のいく取引の余地が、ここにはある。(4) これと同じ議論は、しかし、農家が耕す土地全体ではなく、その土地の任意の小区分についても適用できる。たとえば、小川や木陰などへ往来するとき、飼い牛は毎回決まったルートをたどるものと考えてみよう。この場合でも、ルート沿いの作物の損害額は大きな額になり得るのであって、もしそうならば、ルート沿いの土地を耕作しないことに農家が合意する取引を行なうことを、農家と牧場主が有利と考えることは、あり得るのである。

このことは、しかし、さらなる可能性を引き起こす。飼い牛が毎回通るそのようなルートが存在するとしよう。さらに、このルート沿いの土地の耕作で得られる作物の価値は一〇ドルであるのに対し、耕作に要するコストは一一ドルであると想定しよう。牧場主が不在のときには、土地は耕されないだろう。けれども、牧場主がいる場合には、ルート沿いの土地が耕されて、その作物のすべてが飼い牛によって駄目にされることが起こり得る。この場合、牧場主は農家に対して一〇ドル支払わなければならない。農家が失うのは確かに一ドルである。しかし、牧場主は一〇ドルを失うことになる。これは、明らかに、無際限には持続しそうにない状況である。なぜなら、この状況は、農家と牧場主の双方にとって、起こっては欲しくない状況だからである。農家が望むのは、ルート沿いの土地の耕作放棄に合意する代償として、牧場主から支払いを受けることである。だが農家は、ルート沿いの土地を柵で囲う費用を超える金額、ないし牧場主に隣接する土地の利用を放棄させてしまうほどに高い金額の支払いを受けることはできない。実際にどれだけの金額の支払いがなされるのかは、農家と牧場主の交渉者としての才覚に依存する。そうではあるが、その支払額は、牧場主にこの区域の土地を放棄させるほどには高額でないし、飼い牛の頭数によって変化するものでもないのだから、こうした合意は、資源配分にはなんら影響を与えない。たんに牧場主と農家との間の、所得と富の分配を変更させるにすぎない。

私には明らかかと思われるのだが、引き起こされた損害に対して牧場主が賠償責任を負い、かつ、価格システムが円滑に機能するならば、〔生産要素の移動にともなう〕他のどこかで生ずる生産物価値の減少は、飼い牛の頭数を増加させるときの追加的費用を計算する際に、考慮に加えられるはずである。この費用は、追加的な牛肉製品の価値と比較秤量され、したがって、牧畜産業における完全競争を前提とすれば、牧畜への資源配分は最適となるであろう。強調されるべきは、以下の点である。つまり、土地耕作は市場取引の結果として中止できるのだから、牧場主の費用に含められる他のどこかで生ずる生産物価値の低下は、飼い牛が普通ありそうな形で作物の収穫に与えるであろう損害の額を、むしろ下回るはずだということである。牧場主が弁済してもよいと考える飼い牛による損害額が、農家が土地利用のために支払おうとする金額を上回る場合には、この土地の耕作を放棄することがつねに望ましい。完全競争の条件のもとでは、農家が土地利用のために支払おうとする金額は、生産要素がこの土地に投入されるときの総生産物の価値と、これら生産要素の次善の用途への投入から生み出される追加的な生産物の価値（これは、農家が生産要素に対して支払わねばならないものである）との間の差額に等しい。もし損害額が、農家が土地利用のために支払う金額を上回るのであれば、他のどこかで投入される生産要素の追加的な生産物の価値は、損害が勘案された後のこの土地利用から得られる総生産物の価値を上回ることになるだろう。こうして、この土地の耕作を放棄し、そこへ投入されている生産要素を他のどこかへ振り向けるほうが望ましいことになる。牧場主による作物損害への支払いだけを強制し、かつ、耕作を中断する可能性は許容しないといった取決めは、その結果として、牧畜への生産要素の投入を過小にし、作物耕作への生産要素の投入を過大にする、という帰結を招く。しかしながら、市場取引が可能なときには、作物の損害が土地のレントを上回る状況は長続きしない。牧場主が農家に対して土地を耕作しないように支払いをするとしても、あるいは（農家自身が、土地を賃借している場合には）牧場主が土地所有者に対して、農家が支払っているよりもいくぶん多めに支払いをすることで彼自身で土地を賃借するとしても、そのいずれでも、最終的な結果は同じであり、生産物の価値は最大化される。たとえ、農家が市場への出荷のために栽培しても利益が見込めないような作物を作付けするように誘引されたとしても、それは純粋に短期的な現象であって、いずれ耕作を中止する合意が成立することになるに違いない。牧場主は依然としてその区域に留まるであろうし、牛肉製品の限界費用は以前と同じであり続けるだろう。こうして、資源配分には、長期的な影響はなんら存在しない。

4 損害賠償責任が問われないときの価格システム

さて、ケースを変えて、価格システムは円滑に（すなわち費用を要せず）機能している、しかし、加害者側は彼が引き起こす損害に対して一切の責任を負わない、という場合を次にとりあげる。加害者は、彼の行為による損害に対して、支払いを行なう必要はない。以下で私は、この場合の資源配分が、加害者が損害に対して責任を負う場合の資源配分と同じになる、ということを示す。資源配分が最適となることは先のケースにおいて示したので、再度この部分の議論を繰り返す必要はないだろう。

農家と牧場主の事例に戻ろう。飼い牛の数が増えるにつれて、農家は作物により大きな損害を被ることになる。いま、牧場主の飼育する牛の頭数は三頭であると想定しよう（また、作物への損害が考慮されていないならば、この頭数が維持されると仮定しよう)。このとき、牧場主が牛を二頭に減らすならば、農家は喜んで三ドルまでは支払ってもよいと考えるだろう。また、飼い牛が一頭に減らされるならば五ドルまで、さらに、牛の飼育が放棄されるならば六ドルまで、農家は進んで支払いをしてもよいと考えるだろう。こうして、牧場主が三頭でなく二頭の牛を飼育することにすれば、彼は農家から三ドルを受け取ることになる。この三ドルは、したがって、三頭目の牛の飼育に必要となる費用の一部分である。はたして、この三ドルが、三頭目の飼い牛を追加するときに牧場主が支払うべきものか(これは、牧場主が作物への損害賠償責任を農家に対して負っているケースである)、それとも、三頭目の牛を飼育しないときに牧場主が受け取ることのできる貨幣総額なのか(これは、牧場主が作物への損害賠償責任を農家に対して負っていないケースである)、そのいずれであるにしても、最終的な結果には影響は及ばない。どちらのケースでも、三ドルは、三頭目の飼い牛を追加するときの、もろもろの費用の一部なのである。もし飼い牛を二頭から三頭へと増やすことで得られる牧畜製品の価値の増加分が、そのために必要となる(作物への損害額三ドルを含む)追加的費用を上回るのであれば、飼い牛は増やされるだろう。そうでなければ、飼い牛が増やされることはないだろう。牧場主が作物への損害に対して賠償責任を負っていても負っていなくても、飼い牛の頭数は同じである。

議論としては、仮定された出発点——三頭の飼い牛——が恣意的であると反論されるかもしれない。そのとおりである。けれども農家は、牧場主が引き起こし得ないような作物損害を避けるため支払いをすることは望まないだろう。たとえば、農家に支払い可能な年あたりの最大金額は、土地を柵で囲う年間費用の九ドルを超えることはできない。そして、この区域の土地の耕作を放棄せねばならなくなるほどには農家の収入を減少させないとすれば、農家は、たかだか、この金額を支払ってもよいと考えるにすぎない。さらに、彼が支払いをしないとしたら牧場主の飼育する牛は四頭ないしそれ以上になると農家が信じている場合にも、農家は、せいぜい、この金額を支払ってよいと考えるにすぎない。そこで、農家がそのように信じているものと仮定しよう。このとき、農家は、牧場主が牛を三頭に減らすならば三ドルまで支払ってよいと考え、二頭に減らすならば六ドルまで、一頭しか飼育しないならば八ドルまで、そして牛の飼育が放棄されるならば九ドルまで、進んで支払ってもよいと考える。注意すべきは、議論の出発点を変化させても、任意に与えられた飼い牛の頭数を減少させたときに牧場主の手に渡る金額は、変化しないことである。依然として次の点は真である。すなわち、牧場主が牛を三頭から二頭へ減らすことに合意すれば、彼は農家から追加的に三ドルを受け取ることができること、そして、この三ドルは三頭目の牛を追加して飼育することによって駄目になる作物の価値を表わしていること、である。ただし、農家による支払いがないとしたら牧場主は何頭の牛を飼育することになるかについての農家の側の信念が（それが正当な信念であってもなくても）異なるに応じて、農家が支払わねばならなくなる支払総額は違った金額になるかもしれない。ではあるが、牧場主が実際に飼育するであろう牛の頭数が、その信念の相違によって影響を受けることはありえない。受け取れなかった収入は、同じ金額の支払いと相等しいのだから、その頭数は、飼い牛の引き起こす損害を牧場主が弁済しなければならない場合のそれと同じである。

次のような行為が、牧場主にとっては割に合うと考えられるかもしれない。つまり、いったん取引を行なったら、その後は維持しようと考えていた規模以上に飼い牛の頭数を増加させ、そうすることで、農家により多額の支払いをさせる、という行為である。このことは真であり得る。これは、性格上、農家の次の行動と似ている。つまり、牧場主との合意のもとに、(牛が飼育されないときにまったく耕やされないような土地も含めて)土地の耕作を次第に放棄していくという、(牧場主が損害賠償責任を負っていたときの)土地耕作における農家の行動である。しかし、こうした戦略的方策は、合意にいたるまでの準備的行為なのであって、長期的な均衡の状態に影響を与えるものではない。飼い牛の引き起こす作物の損害に対して、牧場主が責任を負っていようがいまいが、長期的な均衡の状態は同じである。

加害者が彼の引き起こした損害の賠償責任を負うか負わないかについては、知るべき必要がある。なぜなら、この当初における権利の境界画定が確立されないうちは、権利を交換し、それを再結合するための市場取引は存在し得ないからである。しかし、(生産物の価値を最大化するという)最終的な帰結は、かりに価格システムが費用なしに機能するものと仮定するのであれば、法的状況(legal position)からは独立である。

5 実例による問題の再点検

企業活動の有害な影響は、多様な形態をとりうる。早くは、イングランドにおいて、建築物が空気の流れの障害となり、そのために風車の機能を妨げたことの係争があった。[5] 最近では、フロリダで、隣接するホテルのキャバナやプール、それに日光浴域に日陰を落とす建物について訴訟が起こされた。[6] 先の二つの節において詳しく検討された迷い牛と作物被害の問題は、かなり特殊なケースとみられたかもしれないが、実際は、様々な態様をとって現われる問題の一事例であるにすぎない。私の主張点の本質を明瞭にし、これの一般的な適用可能性を証示するために、実際に起こった四つの訴訟を参考にして、この論点を再度改めて提示してみよう。

まずはじめに、スタージェス対ブリッジマン事件(Sturges v. Bridgman)を再検討する。[7] これは、「連邦通信委員会」に関する私の論文で、一般的問題の実例として、以前に私が引用したものである。この事件のあらましは、以下のとおりである。(ウィグモア通りの)

菓子屋が、菓子をつくるために、二台の製粉機を利用していた（そのうちの一つは六〇年以上にわたって、また、もう一つは二六年以上にわたって、同じ場所で運転され続けてきたものであった）。そこへ医者が越してきて、隣接する（ウィンポール通りの）家屋に居を定めた。そこに暮らし始めて八年後、医者は、菓子屋の厨房の真正面に位置する庭の片隅に、診察室を設けた。それまでは、菓子屋の機械は医者になんら危害を与えるものではなかったのだが、それ以後、菓子屋の機械から出る騒音と振動のために、新しい診察室は、この医者にとって使用困難なものになった。「とりわけ、……騒音のために、医者は、患者の胸部の疾患を聴診によって検査することを妨げられた(8)。また、彼は、思考や注意を必要とするすべての業務において、効果的に事を遂行することができなかった」。こうして、この医者は、菓子屋の機械使用を差し止めようと、裁判所へ訴えでた。「われわれの判決を基礎づける原則を厳密に実行しようとすると、ときには個人的な苦難が生みだされることがあるかもしれない。しかしながら、この原則を否定してしまうと、それ以上に個人的な苦難が引き起こされるであろうし、それと同時に、居住目的の土地利用に損害を及ぼす影響が生みだされることにもなるであろう」。

裁判所のこの決定は、医者に菓子屋の機械使用を差し止める権利があることを認めるものであった。しかし、もちろん、法的裁定で得られたこの決定は、当事者間の取引によって、修正しようと思えばできたはずのものである。医者が割高な、あるいは不便な場所へ引っ越さねばならなかったり、同じ場所で開業はできても診療時間を短縮しなければならなかったり、あるいは、(これは可能性として示唆されたものであるのだが)騒音と振動を緩和するために隔離用の壁を設けなければならなかったりすれば、彼はそれによって損失を被ることになるが、もしもその際に、この所得損失よりも多額の代償を菓子屋が医者に対して支払うことになれば、医者は進んで権利行使を差し控え、機械の継続的な使用を容認していただろう。菓子屋は、次のような場合には、進んでこの支払いをしたはずである。それは、菓子屋が医者に対して弁済しなければならない金額が、この場所での操業方法を変更したり、放棄したり、あるいは他の場所へ工場を移動したりしなければならないとしたら彼が被ったであろう所得の減少分よりも、少なくて済む場合である。問題の解は、本質的に、次の点に依存している。つまり、機械を使用し続けることで菓子屋の所得に追加される金額が、そのことで医者の所得から差し引かれることになる金額よりも大きいかどうか、である。(9) しかし、ここで状況を変えて、もしも菓子屋がこの訴訟で勝利していたとしたら、どうであったかを考えてみよう。菓子屋は、この場合、騒音と振動を生む機械を、医者に代償を支払わずに、運転し続ける権利をもつことになる。二人の立場は入れ替わる。つまり、菓子屋に機械使用を差し止めさせるためには、医者は、菓子屋に対して、代償を支払わねばならなくなる。もし機械を使用し続けることで、医者の所得が、菓子屋の所得増加よりも大きな割合で低下するのであれば、ここには明らかに、菓子屋に機械使用を中止してもらうために、医者が菓子屋に支払いを行なう、という取引の成立する余地がある。すなわち、〔菓子屋の機械の使用差止めの権利が医者にあるときに〕医者への損失補償をしつつ機械を使用し続けることが菓子屋にとって割に合わない状況は、〔機械使用の権利が菓子屋にあるときに〕菓子屋へ代償を支払って機械使用を中止してもらうことが医者にとって割に合う状況なのである。ここでの基本的条件は、作物損害をもたらす飼い牛の事例の場合と、まったく同じである。費用なしで市場取引が可能ならば、損害賠償責任に関する裁判所の決定は、資源配分に対しては何の影響も与えない。もちろん、裁判官たちの意見は、彼らが、経済システムの作動に対して、望ましい方向に向けて影響を与えようとしているのだ、というところにあった。彼らが下した以外の他のどんな決定も「居住目的の土地利用に損害を及ぼす影響を生む」という論述は、やがて後には居住目的に開発されることになった不毛の荒地で仕事を営んでいた鍛冶屋の事例を精査することにより、苦心して練り上げられたものであった。裁判官たちの意見、すなわち、土地がいかに利用されるべきかを自分たちは解決しようとしているのだという意見が正しいのは、必要な市場取引を実行する費用が、権利の調停で達成され得る利得を超える場合だけに限られる。また、〔騒音、振動、煤煙などを差止命令で中止させる権利を非工業利用者に付与することによって〕居住利用や〔医師などの〕専門職による利用のために当該の区域〔ウィンポール通り、あるいは荒地〕

を保存することが望ましいのは、それによって確保できる居住面での追加的便宜が、それによって失われるケーキや鉄の価値を、上回る場合に限ってであるにすぎない。裁判官たちは、しかしながら、この点には気づいてはいなかったように思われる。

同じ問題のもう一つの例として、クック対フォーブズ事件（Cooke v. Forbes）をとりあげてみよう。[(10)] ココナッツ繊維でマットを織り上げる製造工程の一つとして、漂白液にこれをつけ込み、その後つり下げて乾燥させる工程がとられていた。その際の出来事として、硫酸アンモニウム工場から排出される刺激性蒸気によって、マットの色が明るい色からどんよりとした黒っぽい色へ変色してしまうことが起こった。変色の原因は、漂白液に塩化スズが含有されていて、これが硫化水素と反応して暗い色に変わることにあった。刺激性ガスの排出を止めるために、工場に対する操業差止命令が求められた。被告側の弁護士は次のように主張した。原告が「特殊な漂白液を使用しなかったならば、ココナッツ繊維が変色することはなかっただろう。原告の製造工程は普通ではなく、業界の慣行からはずれたものである。それどころか、ココナッツ繊維それ自体、この製造工程によって傷つけられているのである」。裁判官の意見は次のとおりであった。「……人は、彼自身の土地の上で、塩化スズやその他の金属染料を使用して、製造活動を行なう権利を有しており、また、彼の隣人は、こうした製造活動の妨害となるガスを排出する自由をもってはいないということ、以上は、私には、まったく明白なことのように思われる。もしそれが隣人に原因することが明らかにできるのであれば、私は確信するに、彼はこの法廷を訪れ、救済を求める権利をもつであろう」。しかし、損害が偶発的で、注意深い予防措置が講じられ、また重大な危険は何も存在しなかったことが勘案されて、操業差止要求は拒否された。ただ、損害賠償の請求については、原告が望むかぎりにおいて、これを提訴することが認められた。この訴訟事件のその後の展開については、私は知らない。ではあるが、操業差止要求が聞き入れられず、ココナッツ・マット製造業者が硫酸アンモニウム製造業者に対して損害賠償請求をしなければならなくなったことを別にすれば、明らかに、ここでの状況は本質的にスタージェス対ブリッジマン事件の状況と同じである。この状況の経済分析は、作物に損害を与える飼い牛の場合とまさしく同一である。硫酸アンモニウム製造業者は、損害発生を防止するために、予防措置を拡大したり、工場を他の場所へ移転したりできたであろう。どの方法をとったとしても、この工場主の費用は、おそらく増加したに違いない。これ以外の方法として、この工場主には損害賠償を行なうことも可能であった。損害防止に必要となる追加的費用よりも損害賠償の金額のほうが小さければ、彼は損害賠償のほうを選んだであろう。この場合には、損害賠償の支払いは、硫酸アンモニウムの生産費用の一部分となる。もちろん、法廷の審議で示唆されたように、もしも漂白剤の変更で（マット製造業者の費用は、おそらく、そのために増加するであろうが）損害を防止することができ、しかも、このときの追加的費用が、漂白剤を変更しなかったとしたら生じていたであろう損害額よりも少なかったなら、新しい漂白剤を利用する取決めを行なうことは、二人の工場主の双方にとって満足のいく取引となり得たに違いない。かりに裁判所がココナッツ・マット製造業者に不利な判決を下していたとしても、ココナッツ・マット製造業者は補償なしで損害を被らねばならなくなる結果、資源配分には影響は及ばなかっただろう。漂白剤の変更に要する追加的費用が損害の削減分よりも少ないのであれば、この変更を行なうことがココナッツ・マット製造業者にとって有利となる。また、硫化アンモニウム製造業者が工場操業を停止する場合、ココナッツ・マット製造業者は、そのときに硫化アンモニウム製造業者が失う所得損失分（費用の増加分、ないし、被った損害額）の金額までは、代償を支払ってもよいと考えたはずだから、この所得損失分は、硫化アンモニウム製造業者にとって、やはり生産費用となっただろう。このように、実際のところ、この訴訟は、分析的には飼い牛の事例と同じものである。

ブライアント対ルフィーヴァー事件（Bryant v. Lefever）では、煙害の問題が珍しい形でとりあげられた[11]。原告と被告は隣り合った家の住居人であり、この二軒の家は概ね同じ高さの建物であった。

一八七六年以前には、原告が彼の家のどの部屋で火を燃やしても、煙突がくすぶることはなかった。およそ三〇年か四〇年の間、二軒の家は同じ条件のもとに維持されていた。

一八七六年に、被告は彼らの家を取り壊し、これを建て替えはじめた。彼らは、原告の煙突のわきに、もとの高さをはるかに超えた壁を築き上げ、さらに、彼らの家の屋根の上に材木を積み重ねた。そうしたわけで、原告の家の煙突は、彼が火を焚くたびに、くすぶるようになってしまった。

煙突がくすぶるようになった原因は、いうまでもなく、壁が築かれ、材木が積み上げられたことで、空気の自由な循環が妨げられるようになったことにある。陪審での公判では、被告に対して四〇ドルの損害賠償金を支払うことが命ぜられた。この事件は控訴裁判所にもちこまれたが、判決はそこで逆転した。ブラムウェル判事（Bramwell, L. J.）は次のように判示した。

……煙害の原因となる行為を行なったのは被告であるとされ、このことを陪審も認めたが、しかし被告側には原因はない。被告は、煙害の原因となるようなことは何もしていない。彼らの家にも、彼らの材木にも、害となるものはまったくない。原告こそ、煙害を生み出した者である。煙突が被告の壁に近すぎ、そのために煙が外へ抜けず、家のなかに立ち込めてしまうような場所で石炭を燃やしたのは原告である。原告に火を焚くのを止めさせてみよ。彼の煙突を移動させてみよ。それをもっと高くしてみよ。そうすれば、煙害は生じないだろう。では誰がその原因を生みだしたのか。はじめに被告が彼の家の屋上に材木を積み上げ、しかる後に原告が彼の家と煙突とを建てたのだとすれば、それが原告であることはきわめて明白である。そして、原告がそうしたのが材木の積まれる以前であったとしても、この点は同じである。しかし（これは、実のところ、答えは同じなのだが）、かりに被告が煙害の原因になっているとしても、被告にはそうする権利があったのである。原告に空気の通り道への権利がないのであれば、被告の権利、つまり、家を建てたり、屋根に材木を積み上げたりする権利が支配する場合は別としても、被告の権利が原告の権利に優先するのであって、たとえ被告の権利行使のために煙害が発生したとしても、被告にはその責任はないのである。

また、コットン判事（Cotton, L. J.）は、次のように述べた。

〔陪審では〕原告の住居における人間的生活の快適さは、被告が壁を築いたことで、見た目にも実質的にも阻害されることになったと判定され、これは被告側に責任のある不法妨害であるとの判決が下された。大概の場合はそのとおりである。しかし、被告は、原告の住居のなかへ煙や有毒蒸気を送り込んだわけではなく、原告には口出しする権利がないような……方法で、原告の家の煙の排出口を塞いだにすぎない。原告が煙をつくりだし、そして、その煙が彼の快適さを乱したのである。被告が塞いだ特別の方向にこの煙を排出する権利……が原告にないかぎり、原告は被告を告訴できない。なぜなら、煙を出したのは原告であり、これを原告がうまく排出する手段を設けなかったために、原告に面倒が生じたのである。これは、ちょうど、次の状況と同じである。つまり、ある男がいて、自分の土地で発生する汚水を、隣人の土地への排水溝によって取り除こうとしている状況である。権利が利用者によって獲得されるまえに、隣人は、そうする責任を負っていなくても、排水を止めたかもしれない。汚水が発生する土地の所有者に、大きな迷惑が及ぶだろうことは疑う余地がない。しかし、隣人の行為は合法的行為なのであって、男に汚水を取り除く効果的な手立てがなく、そのため汚水が蓄積されたとしても、そのことが原因で生じる結果に対しては、彼の隣人は責任を負わない。

当事者間の交渉(材木を他の場所へ積み上げる費用、煙突をもっと高くする費用、などの条件の下での交渉)の結果として生じる状況の修正は、裁判所の判定がどのようなものであっても、まったく同じ結果をもつ。この点については説明はしないことにする。なぜなら、これはすでに、飼い牛の事例、および、先の二つの訴訟の議論のなかで、十分に詳しく取り扱ったからである。私がここで問題としたいのは、煙害は、壁を築いた男ではなく、火を焚いた男が引き起こしたとする控訴裁判所における裁判官の判示である。この事件の珍しさは、煙害で被害を受けている者が、他の第三者ではなく、火を燃やした当の本人であったことにある。議論されている問題の核心はここにあるのだから、この論点はけっして些細なものではない。誰が煙害の原因であるのか。この問いに対する答えは、ほとんど明らかだと思われる。煙害は、壁を建てた男および火を燃やした男、これら双方の者によって生みだされたのである。火を与件とすれば、壁さえなければ煙害は生じなかっただろうし、また、壁を与件とすれば、火が焚かれなければ煙害は起きなかっただろう。壁か火を取り除けば、煙害は消滅したはずである。限界原理によれば、以下の点は明らかである。つまり、責任は両者のいずれにもあったこと、両者のいずれとも、煙を発生させる活動を続けるかどうかを決定する際に、煙の生む生活面での快適さの損失を、費用として算入すべきであったこと、である。そして、市場取引が可能な場合には、まさにこのことが実現されたはずである。煙突をくすぶらせている男は、煙がなくなることで享受できるようになった便益の貨幣価値に相当する金額を、おそらく喜んで支払ってもよいと考えただろう。したがって、たとえ壁を築いた男に煙害に対する法的責任がなかったとしても、この金額は、この男にとって、高い壁を築き上げ、屋根に材木を積み重ねる行為をとり続けることの費用となったはずである。

煙害の原因は火を燃やしたほうだけにあるという裁判官の主張は、壁が既成の事実だと仮定する場合にかぎって、真であるのにすぎない。高い壁を築いた側にはそうする法的権利があったと判決を下すことによって、裁判官はこの仮定の成立を肯定した。〔見方を変えて〕もしも煙突からの煙が材木に危害を及ぼしていたとするならば、この訴訟事件はもっと興味深いものになっていたに違いない。損害を被るのは、この場合、壁を築き上げたほうである。かくて、この事件は、スタージェス対ブリッジマン事件にきわめて類似したものとなっていただろう。ほとんど疑うまでもなく、損害が発生しはじめたのは材木の所有者が高い壁を築いて以降のことであるという事実にもかかわらず、火を燃やした側に材木の損害賠償金を支払う責任があるとされたに違いない。

裁判官は法的責任について判断を下さなければならない。しかし、そこに含まれる経済的問題の本質を理解する際に、このことで経済学者が混乱することはあってはならない。飼い牛と作物の事例において、飼い牛がいなかったなら作物の損害もなかったというのは正しい。作物がなかったなら作物の損害もなかったということ、これも同じように確かである。菓子屋が機械を動かさなかったなら、医者の診療が妨げられることもなかったし、医者が特別の場所に診察室を建てなかったなら、菓子屋の機械は誰にも被害を与えなかったはずである。マットは、硫化アンモニウム工場からの排気のために黒っぽく変色したが、マット製造業者がマットを特別の場所につり下げたり、特別の漂白液を使用したりしなければ、損害は生じなかっただろう。もしわれわれが問題を因果関係として捉えるべきなら、その場合には、当事者の双方が、ともに損害の原因となっているのである。最適な資源配分の達成のためには、したがって、当事者の双方が、各自の行動の方向を決定する際に、有害な影響（妨害行為）を考慮に入れるべきことが望ましいことになる。有害な影響による生産物の価値の低下が、当事者の双方にとって費用になることは先に説明したとおりなのであって、まさにこの点に、円滑に機能する価格システムが有する美点の一つがあるのである。

問題の素晴らしい実例の一つとして、最後に、バス対グレゴリー事件（Bass v. Gregory）をとりあげよう。(12) この裁判の原告はジョリー・アングラーズと呼ばれるパブの所有者と管理者であり、被告人はこのジョリー・アングラーズに隣り合った数戸の山荘と庭の所有者であった。パブには、岩をくり抜いてつくられた地下室があり、この地下室から、被告の庭にある古い井戸にまで、穴ないし小坑が掘られていた。井戸は、地下室の換気坑になっていたのである。この地下室は「［ビールの］醸造処理の特別な用途のために利用されてきたもので、そこでの処理を続行するためには、換気は不可欠であった」。訴訟の理由は、「［この］地下室から井戸を通じた空気の自由な流れを止めるか妨げるかする目的で……」、被告が井戸の上にあった格子を取り除いたことにあった。判例報告からは、何が被告をしてこのような処置をとらせたのかは明らかではない。おそらく、「井戸から大気中に吹きだす空気に発酵臭がしみこんでいて」、被告がこれを不快だと感じたのであろう。いずれにしても、彼の庭にある井戸の口を塞ぎたいと被告は思ったのである。裁判所が、まず最初に判定しなければならなかったのは、パブの所有者は空気の流れに対する法的な権利をもつことができるかどうかであった。パブの所有者がそうした権利をもち得るならば、この訴訟事件は(先に考察した)ブライアント対ルフィーヴァー事件とは区別されねばならないだろう。このことは、しかし、なんら困難を提起するものではなかった。この事件では、空気の流れは、「厳密に定められた経路」の範囲に限定されていた。ブライアント対ルフィーヴァー事件のほうで問題となったのは、「すべての人間に共通した、空気の一般的な流れ」であった。ブライアント対ルフィーヴァー事件では、民家の所有者はそのような権利をもつことはできないとされたのだが、これに対して、この事件においては、裁判官は、パブの所有者は空気の流れに対する権利をもつことができる、という判決を下した。経済学者なら、「しかし、空気は、いつも流れているではないか」と付け加えたくなろう。ではあるが、審理のこの段階で認定されたのは、法的権利が存在し得るということだけであって、パブの所有者がその権利を有しているということではなかった。しかし、証拠によって、次の事柄が明らかにされた。つまり、地下室から井戸への小坑は四〇年以上そこに存在していたこと、そして、空気が立ち上がるときには発酵臭が漂うので、この井戸が換気坑として使用されていたことは、庭の所有者にわかっていたに違いないこと、である。こうして、裁判官は、パブは「権利譲与の喪失の原則」(doctrine of lost grant)によってそのような権利を有する、という判決を下した。この原則の主張は、「法的権利が継続して存在していること、および、その権利が何年間にもわたって行使されてきたこと、以上が証明されるならば、この権利には法的起源があると推定すべきである」というにある。[13]そのようなわけで、山荘と庭の所有者は、井戸を塞がないで発酵臭に耐えなければならないことになった。

法的権利を認定するときに裁判所が採用する論理は、経済学者にとって奇異に感じられることが稀ではない。実際、その判断が根拠とする多くの要因は、経済学者にとっては意味のないものだからである。こうしたわけで、経済学的観点からは同一であるような諸状況が、裁判所によって著しく異なった取扱いを受ける。有害な影響についてのすべての訴訟事件において、そこで問われる経済的問題は、いかにしたら生産物の価値は最大化できるかである。バス対グレゴリー事件では、ビールの生産を促進するために、新鮮な空気が井戸から取り入れられた。しかし、よごれた空気がこの井戸から排出されるために、隣接する家の生活は快適さが低められていた。この事件における経済的問題は次の選択、すなわち、ビールの割安のコストと隣家の劣悪化した居住性、および、ビールの割高な費用と改善された居住性、そのどちらを選択するかを決定することである。この問題の決定において、「権利譲与の喪失の原則」は、裁判官の目の色と同じくらいの意味しかもたない事柄である。ただ、記憶にとどめておくべきは、裁判所が直面する直截的な問題は、誰によって何がなされるべきかの問題ではなくて、誰が何をする権利を有しているかの問題であることは、つねに可能である。市場での取引を介して、当初における権利の法的境界画定を修正することは、つねに可能である。そして、もちろん、そうした市場取引に費用がかからないのであれば、それによって生産物の価値が高められるのであるかぎり、そうした権利の再配置はつねに生ずるであろうと考えられるのである。

6 市場取引費用の考慮

ここまでの議論は（第3節と第4節では明示的に、そして第5節では暗黙裡に）、市場取引を実行するときの費用はかからない、と仮定したうえで進められてきた。この仮定は、もちろん、きわめて非現実的な仮定である。市場取引を実行するためには、次のことが必要になる。つまり、交渉をしようとする相手が誰であるかを見つけ出すこと、交渉をしたいこと、および、どのような条件で取引しようとしているのかを人々に伝えること、成約にいたるまでに様々な駆引きを行なうこと、契約を結ぶこと、契約の条項が守られているかを確かめるための点検を行なうこと、等々の事柄が必要となるのである。こうした作業はしばしば膨大な費用を必要とする。その費用があまりにも高いため、価格システムがコストなしで機能する世界では実行されるはずの多くの取引を、実行不可能にしてしまうほどになることも稀ではない。

先の節において市場を介した法的権利の再配置の問題をとりあげた際、それによって生産物の価値が高められる場合には、必ず、そのような再配置は市場を介して行なわれる、と私は述べた。この主張には、しかしながら、市場取引にはコストがかからないという仮定がおかれていた。ところがひとたび市場取引を実行する費用が考慮される場合には、明らかなように、こうした権利の再配置が企てられるのは、再配置の結果生まれる生産物価値の増加が、その再配置達成に必要となるコストを上回るときにかぎられる。そうでないときには、操業差止めの許可（ないし、それが許可されるであろうことについての認識）や賠償金支払いの責任の請求は、市場取引が費用なしなら実行されたはずの活動を中途で取りやめにしてしまう（か、あるいは、これへの着手を妨げる）という結果をもたらすかもしれない。このような条件のもとでは、当初における法的権利の境界画定のあり方は、経済システムが作動する際の効率性に対して、確かに影響を与えるのである。ある特定の権利の再配置によって、他のどのような再配置よりも大きな生産物の価値が生み出される、ということがあるかもしれない。しかしこの場合でも、その権利の再配置が法的システムによって確立されたものでないときには、費用の問題が関わってくる。つまり、市場を介して権利を変更したり組み合せたりして同じ結果を達成するには費用が大きくつきすぎて、そのために、この最適な権利の再配置、および、それが生みだすはずのより多額の生産物の価値は、実現されないことになるかもしれない。法的権利の境界を画定するプロセスにおいて、経済的考慮がどのような役割を演じるかについては、次節で議論する。本節では、初期での権利の範囲の画定、および、市場取引を実行する費用は所与であるものと仮定する。

明らかに、市場を利用するよりも少ない費用で同一の成果を達成できる代替的な経済組織があれば、この組織のもとで生産物の価値はより大きくできるだろう。私がかなり以前に説明したように、[14]市場取引を介した生産の組織化を代替するもの、その代表的なものが企業である。企業の内部では、生産面で様々な協力関係にある諸要素間の取引は消滅させられ、管理的決定が市場取引にとって代わる。生産の再配置は、このとき、生産要素の所有者間の取引を必要としないで遂行される。広大な土地を管理する土地所有者は、その土地を様々な用役に振り向けようとする際、いろいろな活動の相互関係が土地の純収益に及ぼす影響を考慮しつつ、それゆえ、これら多様な活動間の不必要な取引を排除・整理しつつ、それを行なうだろう。大規模な建物、あるいは、ある地域内に隣接する多数の資産の所有者も、大体はこれと同じように行動するだろう。その結果、われわれが先に用いた言い方でいえば、企業は、すべての当事者がもつ法的権利を獲得することになる。企業における活動の再配置は、契約による権利の再配置にもとづいてなされるのではなく、これらの権利をいかに用いるべきかについての管理的決定の結果としてなされるのである。

これは、もちろん、企業を介して取引を組織化するときの管理費用が、それによってとって代わられる市場取引の費用よりも、必然的に少なくなることを意味するものではない。契約を結ぶことが特別に困難なこともあって、そうしたとき、当事者が何をなすことに同意し、何をなさないことに合意したか（たとえば、どれだけの量と種類の悪臭や騒音が、当事者に容認され、あるいは、禁じられるのか）について記述しようとすると、長大で仔細にわたる文書が必要となるだろう。それに、よくありそうなことだが、長期契約を結ぶのが望ましいこともあるだろう(15)。しかし、そのような場合であっても、企業を新たに組織したり、既存企業の活動範囲を拡大したりすることが、多くの場合、有害な影響を処理するために採用される解決策とはならないこともある。この点は、それほど驚くにはあたらない。これが解決策として採用されることになるのは、企業の管理費用が、それによって代替される市場取引の費用よりも小さいとき、また、活動の再調整から得られる利得が、これらを企業に組織化するための費用よりも大きいとき、に限られる。この解決策の特徴がどのようなものかについては、私は以前に書いた論文で説明した。したがって、ここで詳細に吟味する必要はないだろう。

ところで、企業が、この問題に対する唯一の可能な解答であるわけではない。企業内で取引を組織化するための管理費用が多額になることは起こり得るのであって、多様で多数の活動が単一組織によって管理されるような場合には、とりわけそうである。標準的なケースとしての煙害の場合には、広範囲の活動に携わる膨大な数の人々がその影響を被るであろうから、管理費用が相当な額となり、そのために単一企業の内部だけでこの問題を処理することは不可能となるかもしれない。代替的な解決策は、政府による直接規制である。市場での取引で修正できる権利の法的システムを制定する代わりに、政府は人々に、何をなすべきか、何をなすべきでないかを指示し、人々がそれを順守しなければならないような規制を課すことができる。すなわち、政府には（法令を発布したり、より一般には行政当局を介したりして）、煙害に対処するために、（たとえば、煤煙防止装置の設置を義務づけたり、石炭や石油を燃やすことを禁止するというように）ある特定の生産方法の採用の可否を命じることができるし、あるいは、特定タイプの事業活動を特定地域に限定する（区域規制）といった規制を設けることもできるのである。

政府は、行政的決定によって、生産要素の利用者に影響を与えることができる。そういう意味で、政府は超企業（super-firm）である（ただし、かなり特殊な種類のものではあるが）。しかし、普通の企業は、その活動がつねにチェックにさらされている。というのは、より少ない費用で同じ活動を遂行するかもしれない他企業との競争があるからである。また、管理費用があまりに大きいときには、企業内での組織化に代えて、いつでも市場取引という代替手段をとることができるからでもある。政府は、必要とあれば、市場での取引を完全に回避できるが、しかしこれは、普通の企業には、けっしてできないことである。企業は、利用する生産要素の所有者から、市場で合意を得なければならない。政府は、財産を徴用したり差し押さえたりできるだけでなく、特定の用役以外には生産要素の使用を禁じるといった命令を下すこともできる。こうした権威主義的方法は、(組織化を行なう人々にとって)かなりの程度まで、煩わしさを減殺する。しかも、政府は、その規制の遂行を確実にするための警察、その他の法執行機関を、掌中に有している。

明らかなことだが、政府は私的組織(ないし、特別な政治的権力からは無関係な組織)よりも少ない費用で事をなし得る力をもっている。ところが、政府の行政機構は、それ自身、費用なしには動き得ない。ときには、実際、この費用は極端に大きな額になり得る。そのうえ、政府は、政治的圧力を受けやすく、競争によるチェックなしに作動する。このように誤りを免れない政府が設けた制限規制や区域規制が、つねに、そして必然的に、経済システム作動の効率性を高めると考えることには、なんら根拠は存在しない。しかもそのうえ、広い様々なケースに適用しなければならない一般的規制については、それが不適切であることが明白な特定のケースにおいても、執行されようとすることがあるだろう。こうした点を考慮すると、政府の直接規制のほうが、市場や企業によって問題が処理される場合にくらべ、より好ましい結果を生みだすとは必ずしも主張できないことになる。もっとも、それと同等に、こうした政府の管理規制によっては経済的効率性の改善は達成され得ないとする主張にも、なんら根拠は存在しない。とりわけ煙害のようなケースが普通そうであって、影響が多数の人々に及び、かつそのため、市場や企業を通して問題を処理しようとすると費用が多額になる場合には、その主張の根拠は薄弱になると思われる。

以上に述べた以外にも、もちろん解決策はある。つまり、その問題について、まったく何の手も打たないという方法である。政府の行政機構が制定する規制によって問題を解決するときの費用は、しばしば巨額に及ぶ(この種の活動に政府が従事することで派生するであろうすべての結果が費用に含まれると解釈する場合には、とりわけそうである)。そうであるならば、疑うまでもなく、有害な影響を生みだす行為を規制することでもたらされる利得は、一般に、政府規制に必要な費用よりも小さくなってしまうだろう。

有害な影響の問題に関する(市場取引の費用を考慮にいれたときの)本節の議論は、きわめて不十分ではある。しかし少なくとも、問題が、有害な影響の処理のための適切な社会的取決めを選択する点にあることは明らかにされた。コストのかからない解決法は存在しない。市場や企業によってこの問題を適切に処理することができないとしても、それだけの理由で政府規制に訴えるのは合理的ではない。政策に関する満足のいく見解は、市場、企業、そして政府は、有害な影響の問題を、実際にはいかに処理しているのか、この点について根気よく研究することによってはじめて求めることができる。経済学者に望まれるのは、取引の当事者を引き合わせる仲介業者の仕事、制限的な契約条項の有効性、大規模な不動産開発会社の諸問題、政府による区域規制、その他の規制活動などについての研究である。これまで、経済学者や政策立案者は、一般に、政府規制による利益を過大評価する傾向があったように私には思われる。ただし、この見方のとおりであるとしても、それで示唆されるのは、政府規制は縮小されるべきである、という以上のことではない。境界線がどこに引かれるべきかについては、それは何も語らない。この点を明らかにするためには、様々な違った方法で問題を処理したときの実際の諸結果を、詳しく分析することが必要だと思われる。だが、もしこの分析が誤った経済分析を用いて行なわれるとしたら、これは不幸なことである。経済分析のアプローチはどのようなものであるべきなのか、本章の目的はこの点を指し示すことにある。

7　権利の法的な境界画定と経済問題

第5節の議論は、有害な影響の問題を実例によって説明するのに役立ったばかりでなく、この問題に対する法学的アプローチに一瞥を与えるものでもあった。そこで検討されたのは、すべてイングランドにおける判例であった。しかし、同種類の事例を米国の判例から選び出すことも容易にできたのであって、〔もし米国の判例をとりあげていたとしても〕論法の特徴は同じであっただろう。もちろん、市場取引にコストがかからないのであれば、問題となるのは〔公平性の問題を別とすれば〕、それぞれの当事者の権利を適切に定義して、訴訟の行方を予測しやすくすることだけである。しかし、先にみたように、市場取引の費用が大きく、そのために法律によって設定された権利配置を変更することが困難な場合には、状況はまったく違ったものとなる。こうしたケースでは、裁判所は経済的行為に対して直接に影響を与える。したがって、裁判所は、判決の経済的帰結についての知識をもつべきであり、また、そうすることで法的状況そのものに不確実性が過度に生じてしまうのでないかぎり、判決を下す際に、これらの帰結を考慮に加えるべきことが望ましいと思われる。また、市場取引を介して権利の法的な境界画定を変更することが可能な場合であっても、こうした市場取引の必要性を縮小し、その実行のために使用される資源を節約することは、明らかに望ましいことである。

こうした訴訟事件の審理において裁判所が仮定した前提要件を徹底的に吟味するのは、大変に興味深いことである。しかし、今にいたるまで、私はそれを試みることができないでいる。そうはいうものの、ざっとした研究によっても、次の点は明らかである。それは、裁判所は、これまでも、判決の経済的含意をしばしば認識してきており、（多くの経済学者はそうではないが）問題の双方的性質にも気がついているということである。さらに、裁判所は、その時々に、これらの経済的含意を他の要因とともに考慮したうえで、判決を導き出している。この問題を扱ったアメリカの著作家は、英国の著作家にくらべ、もっとあからさまな述べ方をしている。たとえば、次の文章は『プロッサーの不法行為』（*Prosser on Torts*）からの引用である。人は、何ほどかの危害を隣人に与えるとしても、彼自身の財産を利用したり、……彼自身の仕事を行なったりして差しつかえない。工場の騒音や煤煙によって他人が不快感を覚えたとしても、合理的な範囲内にそれを保つかぎり、彼はその工場を操業してかまわない。これが不法妨害となるのは、結果として生じる効用と危害の点からみて〔傍点は著者〔コース〕による〕、彼の行動が常軌を逸し（アンリーズナブル）たと判定できる場合だけにかぎられる。……街中での蠟燭製造に関する昔の判例で述べられたように、「ものに備わる効用は、悪臭に備わる不快さを免除する (Le utility del chose excusera le noisomeness del stink)」。たとえ周辺の人々がいかほどかの不便を被るとしても、工場、製錬所、石油精製所、騒音を発する機械、発破、といったものは、世界にとってはなくてはならない。一般的善のために、常軌を逸しない程度の不便さは容認するように、原告は要求されてしかるべきである。[16]

標準的な英国の著作家は、生み出される効用と危害との比較が、有害な影響を不法妨害とみなすべきかどうか判断するときの一決定因となることについて、それほどあからさまな言い方をしているわけではない。[17] しかし、これほど強い調子のものではないが、それに類似した見解を見いだすことはできる。有害な影響が実質的でないかぎり裁判所はこれを審理する必要がないとする原則があるが、疑うまでもなくこの原則には、大概の場合には危害を相殺する何らかの利得が存在するという事実が、部分的にせよ、反映されている。そして、個々の判例報告をみても、操業差止めや損害賠償金支払いを命じるかどうかを判定するとき、裁判官が、それによって何が得られるかについてとともに、何が失われるかについても意を用いてきたのは明らかである。たとえば、新しい建築物による眺望破壊を抑えようとする訴えに対して、次の申し立てによって、裁判官はこれを拒否している。

他人の眺望を損ねる建物は不法妨害であると述べる……ようなコモン・ローの一般規則を私は知らない。そのようなことがあるとしたら、大きな町は存在し得ないことになろうし、また私も、町に新たに築造されるすべての建築物に対して、建築差止めを命じなければならなくなるだろう。(18)

ウエッブ対バード事件(19)（Webb v. Bird）では、風車のすぐ近くに校舎が建てられ、そのために空気の流れが阻害されて風車の機能が妨げられる問題が争われたが、判決ではこの校舎の建築は不法妨害ではないとの認定がなされた。初期の判例では、これとは正反対の判決が下されていたようである。ゲール（Gale）は次のように述べている。

ロンドンの古い地図には、ロンドンの北部に当たる高台に、列をなして風車の並んでいるのがみえる。ジェームズ国王の時代に、誰かがこれらの風車の近くに建物を築き、風車の翼の風をさえぎるようなことをしたなら、この都市への食料供給に対して及ぼされる影響のゆえに、これはおそらく恐慌を来すべき事態となっただろう。[20]

第5節で議論した判例の一つ、スタージェス対ブリッジマン事件において、裁判官が代替的な判決の経済的帰結について熟考していたのは明白なように思われる。この訴訟においては次の意見が述べられた。すなわち、もしも裁判官が従っているとみられる原理を

論理的に行きつくところまで追っていったとすると、きわめて深刻な実際的な不都合が帰結するだろうと思われる。ある者が、たとえば、バーモンジーのなめし革工場地域の真ん中に行き、あるいは、他のどこかの、騒音や悪臭を生む特定の商業や製造業に振り向けられた地区へ行って、そこの空き地に私的な住居を建てたとすると、そのために、その地の商業や製造業は完全にストップしてしまうであろう。

この意見に対して、裁判官は次のように応答した。

ある事柄が不法妨害であるか否かは、この事柄についての抽象的考察によるだけでなく、それの周囲の事情をも参考にしたうえで、決定されるべき問題である。ベルグレーヴ・スクエアで不法妨害とされる事柄が、バーモンジーにおいても不法妨害とされる必然性はない。ある地域が特別の商業や製造業だけの立地にあてられ、その商人や製造業者によって、不法妨害の構成要素とはならぬ特別の確立された方法で運営されている地域については、裁判官や判事が、その地域の商業や製造業には私的な過失や起訴可能な過失はないとする事実認定を行なったとしても、それは正当であるし、また実際、彼らがそうした事実認定を下すのは確実である。(21)

ある事柄が不法妨害か否かを判定するときには、近隣の特徴が重要であるということ、このことがはっきりと確認されている。

交通騒音を嫌うものは、大都市の中心に住まいを定めてはならない。平穏と静寂を好むものは、ボイラーや汽船を製造する産業の立地する地域に住んではならない。(22)

以上で明らかにされたことは、従来「司法による都市計画および地域の用途規制」と呼ばれてきたものである。(23)いうまでもなく、時には、この基準を適用することが非常に困難な

場合もある。(24)

この問題の興味深い一例は、アダムズ対アーセル事件(Adams v. Ursell)に見いだされる。(25)労働者階級中心の区域で、ある揚げ魚屋が「かなり立派な品格の」家々のわきに店を開業した。フィッシュ・アンド・チップスのないイングランドは考えられない。それゆえこの判例は、明らかに格別の重要さをもつものといえる。裁判官は、次のように述べた。

反対意見として力説されたのは、営業差止めの命令は、被告人、および被告人の店で食物を手に入れる貧しい人々に、大きな苦痛を与えるだろうという点である。それに対する答えは、こうである。つまり、〔だからといって〕どこか近所のもっと適切な場所で営業することが被告人にとって不可能になるわけではない。ある場所で揚げ魚屋が不法妨害であるからといって、他の場所でもそれが不法妨害となるわけではけっしてない。

アーセルの店に対する営業差止めの命令は、事実、問題の通り全域に及ぶ営業差止めを命ずるものではなかった。だから、多分、彼は「かなり品格の落ちる」家々の近くの土地に引っ越すことができただろう。また、その家々の住人は、フィッシュ・アンド・チップスをすぐに手に入れることができるのなら、疑いもなく結構と考え、揚げ物の香りとか、原告の用いた生々しい表現でいえば「靄や霞」が〔彼の家の周辺に〕充満したとしても、我慢できると考えたに違いない。しかし、「近所のもっと適切な場所」がなかったとしたら、この訴訟はもっと困難になっていただろうし、判決も違っていただろう。「貧しい人々」は、その場合、何を食べることになったであろうか。どのイングランドの裁判官も、まさか「それならケーキを食べればいいわ」とはいわなかっただろう。

裁判所は、持ち込まれる訴訟で提起される経済的問題を、いつも非常に明瞭な形で引き合いに出すわけではない。しかし、「理に適っている（リーズナブル）」とか「普通もしくは通常の使用法」といった語や語句の解釈のうちには、係争問題の経済的側面についての、おそらくはかなり無意識な、そして確かにそれほどには明示的でない、何がしかの認識が含まれているように思われる。この点についての格好の例は、アンドレア対セルフリッジ株式会社事件（Andreae v. Selfridge and Company Ltd.）に対して控訴裁判所が下した判決であると思われる[26]。（ウィグモア通りの）一区画の敷地内に一軒のホテルがあった。その敷地の残りの部分がセルフリッジズによって取得されたのだが、この会社は、その場所に別の建物を建てるために、そこに建っていた建物を取り壊した。建物の取り壊しで生じた騒音と粉塵のためにホテルへの客足が減り、ホテルは損害を被ることになった。こうして、ホテルの所有者は、損害賠償金の支払いを求めてセルフリッジズを起訴した。下級裁判所では、このホテルは四五〇〇ポンドの賠償金を受け取ることを認められた。その後、この事件は控訴された。

下級裁判所でホテル所有者に有利な判決を下した裁判官は、次のように述べた。

被告がこの敷地の上で行なった最初の操作は異例であって、土地・家屋の通常の使用と占有において、これまでに普通になされてきたことと同じとみなすことは私にはできない。六〇フィートの深さまで地面を掘り下げ、その上に鉄骨を組み立てて、これをリベットで堅く固定するという行為は、この国の人々にとっては、普通のことでも一般的なことでもない。……〔さらにまた〕被告が二番手の操作として行なったこの敷地の取扱い――すなわち、被告が取り壊さねばならなかった建物、その個数は五つであったか、六つであったか、それ以上ではなかったと思うが、それらすべての建物を取り壊し、しかも、それを取り壊すのに圧力ハンマーを利用するという行為も、私が考えるに、この国においては、やはり土地の使用法としては普通とも通常ともいえない。

控訴裁判所を代表するサー・ウィルフレッド・グリーン判事(Sir Wilfred Green, M. R.)は、まず最初に、次の点を指摘した。

ある者が一時的な作業を行ない、たとえば建物を壊したり建て替えたりしているときには、誰しもある程度までは不便さを我慢しなければならない。実際、ある程度の騒音や粉塵を立てずには、この種の作業を進めることは、まったくもって不可能だからである。それゆえ、不法妨害に関する規則は、この限定事項を受け入れたうえで解釈されるのでなければならない。

次いで、彼は、先に下された判決に言及する。

博識なる裁判官には大いに敬意を払うものの、私としては、裁判官のこの問題のとりあげ方は、正しい角度からなされたものではなかったと考える。私には、被告側の会社がこれらの作業を進めるうえで従事することになった取り壊し、掘削、建造のあり方は、私が先ほど言及した限定事項を妨げてしまうほどに異常かつ尋常ならざる性質のものであったとは……断言できないと思われる。私のみるところ、〔不法妨害に関する〕規則のなかで土地の普通ないしは通常の使用法が述べられているからといって、それは、土地利用の方法やその土地の上での建築の方法が、何らかの形で、永遠に固定されるべきことを意味するものではないだろう。時間がたつにつれ、新たな発明や新たな方法により、地面のなかへ掘り下げたり、空に向けて築き上げたりして、土地のより有利な利用が可能になる。これが、別の観点からみて、人道的に望ましいかどうかは、この際、問題外である。しかし、建築に関しては、どんな特別の様式であっても、どんな特別の深さの土台であっても、どんな特別の高さの建物であっても、環境面や、この時代の発展度からみて、それが理に適ったものである以上は、それを地上で利用することは、土地の一般的な使用法を逸脱するものではない。……ホテルの客は、いとも簡単に狼狽するものである。このホテルを訪れる人々、それはホテルの静かな背景に慣れ親しんでいた人々であろうが、その人々がふたたびそこを訪れ、破壊や建築が進められているのを目にして、もはやこのホテルのもつ特別の魅力が失われたと考えるのは、大いにありそうなことである。これは原告にとっては災難であろう。しかし、被告側の会社の作業には過失は何も存在しなかったこと、被告側の会社は、騒音を生みだすことになる破壊や建築を、まったく理に適った技術で遂行したこと、隣人に迷惑をかけないように、まったく理に適った注意を払ったこと、以上が前提されるならば、原告がホテルのすべての顧客を失ったのは、ホテルの裏の広々として閑静だった場所の快適さが失われたからであって、この場合、原告には告訴する根拠は何もない。……［しかし、次のように述べる人たち、つまり］自分たちの作業は正常かつ普通の作業であり、しかも適切な注意と技術で進めた作業なのだから、隣人の快適さに対する自分たちの妨害は正当化できると主張する人たちは、この合理的かつ適切な注意と技術を使用すべき……特別の義務を負っている。「誰かが起訴するまでは、自分たちのやりたいことをやり続けよう」というのは、取るべき正しい態度ではない。……これらの人たちの義務は、適切な注意を払い、不法妨害を最小限に抑えるように手立てを講ずることである。「しかし、そんなことをしたら、自分たちが望む以上に仕事のペースを落とさねばならなくなって、余分の費用がかかってしまうだろう」と述べたてても、これらの人たちの答えにはなっていない。これらの問題は、すべて、常識と程度の問題である。一時的な不都合を防止するために、人々に対して、費用や労苦が禁止的に大きくなるほどに仕事を遅らせたり費用をかけたりすることを期待するのは、明らかに不合理である。……この訴訟事件では、被告側の会社がとった態度は次のようなものであったと思われる。つまり、誰かに告訴されるまでは作業を推し進めるのを止めず、たとえ会社の進める作業と隣人の快適さとの間に現実の対立があったにしても、会社側の考えと便宜にもとづいて作業を遂行し捗らせる要求のほうが勝る、とする態度である。この態度は、……合理的な注意と技術の使用義務を実行していない。……その結果、……原告は起訴可能な不法妨害を被ることになったのである。……以上の根本方針にもとづいて、原告には、名目的金額ではなく、実質的な金額を受け取る権利が与えられる。……この金額を算定するにあたって、……私は……ホテルの裏側で生じたことで引き起こされた快適さの一般的喪失にその原因を帰せられると思われる……客足の減少による損失を割り引いて計算した。……

損害賠償金の裁定額を四五〇〇ポンドから一〇〇〇ポンドにまで削減する、これが最終結論であった。

本節のここまでの議論は、不法妨害について、コモン・ローにもとづいて下された裁判所の判決に関するものであった。この領域での権利の境界画定はまた、制定法のために生ずることもある。大概の経済学者は、次のように考えてきたように思える。つまり、この領域における政府活動の目的は、コモン・ローそれだけでは不法妨害と認められないような活動を、不法妨害として指定することによって、不法妨害についての法の適用範囲を拡張することにある、と。確かにそういう面もあり、たとえば公共健康法のような法令が、そうした効果をもったことは疑う余地がない。しかし、すべての行政的法令が、必ずしもその種のものであったわけではない。この領域における多くの法律の効果は、その活動によって危害を受ける人々の請求から、事業活動を保護するところにある。法律上正当と認められた不法妨害には、長い一覧表をつくることができる。

その位置づけは、『ホールズベリのイングランド法』(*Halsbury's Laws of England*)において、次のように要約されている。

立法府が、ある事柄をあらゆる場合に行なうべしと命じたり、特定の場所で特定の目的のために特定の作業を行なうことを公認したり、あるいは、権利行使の方法についてある程度の裁量を残しつつ、それが行使される意図をもって権利を授与したりする場合に関しては、そのようにして授与された法定権利の実行で不可避的に生起するであろう不法妨害や損害に対しては、コモン・ローにもとづいて訴訟を起こすことはできない。損害を生む行為が、公共目的のために認可されたのであろうと、私的利潤のために認可されたのであろうと、この点は同じである。英国議会から権利授与の権限を委譲された個人によって授与された権利のもとでなされる行為、たとえば商務省が定める暫定命令にもとづいてなされる行為は、法定権限のもとに実行されたものとみなされる。過失がないかぎり、別のやり方で行動したならば損害は最小限に抑えられただろうというだけの理由では、法定権利を行使する主体が行為の責任を負わされることはないと思われる。

それに続いて、公認された行為についての責任からの自由に関して、諸事例が列記される。

以下の諸点に関しては、過失のないかぎり、法定権利を行使した主体が起訴されることはないと考えられてきた。すなわち、水路・送水管・排水溝・運河から溢れた水による土地の浸水、下水道から漏れだす悪臭、下水汚物の漏れ、下水道上部の道路の陥没、鉄道による振動や騒音、公認された行為による出火、廃液放出の前に知り得る最善の方法で浄化を行なうべしとの法的要請が守られている河川の汚染、電車による電信電話システムの混線、電車のための心土への電柱の差し込み、公認された作業の掘削に正当に必要と判定される事柄から生ずる不都合、車道に格子蓋を置くことで引き起こされる偶発的損害、タール酸の漏れ、歩道脇のバス待合所やガードレールによる建物正面への出入りの妨害。(27)

合衆国での法的状況も、本質的にはイングランドにおけるのと同じと思われる。ただし、立法府が有する権限、すなわち、コモン・ローのもとでは不法妨害となったはずの事柄を法律上正当であると認定する権限は、少なくとも危害を受ける個人への補償が行なわれない場合には、憲法による制約のために、合衆国でのほうがいくらか強めに制限されている。(28)そうした違いがあるとはいえ、権限はそこにも存在しているのであって、イングランドの訴訟事件と多かれ少なかれ同種の事件が見いだされる。空港と航空営業との関連では、この問題が尖鋭な形態をとって現われている。その格好の例が、デルタ航空対カーシー事件(Delta Air Corporation v. Kersey) とカーシー対アトランタ市事件 (Kersey v. City of Atlanta) である。(29)カーシーが土地を手に入れて、そこに家を建てた。それから数年して、カーシーの土地とすぐに接する場所にアトランタ市が空港をつくった。多くの悲惨な実態を含みつつ、事の次第が以下のごとく説明された。彼の土地は、「空港が建造されるまでは、静かで穏やかな、住まうにはちょうどよい土地であったが、しかし空港が運営されるようになって生じた粉塵や騒音、それに飛行機による低空飛行は、彼の土地を住まいとしてはふさわしくないものにしてしまった」。裁判官は、まずはじめに、かつて争われたスラッシャー対アトランタ市事件（Thrasher v. City of Atlanta）の判例を照会した。[30]そこには、アトランタ市が空港経営についての特別の認可を得ていたことが指摘されていた。

この公的認可により、航空運営は合法的業務であり、かつ公益を促す事業と認められた。……法の企図する方法で［空港を］利用するすべての個人は、市当局によって与えられたこの公的認可の保護と免責のもとにある。空港の建造や営業のあり方によって不法妨害が生じることがあるかもしれないが、しかし空港それ自体が不法妨害であるわけではない。

航空運営は公益を促す合法的事業であること、および空港の建設は法的に認可されたものであることを明らかにしたうえで、次に、裁判官は、ジョージア鉄道・銀行会社対マドックス事件（Georgia Railroad and Banking Co. v. Maddox）を照会する。[31]その判例には、以下の事柄が述べられていた。

法定権限のもとに、鉄道の終点操車場の位置が決められ、かつ、その建設が認可された場合には、適切な方法でそれが建造され運営されるのであるかぎり、それが不法妨害であると判決されることはあり得ない。それゆえ、機関車の騒音や車両の移動、これによって起こる振動、煙・灰・すすなどは、そうした操車場の正常かつ必要な、したがって適切な使用と運用から生みだされるものであり、これによってそうした操車場付近で暮らす個人が受ける損害や不便さは、不法妨害ではない。そうではなく、授与された公的認可の必然的な付随物である。

こうした観点に立って、裁判官は次のように判決を下した。すなわち、カーシー氏によって提訴された騒音と煤煙は「空港固有の営業に付随して起こるものと考えられるのであって、それが不法妨害を構成するとはいえない」と。ただし、低空飛行に対する申し立てについては、事情が異なる。

……生命と健康にとって……甚だ危険となるほどに低空の［カーシー氏の家の二五から五〇フィートの高さの］……飛行は、……空港の必然的な付随物であるといえるのか。この問いに対して、われわれは肯定的に答えられるとは思わない。そのような低空飛行を必要としないほどに……［十分な広さの］土地を手に入れることが市当局にできない理由は見当たらない。……隣接する土地の所有者は、公共の利便のために、空港の正常かつ適正な運営の結果として生じる騒音や煤煙による不便さを我慢しなければならないが、ただし、この不便さへの要請が適正に建造され運営される空港によって求められるものでない場合には、法の目から判断して、これら土地所有者の私的権利に優先権が与えられる。

もちろん、ここでは、低空飛行を禁止されても、アトランタ市は空港を運営し続けることができるものと想定されている。裁判官は、それゆえ、次のような補足を付け加える。

すべての状況から見て、低空飛行の原因となる諸条件は改善されるだろう。しかし、この改善の試みのなかで、この空港が現在の条件下で運営され続けることが公益にとって欠くべからざることが判明するのであれば、請願者は差止命令による救済を拒否されるべきだということになるかもしれない。

もうひとつの航空業関係の訴訟事件、スミス対ニュー・イングランド航空機会社事件(32)(Smith v. New England Aircraft Co.)において、裁判所は、不法妨害を法的に正当と認定する際に、根拠とされる合衆国内の法律をサーベイしている。明らかに、その結果は、大体のところ、イングランドで見いだされたものときわめて類似したものになっている。

以下は、警察力を行使するときに政府立法部局がもつ固有の機能である。すなわち、新しい発明を利用する際に生ずる問題や危険を詳しく検討すること、公共の福祉のために、包括的法令にもとづき、私的権利を調整し対立しあう利害を調和させるよう努めること。……これは、……次のケースと類同である。つまり、騒音、煤煙、振動、粉塵、不快な臭気などが土地の上部の空域へ侵入し、そのため土地と市場価値が幾分損なわれるとしても、それが政府の立法部局によって公認されたものであり、事実上、土地収用が申し渡されない場合には、その土地の所有者は、補償や改善を受けることなしに、これを我慢しなければならない、というケースである。法にもとづく認可は、それがなければ不法妨害となったかもしれないような事柄を、合法のものとする。そうした諸例は、鉄道操業からの煤煙・振動・騒音による隣接する土地での損害……、工場のベルが鳴り響く音……、有害物の除去……、蒸気エンジンや溶鉱炉の建設……、下水道・製油所・ナフサ貯蔵所からの悪臭……、といったものである。

ほとんどの経済学者は、こうした点を必ずしも完全には理解していないように思われる。頭上の（公的に認可され、おそらく公的に運営されているであろう）ジェット機の轟音で夜の眠りを妨げられ、（公的に認可され、おそらく公的に運営されているであろう）列車が通過するときの騒音や振動で昼間の思考（ないし休息）ができなくなり、（公的に認可され、おそらく公的に運営されているであろう）汚水処理場からの悪臭で呼吸が困難になり、（明らかに公的に設置された）道路の障害物で通行を塞がれ行き場がなくなったりすると、彼らの神経はすり切らされ、精神のバランスはかき乱されて、彼らは、私企業が生む不利益と政府規制の必要性について、熱弁を振るい始める。

ほとんどの経済学者は、自己の取り扱おうとする状況の特徴を誤って理解しているように見受けられるが、その一方で、中止や縮小を期すべきだと彼らの考える活動が、社会的に正当化されることもあり得る。結局、問題の所在はすべて、有害な影響を除去することで得られるはずの利得を、その継続を容認することで得られるはずの利得と、比較秤量することにある。もとより、政府の経済活動の拡大は、しばしば、不法妨害活動を望ましい水準をはるかに超えて保護する結果をもたらすこともある。これは、確かに、ありそうなことである。その一つの理由としては、政府は政府自身で進めている事業を温情的に眺める傾向があることを指摘できる。もう一つの理由としては、公営企業が不法妨害を犯している場合には、民営企業が同じことをしている場合よりもはるかに気楽な立場で、このことを説明できることがあげられる。最高法院長サー・アルフレッド・デニング（Sir Alfred Denning）は、次のように語っている。

……今日の社会革命における重要な点は次にある。すなわち、かつての見方は、財産権と契約の自由にかなりの重きが置かれたのに対して、今日では、公共の善について固有の場所を与えるために、議会が繰り返し介入するようになったことである。(33)

ほとんど疑うまでもなく、福祉国家は損害賠償責任の免責を拡大する傾向にある。もっとも、これまで経済学者たちは、損害賠償責任が免責されることについて非難することを習慣としてきたのではあるが（ただし、彼らは、損害賠償責任の免責を、経済システムへの政府介入が過小なことの証とみなす傾向があった）。たとえば、英国では、地方官庁の権限は、絶対的か、条件付きかの、いずれかと考えられてきた。最初のカテゴリーの場合には、地方官庁は、授与された権限を行使するとき、一切の裁量をもたない。「この絶対的権限は、その直接の施行にともなうすべての必然的帰結を、たとえそうした帰結が不法妨害になったとしても、カバーするといってよい」。他方、条件付きの権限は、その帰結が不法妨害を構成しないような方法を用いてのみ、行使できるにすぎない。

ある権限が絶対的か条件付きかを決定するところに、立法府の目的がある。……立法府の社会政策は時とともに変化する可能性がある。［したがって］ある時代には条件付きと解釈された権限が、他の時代には、福祉国家の政策を推し進めるため絶対的と解釈されることがあるかもしれない。この点は、不法妨害法のこの側面を取り扱った古い時代の

判例などを検討するときには、心にとどめておくべきことである。(34)

長きにわたった本節の荷を下ろし、主たる論点を要約しておくのが望ましいだろう。有害な影響を与える活動を取り扱うときに直面する問題は、たんに、こうした活動に責任をもつ人々を制止しさえすれば済むというものではない。決定しなければならないのは、その危害の防止で獲得される利得が、危害を生む行為の中止の結果として他のどこかで負担されることになる損害よりも、大きいかどうかである。法的システムによって定められた諸権利を再配置することに費用が必要となる場合には、不法妨害に関する訴訟において、裁判所が、事実上、この経済問題の決定を行ない、かつ、資源をいかに使用すべきかを裁定している。この節では以下のことが論じられた。すなわち、裁判所は、いま述べた点を認識しているということ、および、裁判所は、必ずしもつねにはっきりと明示する形をとるわけではないが、有害な影響をもつ行動を禁じることによって、何が得られ、何が失われるかを、しばしば比較検討しているということ、である。しかしながら、権利の境界画定は、法規定の結果であることもある。本節ではまた、問題の双方的性質が正しく認識されていることの証左も明らかにされた。法規定は、不法妨害のリストを増やしもするが、その一方で、コモン・ローのもとでは不法妨害とされる事柄を、法律上正当と認定させる場合もある。経済学者が政府による強制的介入を必要とすると考えがちな状況が、実のところは、政府活動の結果であることも稀ではない。そうした政府活動は、必ずしも不得策とはかぎらない。ではあるが、経済システムへの政府の大規模な介入は、有害な影響に対して責任をもつべき人々を必要以上に保護してしまうという、真の危険を孕むものでもある。

8　『厚生経済学』でのピグーの分析

この章で議論されている問題の現代経済分析の源泉は、ピグーの『厚生経済学』、とりわけ、この書の第二部の社会的純生産物と私的純生産物との乖離を取り扱った箇所にある。こうした乖離が生ずるのは、

ある個人Aが、代金の支払いを受けて、第二の個人Bに対して何らかの便益を提供する際、それに付随して、他の個人（そうした便益の生産者ではない個人）に対してもサービスもしくは損害（ディスサービス）を与え、しかもその便益を得ている当事者に支払いを強要することができないとか、あるいは、被害を受けている当事者のために補償を強制することができない、といった種類のことが起こる[35]

ことが原因である。

『厚生経済学』の第二部における彼の目的は、ピグーの語るところでは、利己心の自由なふるまいは、それが現存の法的システムのもとに機能する場合、どの程度まで、多額の国民利益(ナショナル・デイヴィデンド)の生産に最も有利となるように、この国の資源を配分する傾向をもつのか。また、どの程度まで、国家活動にとって「自然的」傾向を改善することは可能であるのか。これらの点をはっきりとさせること[36]にある。この表明の最初の部分を読むと、ピグーの目的は、資源利用を決定する既存の配置のなかで、改善を行なうことが可能かどうかを明らかにすることにあるのだと、われわれは判断する。改善は可能だというのがピグーの結論である。それゆえ、われわれは、そうした改善のために要求される変更について、ピグーが、引き続き詳しく説明してくれるものと期待する。にもかかわらず、ピグーが書き加えるのは、「自然的」傾向と国家活動とを対置させる文章である。それによれば、ある意味で、現存の配置は「自然的」傾向と同一視されているようであり、そしてまた、改善を実現するため要求されるのは(それが実行可能だとすれば)国家活動であることが含意されているようにもみえる。これが、多かれ少なかれ、ピグーの立場だということは、第二部の第一章をみれば明らかである[37]。ピグーは、この文章を、「古典派経済学者の楽観的な追随者たち」[38]の次の主張に言及することから書き起こす。それは、政府が経済システムへの干渉を差し控え、かつ、経済的配置が「自然的」に生じた配置であるならば、生産物価値は最大化されるであろうとする主張である。それに続けて、ピグーは、利己心が経済的厚生を増進するというのが事実だとすれば、その根拠は、人間の制度が利己心をそのようなものにするために工夫されてきたからだと指摘する（ピグーの主張のこの部分は、キャナン［Cannan］からの引用に依拠しつつ展開されたものだが、本質的にみて正しい主張であると私には思われる）。最後に、ピグーは、次のように結論づける。

しかし、たとえ最も進歩した国家でも、そこには失敗や欠陥はある。……社会の資源が……最も効率的に……配分されることを妨げる障害は、数多く存在する。これらを研究することが、われわれの当面の課題である。……われわれの研究の目的は、本質的にいって、実践的なものである。それが目指すのは、市民全体にとっての経済的厚生、ひいては厚生全般を増進するために、政府をして、現時点ないしは将来のいずれかの時点において、経済的な諸力の働きを制御することを可能にさせるいくつかの方法を、より鮮明な光のもとに引き出すことにある。[39]

ピグーの基本的な考え方は、以下のように整理できると思われる。ある者は、国家活動はまったく不必要であると主張する。しかし、そのシステムは、国家活動のゆえに機能してきた側面もある。しかしながら、依然として欠陥は存在している。それでは、国家には、いかなる追加的活動が要請されるのか。

以上がピグーの見解の正しい要約であるとすると、その見解が実は不適当であることが、私的生産物と社会的生産物との乖離について彼が与えた最初の事例を吟味することによって、証明できる。

たとえば鉄道機関車の火の粉で周囲の森林が被る補償されない損害のように、直接には関係のない人々に費用がかかってくる……ということが起こるかもしれない。任意の用途や場所へ振り向けられる任意の量の資源の限界的追加分が生みだす社会的純生産物を計算する際に、そうした影響のすべて——そのうちの一部は社会的純生産物を増加させ、他のものは減少させる要因となろう——が、考慮に加えられねばならない(40)。

ピグーの用いたこの事例は、現実の状況を参照したものである。英国では、普通、鉄道会社は、機関車の火の粉で生ずる火災によって損害を被る人々に補償する必要がない。第二部の第九章でピグーが述べる事柄との関連でいえば、彼の政策的勧告の要点は、私の理解では、まず第一に、この「自然的」状況を是正するために国家活動が発動されるべきだということ、そして第二に、鉄道会社は森を焼かれた人々を補償するように強制されるべきだということ、にある。これがピグーの見解の正しい解釈であるとすると、以下で論じたいのは、彼の第一の勧告は事実の誤認にもとづくものであり、第二の勧告は必ずしも望ましいとはかぎらない、ということである。

まずは、この問題に関する法的状況を考えてみることにする。『ホールズベリのイングランド法』には、「機関車からあがる火の粉」の見出しのもとに、次のような文章がみえる。

鉄道事業者が明示された法的認可を受けずに蒸気機関車を使用する場合には、彼らの側での過失のいかんを問わず、この事業者は機関車の火の粉で生ずる火災に対して責任を負う。しかし一般には、鉄道事業者は、蒸気機関車の使用について法的認可を与えられている。それゆえ、科学的な防火措置をもって機関車が設計・建造され、かつ、過失なくそれが使用されているのであれば、鉄道事業者は、コモン・ローのもとに、火の粉で生じ得るすべての損害に対して責任を負わない。……鉄道事業者には、機関車を設計・建造するにあたって、損害の起こりやすさや改善にともなう費用と便益を適切に考慮するだけでなく、科学がこれまでに獲得してきた危害防止のためのすべての発見を、その採用の要求が合理的と考えられるかぎりにおいて、利用しなければならないと義務づけられている。ただし、鉄道事業者が、その有効性が善意の不審 (*bona fide* doubt) とされるような装置の利用を拒絶したとしても、これは彼の側の過失とはならない。

この一般規定には例外規定も存在する。それは一九〇五年に制定され、一九二三年に改定された鉄道(火災)法にもとづく。これは、農業用地ないし農産物に関係した規定である。

こうしたケースでは、法定権限のもとに機関車が使用されているという事実をもってしても、鉄道会社は損害を生みだす行為の責任を免れることはできない。……ただし、これらの規定が適用できるのは、賠償請求額が……二〇〇ポンド〔一九〇五年法では一〇〇ポンド〕を超えることがなく、損害発生から七日以内に火災発生と賠償請求の告知書が鉄道会社へ送付され、二一日以内に二〇〇ポンド未満の請求金額を記した損害明細書がこの会社へ送付される場合にかぎられる。

農業用地は荒地や建物を含まず、農産物は離れた場所へ移されたものや積み重ねられたものを含まない。[41] この例外規定に関する議会審議の歴史について私はそれほど詳しく調査しているわけではないが、一九二二年と一九二三年における下院の討議報告書をみると、例

外規定は小規模農家の保護のために設けられたと思われる。(42)

さてここで、ピグーがとりあげた事例、すなわち鉄道機関車の火の粉で周囲の森が被る補償されない損害、に戻ろう。その事例のねらいは、おそらく、「国家活動にとって「自然的」傾向を改善すること」はいかにしたら可能か、という点を明示することにあったと思われる。もしピグーの事例を一九〇五年以前の事情に当てはまる事例として解釈し、あるいは、任意の事例として解釈する場合には（ただし、後者の場合には「周囲の森」という代わりに「周囲の建物」といわなければならないだろうが）、補償金が支払われない理由は、明らかに、鉄道会社が蒸気機関車を運行する法的認可を得ていた（そして、その認可によって、火の粉で生じた火災の責任を免除されていた）ことにある。これが法的状況であったことは、不思議なことに、一八六〇年の鉄道による周囲の森の火災に関する判例で確定されており、(43)しかも国有化を含む鉄道規制の一世紀の期間中、この点に関する法律は（一件だけの例外はあるが）変更されていない。もしピグーの事例「鉄道機関車の火の粉で周囲の森が被る補償されない損害」を文字どおりに受けとって解釈し、かつ、これが一九〇五年以後の時期に当てはまる事例とみれば、補償金が支払われなかったのは、その損害額が（『厚生経済学』第一版の時期ならば）一〇〇ポンドを超えていたか、（それ以降の版ならば）二〇〇ポンドを超えていたか、その森の所有者が火災発生から七日以内に書面でその事実を鉄道会社に告知することを怠ったか、あるいは、二一日以内に書面で損害明細を送付することを怠ったか、これらのどれかの理由のためであったに違いない。現実の世界でピグーの例が生ずるのは、立法府によって意図された選択の結果としてのみ、あり得ることにすぎない。他方、自然状態での鉄道建設というものを想像することも、もちろん容易ではない。それに最も近いのは、おそらく、「明示された法的認可なしに」蒸気機関車を使用する鉄道会社のケースだろう。この場合には、しかしながら、鉄道会社は森を焼かれた人々を補償する義務を負うことになる。すなわち、政府活動がなくても、補償金は支払われるのである。補償金が支払われない唯一の状況は、政府活動が存在する場合である。ピグーが補償金支払いを望ましいことと考えていたのは明らかであるが、そういう考えをもつ彼が、「国家活動にとって「自然的」傾向を改善すること」はいかにしたら可能かを証拠立てるために、わざわざこうした特別な事例をとりあげるのは、理解に苦しむところである。

状況のこうした事実関係を、ピグーは誤って理解していたのだと思われる。しかし、それだけでなく、経済分析にあたっても、彼は誤りを犯していたようである。鉄道会社は、機関車の火の粉を原因とする火災で損害を被る人々を補償すべきであるということは、必ずしも、つねに望ましいとはかぎらない。ここで改めて説明するまでもないが、鉄道会社が、線路わきに財産を所有するすべての人々と交渉できるならば、こうした交渉に費用がかからないかぎり、火災による損害に対して鉄道会社が責任をもつかどうかは問題とならなない。この点は前の節でかなり詳しく検討している。問題は、費用が膨大なためにこうした交渉が実行できないときであり、この場合に、鉄道会社に責任を負わせることが望ましいかどうかである。ピグーが補償金支払いを鉄道会社に強制するのは望ましいと考えていたのは明らかであり、また、いかなる論拠にもとづいてピグーがこうした結論にいたったのかも容易に想像できる。次のケースを考えてみよう。鉄道会社が、その選択として、列車を追加して走らせるか、それとも、既存の列車のスピードをあげるか、あるいは、スパーク防止装置を既存列車の機関部に設置するか、その検討をしているとしよう。この場合、もしも鉄道会社に火事の損害に対する責任がないとすると、鉄道会社は、この選択に決定を下す際に、列車を追加したり、スピードをあげたり、スパーク防止装置を設置しなかったときの損害の増加分を、費用としては考慮しないであろう。これが、私的純生産物と社会的純生産物の間に乖離を生じさせるもとである。その結果、この鉄道会社は、総生産物価値を低下させる行動をとることになる。——この行動は、鉄道会社が損害責任を負うとしたら、とることのなかった行動である。数値例でこの点は示し得る。

次の例を考えよう。機関車の火の粉で発生した火災による損害に対して責任を問われることなく、ある路線の上で一日二台の列車を走らせている鉄道会社があるとする。鉄道会社は、一日一台の列車の運行では年間一五〇ドルに相当する価値の運輸サービスを達成でき、一日二台の列車の運行では年間二五〇ドルの価値をもつサービスを生産できるものとする。さらに、一台の列車の走行費用は年間五〇ドル、二台の場合には年間一〇〇ドルと仮定する。完全競争のもとでは、この費用は、生産要素がこの鉄道会社に追加的に雇用されることから生ずる他のどこかでの生産物価値の減少分に等しくなる。明らかに、鉄道会社は一日二台の列車の走行が有利だと考えるだろう。しかし、ここで、一日一台の列車の走行によって、火災で六〇ドル（年平均）相当の農産物が駄目になり、一日二台の列車では、一二〇ドルの価値の農産物が駄目になるとしてみよう。こうした状況にあっては、一日一台の列車運行は、総生産物の価値を増加させるであろうが、一日二台の列車運行は、総生産物の価値を減少させてしまう。二台目の列車は、年あたり一〇〇ドルの価値をもつ追加的運輸サービスを達成可能とする。ところが、他のどこかで生ずる生産物価値の減少分は、年あたり一一〇ドル、つまり、生産要素の追加的雇用の五〇ドル、プラス、農産物に与える追加的損害の六〇ドル、となる。二台目の列車は運行されないほうが望ましく、しかも、鉄道会社が農産物損害の責任を負っていれば、列車は確かに運行されることはない。こうして、鉄道会社は損害責任を負うべきであるとの結論は、否応なしに受け入れられねばならないようにみえる。これがピグー的立場の基本的論拠であることは疑う余地がない。

二台目の列車は運行されないほうが望ましいとの結論、これは確かに正しい。しかし、鉄道会社はそれが引き起こした損害に責任を負うべきであるとの結論は、誤っている。いま、責任ルールに関するわれわれの前提を変更し、鉄道会社は、機関車の火の粉で発生した火災の損害に対して、責任を負っていると想定しよう。線路沿いに土地をもつ農家は、この場合、鉄道で発生した火災のために収穫が駄目にされたときには、市場価格分の賠償金を鉄道会社から受け取ることができ、また収穫が駄目にされないときには、これを市場で販売することで、市場価格分の収入を得ることができる。このように、農家の収穫が火事で駄目になるかどうかは、農家にとっては、どちらでも構わない問題である。ところが、この状況は、鉄道会社に責任がない場合とくらべると、著しく違っている。鉄道会社に責任がないときには、鉄道が原因で発生した火災による損害は、農家の受取り分を必ず減少させる。農家はそれゆえ、損害がその土地の純収益を上回る場合には、(第3節で詳しく説明した理由によって)その土地の耕作を放棄するだろう。こうして、制度が変更され、これまで損害責任を問われなかった鉄道会社が責任を問われるようになると、そのことによって鉄道沿いの土地の耕作面積は増加する可能性がある。もちろん、こうした制度変更は、鉄道が原因で発生する火災による損害を増加させるものでもある。

われわれの数値例に戻ろう。仮定として、責任ルールの変更によって、鉄道が原因で発生する火災による損害額が二倍になったものと想定する。つまり、一日列車一台の運行では、毎年一二〇ドルの価値の農産物が駄目になり、一日二台の列車では、二四〇ドルの価値の農産物が駄目になると想定する。鉄道会社が損害賠償として年間六〇ドル支払わねばならないとすると、先にみたように、二台目の列車を運行させることは利益をもたらさなくなる。年間損害が一二〇ドルであれば、二台目の列車の運行による損失は六〇ドルだけ増加したことになる。しかし、ここで考えたいのは、一台目の列車である。一台目の列車によって供給される運輸サービスの価値は一五〇ドルであり、この列車の運行費用は五〇ドルである。さらに、鉄道会社が損害賠償金として支払わねばならない金額は一二〇ドルである。かくて、一台の列車も運行しないのが一番よいことになる。われわれの例での数値を前提にすると、結局のところ、次の結論に行き着くことになる。つまり、鉄道会社が火災損害の責任を問われないならば、一日二台の列車が運行されることになり、他方、鉄道会社が火災損害の責任を問われるのであれば、列車運行は完全に中止されてしまう。この結論は、鉄道会社は存在しないほうがよいということを意味するのだろうか。これに答えるためには、次の問題を検討する必要がある。それは、火災に対する鉄道会社の損害責任を免除して、この会社が（一日二台の列車をもって）営業することを認めたとすると、総生産物の価値はそれによってどう変化するか、である。

一日二台の列車運行によって、二五〇ドルの価値の運輸サービスが供給できるようになる。と同時に、この操業のための生産要素投入によって、他のどこかでの生産物価値は一〇〇ドルだけ減少する。さらに、この操業で一二〇ドルの価値の農産物が駄目になる。列車運行のために、一部の土地は耕作を放棄されもするだろう。われわれが知っているように、この土地が耕作されていたとしたら、火災で駄目になる農産物価値は一二〇ドルになっていたはずであるし、また、この土地の収穫がすべて駄目になることは起こりそうにない。したがって、この土地から収穫される農産物価値は、これよりも大きな額になっていたとみるのが合理的と思われる。そこで、この価値額を一六〇ドルと仮定しよう。ところで、土地の耕作が放棄されることで生産要素が解放され、他のどこかで利用できるようになる。われわれに知り得るのは、他のどこかでの生産物価値の増加分が、一六〇ドルよりも少ないということでしかない。そこで、その額を一五〇ドルとしておこう。以上をまとめると、鉄道操業による利得は、二五〇ドル（運輸サービスの価値）マイナス一〇〇ドル（土地耕作の放棄による収穫物価値の減少額）プラス一五〇ドル（生産要素の解放による他のどこかでの生産物の価値）となる。結局のところ、総生産物の価値は、鉄道操業によって二〇ドルだけ増加する。ここで用いた数値を前提とすると、明らかに、鉄道会社には損害賠償責任を負わせないで、利益をあげて操業できるようにしたほうがよいということになる。もちろん、数値を変更すれば、鉄道会社に損害責任を負わせるのが望ましくなるケースも示し得る。私の目的としては、次のことさえ示せばよいのである。つまり、「鉄道機関車の火の粉で周囲の森林が被る補償されない損害」が存在する状況があったとしても、経済学的見地からすれば、こうした状況は、必ずしも望ましくないとはかぎらない、ということである。この状況が望ましいか否かの問題は、その状況に特有な諸事情に依存するのである。

ピグー流の分析が誤った解を与えるように思われるのは、なぜだろうか。その理由は、彼の分析がまったく的はずれであることにピグーが気づいていないと思われるところにある。分析そのものとしては正しい。しかしながら、ピグーがこのような結論を導きだしたのは、まったく非論理的である。論ずべき問題は、列車の運行を追加したり、高速で走行させたり、防煙装置を装備したりするのが望ましいかどうかではない。ここで論ずべきは、鉄道会社が原因で発生する火災で損害を被る人々を鉄道会社に補償させる制度を選ぶのが望ましいのか、それとも、そうした責任を免除する制度を選ぶのが望ましいのか、である。代替的な社会制度を比較する際、経済学者が用いるべき適切な手続きは、それぞれの制度のもとで生みだされる社会的総生産物を比較秤量することである。私的生産物と社会的生産物との比較などでは断じてない。この点は簡単な例で証明できる。交通信号のある町を考える。ある乗用車が交差点に近づいてきたが、信号が赤なので止まる。もう一方の道路には、交差点に近づいてくる自動車は一台もない。この乗用車のドライバーがたとえ赤信号を無視しても事故は起こらないし、しかも、そうしていればドライバーは目的地に早く到着できるのだから、総生産物は増加する。なぜドライバーは信号無視をしないのか。理由はこうである。つまり、信号無視をすれば、罰金を取られるかもしれないからである。

道路を横切ることの私的生産物は、社会的生産物を下回る。このことからわれわれは、結論として、信号無視に対する罰金を廃止すれば総生産物はより大きな額になるといってよいのだろうか。ピグー流の分析が指し示すのは、われわれが暮らしている世界よりも望ましい世界を想像することが可能だということである。けれども、問題なのは、それによって、システムの他の部分でより深刻な危害を引き起こすことなしに、そのシステムのある部分の欠陥を矯正することができるように、実際の制度をうまく工夫することである。

ここまで、私的生産物と社会的生産物の乖離についての一例を、かなり詳細に検討してきた。私は、これ以上、ピグーの分析体系を吟味するつもりはない。しかし、本章で考察した問題の主たる論点は、ピグーの第二類型の乖離を取り扱った第二部の第九章の部分で見いだされるものであって、ピグーがどのように彼の主張を展開しているかをみるのは興味深い。この第二類型の乖離に関するピグー自身の説明は、本節の冒頭に引用した。ピグーは、状況に区別を設け、ある個人が対価支払いを受けないでサービスを行なうケース、および、ある個人が損害(ディスサービス)を生み出し、かつ、それによって被害を受けた人々には補償が行なわれないケース、に分けている。われわれが主たる関心をもつのは、もちろん、二番目のケースである。それゆえ、煙突から排出される煤煙の問題――これは二番目のケースの「ありふれた例(44)」ないし「クラスルームの例(45)」である――が、ピグーの取扱いでは、一番目のケース(支払いなしに行なわれるサービス)の例として用いられているだけであり、二番目のケースとの関連が明示的にはまったく触れられていないのは、いささか驚きとさえいえる。(46) この点は、フランチェスコ・フォルテ（Francesco Forte）が私に教示してくれた。ピグーの指摘によれば、煙突から煙を出なくするために資源投入を行なう工場所有者は、対価支払いのなされないサービスを提供しているとされる。その章の後半部分でピグーが語るところでは、このことがもつ含意は、煤煙を排出する工場所有者に煤煙防止装置を設置させるために、この工場所有者に対して補助金を与えるべきだというにある。現代の大部分の経済学者であれば、煤煙を排出する工場の所有者には、税を課すべきだと主張するだろう。残念なことに、ピグーの論じ方に認められるこの特徴は、これまで経済学者の関心を惹いてこなかった（ただし、フォルテは別である）。煤煙問題がこれら双方の方法にもとづいて検討されていたならば、この問題の双方的性質は、おそらく、はっきりと認識されることになっていただろう。

二番目のケース（被害を受ける人々に対して補償が支払われない損害）を論じた箇所で、ピグーは次のように言う。すなわち、この種の損害が発生するのは、「市街居住区に敷地を所有する者が、その場所に工場を建設し、近隣住居の快適さを著しく壊す場合、あるいは、程度はこれほどでないとしても、向かいの住宅の日照を妨げるような仕方で、彼の所有する敷地を使用する場合、さらに、建て込んだ街の中心に建物を築くために資源を投入し、そのために隣人の空き地や遊び場が狭められて、そこに暮らす家族の健康や能率が害される場合」である、と。[47]もちろん、ピグーが、こうした行為のことを「補償されない損害」であると述べるのは、まったく正しい。しかし、こうした行為を「反社会的」[48]と述べるのは、誤りである。そうであるかもしれないし、そうでないかもしれない。必要とされるのは、こうした行為が及ぼす危害と便益とを比較秤量することである。誰かに何がしかの危害を与えるような行為に対してことごとく反対すること、こうした行為ほど「反社会的」なものは他にない。

「補償されない損害」の議論を開始するにあたってピグーがとりあげた例は、先にも指摘したように、煙突から排出される煤煙の例ではない。そうではなくて、土地を荒らすウサギの例である。「……ある土地の借地人が鳥獣保護行為をとっており、そのために、ウサギが〔繁殖しすぎて〕隣の借地人の土地を荒らす場合には、第三者に対して補償されない付随的損害が生みだされる……」。この例は大変に興味深い。といっても、それが興味深いのは、この例の経済分析が他の例の経済分析と本質的に違っているからではない。面白さの理由は、その法的状況のもつ特殊性にあり、また、権利の境界画定という純然たる法的問題のなかで経済学が果たす役割について、この例が投げかける手掛かりにある。ウサギの行為に対する法的責任の問題は、動物に対する責任という、より一般的な問題に属するものである。[49]不本意ではあるが、私はここでは、ウサギだけに議論を限定する。

さて、ウサギに関する初期の判例は、領主と領民の利害関係にかかわるものであった。というのは、一三世紀以降、食肉や毛皮をとるために、領主が共有地でウサギを放し飼いにするのが一般化していたからである。しかし、一五九七年のブールストン事件（Boulston's case）では、ある土地の所有者が隣接する土地の所有者を起訴した。起訴の理由は、被告がウサギの巣穴を作ったために、ウサギが増加して原告の小麦畑を荒らすようになった、というものであった。この訴えは、次の理由によって退けられた。

……ウサギが隣人の土地に入り込めば、隣人はただちにこのウサギを殺すことができる。なぜなら、このウサギは野生動物なのであって、ウサギの飼育場をつくった者には、このウサギを所有する権利はないからである。また、彼に所有する権利がなく、他の者が合法的に殺すことのできるウサギによって生じた損害のために、ウサギの飼育場をつくった者が罰せられることもない(50)。

ブールストンの判例は、その拘束性を継続して認められてきたものであり――ブレイ判事（Bray, J.）は、一九一九年に、ブールストンの判例が、かつて無効とされたり疑問視されたりした事実を彼は知らないと述べている(51)――したがって、ピグーのウサギの例は、疑いなく、『厚生経済学』が執筆された時点における法的状況を代表するものと考えられる(52)。また、この例において、ピグーが説明している出来事は、（ともかくも法規定という形での）

政府活動がないために引き起こされたものであり、「自然的」傾向の結果であると言い切ったとしても、真実からそれほどかけ離れることにはならない。

そうはいうものの、ブールストンの判例が法律的にみて奇異であることも確かである。この判決への嫌悪感を隠さずに、ウィリアムズ（Williams）は次のように語っている。

> 所有に基礎をおく損害責任の概念は、明らかに、家畜の侵入行為と混同する結果として得られたもので、この責任概念は、水や煤煙や汚物の排出に関する原則、およびこれについての中世の判決例のいずれとも矛盾している。……この問題を満足のいくように取り扱うためには、まずもって、あの有害なブールストン判決における教条を捨て去ることが終局の道である。……ブールストンの判決が消滅しさえすれば、これ以外の不法妨害法での支配的な原則と調和する形で、問題全体を合理的に取り扱うことができるようになる。[53]

もちろん、ブールストン事件を扱った裁判官たちは、彼らの見解がこの事件を不法妨害行為を含む事件から区別することに依拠していることを、理解していた。

この訴訟の申し立ては、石灰炉や染色工場などの建築で起こされる訴訟とは、同じものではない。後者の場合には、迷惑は、炉や工場を建てた当事者の行為から生みだされたのに対して、前者のケースでは、ウサギは勝手に原告の土地に侵入したのだから、これは当てはまらない。ウサギが彼の土地に飛び込んだときに、原告はこれを捕獲できたはずだし、それによって利益を手にもできたはずである。(54)

ウィリアムズはコメントする。

ウサギに罪があり、土地の所有者には罪はない、というのは、これまた、原始的な着想である。これは、もちろん、現代の不法妨害法のなかへ取り入れるのにふさわしい原理であるとはいえない。Aが家を建てるか木を植えるかして、そのためにBの土地に雨水が流れ出したり垂れ落ちたりしたならば、これはAが責任を問われる行為である。しかし、Aが自分の土地でウサギを飼い始め、そこからBの土地へウサギが逃げ出した場合には、これはAには責任の及ばないウサギの行為である――ブールストンの判例からは、このような一見、もっともらしい区別が導き出されてしまう。(55)

ブールストン事件で下された判決がいささか奇妙に思えることは、認めないわけにはいかない。煤煙や不快臭による損害に関しては、ある者がこの煤煙や臭気を所有しているかどうかを判定しなくても、彼にその責任の及ぶことが起こり得る。それに、ブールストン事件の判断は、他の動物を取り扱った訴訟事件では、必ずしもつねに順守されてきたわけではない。たとえば、ブランド対イェーツ事件(56)(Bland v. Yates)では、ハエが発生して近隣の家に侵入するほどに異常かつ過剰な有機肥料の貯蔵に対して、差止めを命ずる判決が下されている。この訴訟では、誰がハエを所有するのかは問題にされていない。法的な推論は、時として、いささか奇異な感を与えるものである。だから、経済学者であれば、とくに異議を唱えたいとは思わないだろう。しかし、ウィリアムズの見解、つまり、動物に対する責任(ここではとくにウサギへの責任)は通常の不法妨害法のなかで審理されるべき問題だとする見解には、これを支持するしっかりとした経済的な根拠がある。その根拠とは、ウサギを飼育する者だけが損害に対する責任を負っているからというわけではなくて、作物をウサギに荒らされる者も等しくその責任を負っているということである。それで、市場取引に費用が多くかかりすぎて特定の状況を知ることなしには権利の再配置が不可能となる場合には、ウサギの起こした隣人の財産の損害に対する責任をウサギの飼育者に負わせることが望ましいか否かは、われわれには断言できなくなるわけである。ブールストン事件の判断になぜ異議が唱えられるかといえば、それは、この規定のもとではウサギの飼育者に対して責任を負わせることがまったくできないからである。この規定は、責任ルールを一つの極端に固定するもので、経済学的観点からすれば、こうしたやり方が望ましくないのは、責任ルールをもう一方の極端に固定し、ウサギの飼育者に損害の責任をつねに負わせるやり方が望ましくないのと同じである。しかし、第7節でみたように、不法妨害法は、裁判所で事実取り扱われているように、けっして硬直的に適用されるものではなく、ある行為の効用とその行為が引き起こす危害との比較を容認するものである。ウィリアムズが述べているように、「不法妨害法は、これ全体として、対立しあう利害を調停・妥協させようとする一つの試みである……[57]」。ウサギの問題は通常の不法妨害法のなかで扱うべき問題だからといって、ウサギの引き起こす損害の責任はウサギの飼育者だけに不可避的に負わせるべきだということにはならないのである。ただし、こう述べたからといって、こうした事件で裁判所が果たす役割は、ある行為の危害と効用を比較秤量することだけにあるわけではない。また、こうした比較秤量がなされるとしても、裁判所はつねに正しい判決を下すと期待できるわけでもない。しかし、裁判所が非常に愚かしくふるまうのでないかぎり、通常の不法妨害法は、融通性のない厳格なルールを採用する場合にくらべて、おそらく、より満足のいく経済的結果をもたらすだろうと思われる。ピグーがとりあげた土地を荒らすウサギの事例は、法的な問題と経済学的な問題とが相互にどのように関連しあうかを示す格好の事例である。とはいえ、採用されるべき正しい政策は、ピグーが念頭においたものとは違うようであるが。

ピグーは、ウサギの事例のなかで、私的生産物と社会的生産物との間に乖離が存在すると結論したが、しかし、この結論に対しては一つの例外を認めている。彼は次のように付け加える。「……ただし、二人の占有者が地主と借地人の関係にあって、地代の調整という形で補償が与えられる場合には、そのかぎりでない」(58)。これは、いささか予想外の例外規定である。なぜなら、ピグーによれば、第一のクラスに属する〔私的生産物と社会的生産物との〕乖離は、主として、地主と借地人との間で満足のゆく契約を結ぶことが困難なことから派生するというのだから。実際、ウィリアムズが引用したウサギの問題に関する最近の訴訟事件では、例外なく、地主と借地人との間で、狩猟権をめぐり、論争が行なわれている(59)。ピグーは、考えられるケースを分類して、契約がそもそも不可能なケース（第二のクラス）と契約が不完全なケース（第一のクラス）に区分しているようである。そのうえで、彼は次のように述べる。すなわち、私的純生産物と社会的純生産物との間の第二のクラスに属する乖離は、

借地法に起因する乖離とは違って、任意の二人の契約当事者の間で契約関係を修正することによっては、緩和することができない。なぜかといえば、この乖離は、契約の当事者ではない第三者に対してなされたサービスないし損害によって、引き起こされるものだからである(60)。

けれども、ある行為が契約の対象とならないのは、ある契約が一般に不十分であるのとまったく同じ理由による。——つまり、そうしようとすると、費用がかかりすぎるからである。実のところ、二つのケースはまったく同じものとなるが、その理由は、契約が不十分になるのは、ある行為が、その契約によってはカバーされないからである。第一のクラスの乖離についての説明が、ピグー本来の立論のなかでどういう意味をもつのかを厳密に理解するのは困難である。ピグーは、ある特定の状況のもとに、地主と借地人の間の契約関係が、私的生産物と社会的生産物の乖離という結果をもたらすかもしれないということを示している。[61] しかし同時に、ピグーはさらに進んで、政府の強制する補償方式や地代規制が同じように乖離を生みだすことを示そうともしている。[62] さらにそのうえ、ピグーは、政府が私的な地主と同じ立場にあるとき、たとえば公共企業に対して公的認可を与えるようなときには、私的個人だけが関係している場合とまったく同じ種類の困難が引き起こされることも示している。[63] これらの議論は面白い。けれども、いかなる経済政策上の一般的結論がそれから導き出せるとピグーがみているのかは、今もって私にはわからないままである。

この章で考察したピグーによる問題の取扱いは、実際のところ、とてもつかみどころのないものである。彼の考え方を議論しようとすると、まず克服できない解釈面での困難が現われる。そういうわけで、ピグーが本当に意味したことを理解できたかどうか確信をもつことは不可能である。そうはいっても、ピグーが彼の立場を慎重に検討し尽くさなかったこと、ここに彼の曖昧さの原因があることは、奇妙にもそれが経済学者としてのピグーの名声の一因であるかもしれないとしても、否定しようがない。

9 ピグー的伝統

ピグーが展開したのと同じほどに不完全な原理が、それと同じほどの影響を及ぼし得たとしたら、これは驚くべきことである。もっとも、表現に明快さが欠けていたことも、その成功の一因ではあったろうが。とはいえ、明快ではなかったけれども、その原理はけっして明確に間違いというわけでもなかった。まったく奇妙なことに、原典のこうした曖昧さにもかかわらず、ひとつの明確な口頭での伝承が生まれた。経済学者がピグーから学びとったと考える事柄や、これら経済学者が学生に語り伝える事柄を、私はピグー的伝統(Pigovian tradition)と呼ぶのだが、この伝統は十分に明快である。私は以下に、ピグー的伝統が支持する分析とその政策的結論がともに不正確であることを証示し、そのことを通して、ピグー的伝統の不十分さを明らかにしてみたい。

一般の支配的な考え方に関する私の見解を正当化するやり方として、文献を網羅的に精査するという道はとらない。文献に詳しくあたらない一つの理由は、文献中での取扱いは、普通、非常に断片的で、しかも、しばしばピグーへの参照と若干の説明的コメントの域を出ていないので、詳細に検討しようとしても不完全にならざるを得ないからである。しかし、文献を精査しない本来の理由は別にある。それは、この原理が、ピグーを基本にするとはいうものの、大部分が口頭によって語り伝えられてきたもの、という点にある。この問題についての文献中での取扱いが乏しいということからみて驚くべきことであるが、実際、これらの問題を私と議論しあった経済学者たちは、意見が一致していた。もちろん、こうした一般的見解と意見を異にする経済学者もいるだろうが、しかしそれは、専門家のなかでもわずかな少数意見を代表しているにすぎないことは確かである。

以下では議論すべき問題に、物的生産の価値の検討を通して接近する。私的生産物とは、ある企業の特定の活動が生み出す追加的な生産物の価値のことである。社会的生産物は、この私的生産物から、他のどこかで生じた生産物の価値の低下分を差し引いたものに等しい。ただしその際、この価値低下分について、当の企業は補償支払いをしていないものとする。そこで次のケースを考えてみよう。ある企業が一〇五ドルの価値の製品をつくるには、ある生産要素が一〇単位必要（他の生産要素は不必要とする）であるが、この生産要素の保有者はそれに対する補償支払いを受け取ることなく、しかも要素使用を妨げることもできない。また、これら一〇単位の生産要素は、最善の代替的用途に使用されるときには、一〇〇ドルの価値の生産物を生み出す。以上のケースでは、社会的生産物は、一〇五ドルから一〇〇ドルを差し引いた額、五ドルとなる。さて、ここで、企業が生産要素一単位に対して支払いを行ない、その価格がこの要素の限界生産物価値〔一〇ドル〕に等しいとする。この場合には、社会的生産物は一五ドルへと上昇する。さらに、生産要素二単位に対して支払いがなされれば、社会的生産物は二五ドルへと上昇する。以下同様にして、すべての生産諸要素に支払いがなされる場合には、結局のところ、社会的生産物は一〇五ドルとなる。いささか奇妙ともいえるこの手続きを、なにゆえ経済学者は、ためらわずに受け入れてきたのか、その理由を知るのはむずかしいことではない。彼らの分析では、その焦点が個別企業の決定に絞られていて、そのために、ある資源の利用が費用に含められないならば、収入も同じ金額だけ削減されることになるのである。しかし、もちろん、これが意味するのは、社会的生産物の価値がなんら社会的重要性をもたないということである。これよりも望ましいと私が思うのは、機会費用の概念を用いて、生産諸要素の代替的な使用や代替的な取決めの下で得られる生産物の価値との比較によって、これらの問題にアプローチすることである。価格システムの主たる利点は、生み出される生産物の価値が最も大きくなるところで生産諸要素が使用されるように促すことにあり、しかも、その費用は他のシステムにくらべて安上がりだということにある（ここでは触れないが、価格システムは、所得再分配の問題も容易にする）。もっとも、何か神の手になる自然的調和といったものがあって、これを通して生産諸要素は、生み出される生産物の価値が最も大きくなるところへと流れていき、かつその際、価格システムは一切不必要、それゆえ補償支払いも一切なされないということであれば、私はそのことで度を失うよりも、むしろ驚嘆の念を抱くだろう。

社会的生産物の定義は、いささか妙なものではあるが、そうだからといって、その分析から導き出される政策上の結論が必然的に誤りというわけではない。そうはいうものの、基本的論点から注意をそらしてしまうアプローチに危険が含まれることは確かなのであって、このアプローチが今日の学説中の誤りのいくつかに対して責任を負わねばならないことは、ほとんど疑う余地がない。有害な影響を生み出す企業は、損害を被る人々を補償するように強制されるべきことが望ましいとみる信念（これは、ピグーの鉄道の火の粉の例との関連でもっぱら第8節で議論したものだが）が、代替的な社会的取決めのもとで得られる総生産物と比較せずに導き出されたものであることは、疑い得ないところである。

これと同じ誤りは、税や補助金によって有害な影響の問題を解決する考え方のなかにも見いだされる。ピグーはこの解決策をことのほか強調しているが、その主張には、例によって、詳細さを欠いておりそれを無条件に支持することはためらわれる。[64] 現代の経済学者には、もっぱら課税の視点から、非常に厳密なやりかたで思索する傾向がある。税の額は、損害の額に等しくなければならず、したがって、有害な影響の大きさに応じて変化するのでなければならない。ところが、その際、提案として、この税の収入を損害を被った人々に対して振り向けるべきだとはされていない。したがってこの解決策は、次の解決策、つまり、ある企業の行為で損害を受けた人々に補償を支払うようにその企業を強制するという解決策と同じものではない。ただし、一般的にみて、経済学者たちはこの点に注意を払ってきたとは思われず、むしろ、これら二つの解決策を同じとみなす傾向がある。

いま例として、煤煙を吐き出す工場が、それ以前には煙害のなかった地域に建造され、年一〇〇ドル相当の被害を生み出すと仮定しよう。また、課税にもとづく解決策が採用され、この工場が煤煙を排出するかぎり、年一〇〇ドルの税が工場所有者に課せられると仮定しよう。さらに、年九〇ドルの運転費用を要する煤煙防止装置を利用することも可能だと仮定しよう。こうした状況下では、煤煙防止装置が設置されるだろう。〔実際、この装置が設置されるなら〕九〇ドルの支出で一〇〇ドルの損害が回避でき、工場所有者は、年一〇〇ドルの便益を得ることができるのである。ところが、それによって達成される状態は、最適ではないかもしれない。いま、損害を被っている人たちは、他の場所へ移動したり、様々な予防措置を実行することで、損害を避けられると考えてみよう。ただし、そのためには、年四〇ドルの費用ないし所得損失がともなうものとする。この場合、工場が煤煙を排出し続けても、この地域の人々が他の場所へ移動したり、あるいは、損害回避のために他の調整を実行するならば、五〇ドルの生産物価値の増大が見込める。もしも工場所有者が、生じた損害に等しい額の税を支払わねばならないのであれば、その場合には二重の税体系を設けることが明らかに望ましい。つまり、損害を避けるために、この地域の住民にも課税して、工場所有者（ないし彼の生産物の消費者）に賦課される追加的費用に等しい金額を支払わせるのである。こうした条件のもとでは、人々は、この地域で暮らすことを放棄したり、あるいは、損害発生の予防のための他の方法を実行したりすることの費用が、生産者が損害削減のために負担しなければならなくなる費用よりも少ないかぎりは、そうするであろう（もちろん、生産者の目的は、税支払いを減らすことほどには損害削減に重きを置くものではない）。生産者だけに損害発生の税を課す税体系のもとでは、損害防止の費用が過度に高められる可能性がある。もちろん、この事態を避けるには、課税ベースを、発生した損害の額ではなくて、煤煙の排出で発生する（最も広い意味での）生産物価値の低下分に置けばよい。しかしながら、そうするためには、個人の選好についての詳しい知識が必要になる。私には、こうした税制に必要となるデータがどのようにして収集されるのか、想像することができない。実際のところ、煙害やその他の類似の問題を税を用いて解決しようとする考え方には困難が山積しており、計算の問題、平均損害と限界損害の区別、様々な財産に及ぶ諸損害の相互関係等々の難題がある。しかし、ここでこれらの諸問題を検討する必要はないだろう。私の目的にとっては、次のことを示しておけば十分である。それは、たとえ課税が、追加的な煤煙排出で近隣財産に加えられる損害に等しくなるように厳密に調整されたとしても、この課税によって最適な状態がもたらされるとは限らないことである。煤煙を出す工場の近隣に暮らす人々の数や事業をそこで行なう企業の数が増加すると、一定量の煤煙の排出によって生み出される危害の量も増加するだろう。したがって、課せられる税は、近隣の人口が増加するに応じて、増加することになる。その結果として、その工場で雇用されている生産要素からつくりだされる生産物の価値は低下してしまう可能性がある。そうなる理由は、その生産要素が、課税による生産縮小のために、他の箇所でより価値の乏しい方法で使用されるようになったり、排出される煤煙の量を縮小する手段の生産のために転用されるようになったりするためである。しかし、この工場の近隣で暮らす決定をする人々は、そこでの彼らの存在が原因で生ずるこの生産物の価値の低下分を、考慮に加えようとはしないだろう。他人に負担される費用を考慮し損なう失敗は、煤煙の排出で生み出される危害を考慮に加えない工場所有者の行為と、ちょうど同等なものである。税が課されない場合には、工場の近隣には、過剰な煤煙と過少な人口が存在することになる。ところが、税が課されるときには、工場の近隣には、過少な煤煙と過剰な人口が存在することになる。いかなる理由をもってしても、これらのいずれか一方だけを必然的に好ましいと判定することはできない。

次の提案に含まれる類同の過誤を、多くのスペースを割いて議論する必要はないだろう。それは、煤煙を出す工場は、区域規制によって、煤煙のために有害な影響が生じている区域から移転されるべきであるとする提案である。工場の立地変更が生産量の減少を招くときには明らかに、この事実を考慮して、この生産量の減少と、この工場が元の位置に留まっていたとしたら生じたはずの損害とを、比較秤量する必要がある。こうした規制の目的は、煙害を消滅させることにあるのではない。むしろ、その目的は、最適な煙害の水準、すなわち生産物の価値を最大化する煙害の水準を、保証することにある。

10　アプローチの変更

私は、経済学者が有害な影響への対処についてなぜ正しい結論に到達することに失敗したかの理由を、単純に分析上の若干の過誤に帰してしまうことはできないと考える。この失敗は、厚生経済学の問題への現代的なアプローチに含まれる、基本的欠陥のために生み出されたものである。必要なことは、問題へのアプローチを変更することである。〔第一に〕私的生産物と社会的生産物との乖離にもとづく分析は、その注目点をシステムの特定の欠陥に集中させ、この欠陥が除去できるならどのような方法でも必然的に望ましいとする見方を助長しがちである。このような分析は、欠陥を除去する方策に必ず随伴するシステムの他の変化から目をそらせてしまう。随伴するこの変化は、最初にあった欠陥よりも、もっとひどい損害を生み出すかもしれない。本章のこれまでの節で、われわれは、たくさんのそうした事例を見てきた。けれども、こうした方法でないと問題にアプローチできないわけではない。経済学者は、企業の問題を研究する際、よく機会費用にもとづくアプローチを用い、生産諸要素のある所与の結合から得られる収益を、代替的な事業計画〔から得られる収益〕と比較することを慣行としている。経済政策の問題を取り扱うにあたっても、同様のアプローチを採用するのが望ましく、代替的な社会制度によってもたらされる総生産物を比較することが望まれよう。この章での分析は、経済学のこの分野では一般的になされていることだが、市場で評価された生産物価値の比較だけに限定されていた。しかしもちろん、経済問題の解決のために、様々な社会制度のなかから選択をするときには、市場評価よりもっと広い視点からその選択はなされるべきことが望ましく、また、これらの社会制度が及ぼす人間生活のあらゆる側面への全体的効果が考慮に加えられるべきことが望ましい。フランク・H・ナイトがしばしば強調したように、厚生経済学の諸問題は、究極的には、審美学と道徳の考察のなかへと発展的に解消されていかなければならない。

本章で議論した問題の通常の取扱いの第二の特徴点は、分析が、自由放任状態とある種の理想世界との比較によって進められるところにある。比較される二つの対象の性質がはっきりとしていないので、このアプローチでは思索が曖昧になってしまうことは避けようがない。自由放任状態のもとでは、貨幣制度や法制度あるいは政治制度は存在するのか、もし存在するなら、それはどのようなものであるのか。理想世界には、はたして貨幣制度や法制度あるいは政治制度は存在するのか、そして、存在するなら、それはどのようなものとなるのか。これらの疑問に対する回答はすべて神秘に包まれており、人はだれでも好きなように結論を引き出すことができる。実際のところ、自由放任状態と理想世界との定義がたまたま同じになる場合を別にすれば、理想世界が自由放任状態よりも望ましい状態であることを示すのに、分析はまず必要とされない。こうした議論の大部分は、しかしながら、経済政策の問題にとっては筋違いのことである。なぜなら、われわれがどんな理想世界を心に抱くにしても、明らかなことだが、われわれが暮らしている世界からこの理想世界へといたる方法は、いまだ発見されていないからである。より望ましい接近の方法は、次のようなものであろう。つまり、まず現にある状況の近似状況を分析することから開始する。次いで、提案された政策変更の効果を検討し、続いて、新たな状況が、全体として、当初の状況よりも良くなったか悪くなったかの判定を試みる。このような方法をとるならば、政策上の結論は、現実の状況と何ほどかは関係をもつものとなるだろう。

有害な影響の問題を取り扱う満足のいく理論を展開することに失敗した最後の〔第三の〕理由は、生産要素についての誤った概念設定に由来するものである。これは、普通、〔一エーカーの土地、一トンの肥料といった〕企業家が獲得し利用する物的実体として捉えられており、何らかの〔物理的な〕行為を遂行する権利としては捉えられていない。われわれは、土地を所有し、これを利用する人のことを、生産要素と呼ぶことができる。ただし、土地の所有者が実際に所有しているのは、一連の限定された諸行為を実行するための権利である。土地所有者のもつこうした権利は、無制限なわけではない。土地所有者にとって、たとえば土地を切り出して他の場所へ移動させるといったことは、つねに可能とはかぎらない。また、彼にとって、一部の人々に対して「彼の」土地を使用させないようにできても、他の人々に対してはそうはいかないかもしれない。たとえば、ある人々は、彼の土地を横切って通行する権利をもっているかもしれない。さらに、その土地の上に特定タイプの建物を築いたり、特定植物を植えたり、特定の排水システムを設けたりすることは、できる場合もできない場合もある。政府規制によってこうしたことが起こるのだとは、簡単に言いきれない。これはコモン・ローのもとでも等しく成立する。実際、このことは、どのような法制度のもとでも成立するだろう。個人の権利に制限を課さない制度とは、そもそも獲得できる権利など存在しない制度のことである。

生産要素を権利として捉えるならば、(煤煙、騒音、悪臭などを生み出す)有害な影響をもった何事かを行なう権利も、同じく生産要素であることを理解しやすくなる。他人が土地を横切ったり、駐車したり、家を建てたりするのを妨げるような方法で土地を利用するのは、他人が景色を見たり、静寂でいたり、汚染されていない空気を吸ったりするのを拒むような方法でこの土地を利用するのと、ちょうど同じである。(生産要素を使用する)権利を行使することの費用とは、つねに、権利行使の結果として、他のどこかで生ずる損失のことにほかならない。——それは、土地が横切れなくなったり、駐車できなくなったり、家が建てられなくなったり、景色が眺められなくなったり、平穏な静寂が楽しめなくなったり、きれいな空気が吸えなくなったりすることなのである。

わかりきったことだが、得られるものの価値が失われるものの価値よりも大きい行為だけが実行されるのであれば、これは明らかに望ましい。しかし、個人的決定がそのなかで実行される社会的な制度の選択を考える場合、心に留めておくべきは、一部の意思決定に改善をもたらす現存制度の変更が、他の意思決定については改悪をもたらすこともあり得ることである。それだけでなく、新しい制度への移行に必要となる費用とともに、様々な社会的な制度の運営に必要となる費用も考慮されるのでなければならない（それが市場で作動するのであろうと、政府部局により作動されるのであろうとにかかわらず）。様々な社会的な制度を工夫したり選択したりする際には、すべての影響をわれわれは考慮に入れるべきである。これこそが、つまるところ、私の唱道するアプローチの変更である。

〈第五章　注〉

＊　以下より再録。*The Journal of Law and Economics* 3 (October 1960): 1-44. Copyright © 1960 by The University of Chicago Press. All rights reserved.

（1）　本章は経済分析のテクニカルな問題にかかわるが、その元になったのは「放送の政治経済学」についての研究である。本章の議論は、以前に書いたラジオ・テレビ電波の配分を取り扱った論文（"The Federal Communications Commission," *The Journal of Law and Economics* 2 [October 1959]）のなかで、潜在的ながらすでに述べたものである。しかし、その際に受けたコメントは、解決策を求めるために分析を展開したオリジナルの問題に言及せずに、もっと明示的な方法で問題をとりあげるほうが望ましいという示唆を与えるようなものであった。

（2）Coase, "Federal Communications Commission," 26-27.

（3）George J. Stigler, *The Theory of Price*, rev. ed. (New York: Macmillan Co., 1952), 105.〔邦訳、前出〕。

（4）本文中の議論を進めるうえの仮定として、作物耕作に代わる選択肢は、耕作の全面的な放棄であるとした。しかし、そうでなければならないわけではない。他のケースもあるわけで、飼い牛による被害は少ないが、損害なしで育つ作物ほどには収益は得られないといった〔別の品種の〕作物があるかもしれない。そこで、以下のように仮定しよう。この新しい品種の作物を作付けすると、農家は二ドルではなく一ドルの収益を得る。また、先の品種の作物に三ドルの損害を与える飼い牛の群れは、新しい品種の作物に対しては一ドルの損害を与える。以上の仮定のもとでは、牧場主にとって有利となるのは、農家に対して二ドル未満の金額を支払い、代わりに農家に作物の変更をしてもらうことである（なぜなら、そうすることによって、損害賠償額は三ドルから一ドルへと減少するからである）。また、農家にとって有利となるのは、彼の受け取る金額が（作付け変更にともなう収益減少分の）一ドルを超えるなら、作物を変更することである。実際のところ、互いに満足のいく交渉を行なう余地は、作物の変更により（損害額を除いた）収穫物価値の減少よりも大きな割合で損害額が減少するようなケースすべてについて生ずる。――そしてこれはすべて、作物の変更が産出物価値の増大をもたらすケースにほかならない。

(5) *Gale on Easements*, 13th ed. M. Bowles (London: Sweet & Maxwell, 1959), 237-39 をみよ。

(6) Fontainbleu Hotel Corp. V. Forty-Five Twenty-Five, Inc., 114 So. 2d 357 (1959) をみよ。

(7) Sturges v. Bridgman, 1 Ch. D. 852 (1879).

(8) 聴診 (ausculation) とは、身体の状態を音によって判断するために、耳や聴診器によって聴き取りを行なう行為のことである。

(9) 考慮される所得変化は、生産方法、立地、製品の特徴、その他の変更が考慮された後のそれであることに注意せよ。

(10) Cooke v. Forbes, 5 L. R-Eq. 166 (1867-1868).

(11) Bryant v. Lefever, 4 C. P. D. 172 (1878-1879).

(12) Bass v. Gregory, 25 Q. B. D. 481 (1890).

(13) 一台の製粉機を六〇年以上にわたって運転し続けた菓子屋の訴訟事件では、なにゆえ権利譲与の喪失の推定がなされなかったのか、この点が疑問とされるかもしれない。答えはこうである。つまり、医者が彼の庭の片隅に診察室を建てるまでは、いかなる不法妨害も存在せず、それゆえ、ここでの不法妨害は長年にわたって継続したものではなかったのである。確かに、菓子屋は、供述書のなかで述べているとおり、「およそ三〇年ほど昔に、この家に暮らしていた病気がちの婦人」から「できることなら午前八時前は製粉機の運転を止めてもらいたいと要求された」ことがあるし、その庭の壁が振動にさらされた証拠がいくつかあったのも事実である。しかし、さほどの困難もなく、裁判所は次のような筋道の論法により、これを処置した。「……この振動は、たとえ存在したとしても、たいしたものでなかった。また、病身の婦人による苦情も、たとえこれを苦情と呼ぶことができたとしても、……それほど重要なものでなかった。そういうわけで、……法と公平性のいずれからみても、被告人の行為は訴訟を起こすほどのものではなかった」(11 Ch. D. 863)。つまり、医者が診察室を建てる以前には、菓子屋は不法行為を犯してはいなかったわけである。

(14)「企業の本質」本書六三―一〇一ページをみよ。

(15) その理由は、以前に書いた論文で説明した。「企業の本質」本書七二ページをみよ。

(16) William L. Prosser, *Handbook of the Law of Torts*, 2nd ed. (St. Paul, Minn.: West Publishing Co., 1955), 398-99, 412をみよ。蠟燭製造についての古い判例に関する引用は、ジェームズ・フィッツジェームズ・スティーブン卿（Sir James Fitzjames Stephen）の *A General View of the Criminal Law of England*, 2nd ed. (London: Macmillan & Co., 1890), 106から取った。ジェームズ・フィッツジェームズ・スティーブン卿はこれの出所を明らかにしていない。彼は、おそらく、ウォーレン・A・シーベイ（Warren A. Seavey）、キートン（Keeton）およびサーストン（Thurston）の *Cases and Materials on the Law of Torts* (St. Paul, Minn.: West Publishing Co., 1950), 604に収蔵されているRex v. Ronkettを念頭に置いていたのだろう。プロッサーにより表明されたのと類同の見解は、フォーラー・V・ハーパー（Fowler V. Harper）とフレミング・ジェームズ・ジュニア（Fleming James, Jr.）の *The Law of Torts*, 2nd ed. (Boston: Little, Brown, 1956), 67-74; Restatement, Torts §§ 826, 827, 828のなかにも認められる。

(17) Sir Percy H. Winfield, *Winfield on Torts*, 6th ed. by T. E. Lewis (London: Sweet & Maxwell, 1954); John W. Salmond, *Salmond on the Law of Torts*, 12th ed. by R. F. V. Heuston (London: Sweet & Maxwell, 1957), 181-90; Harry Street, *The Law of Torts*, 2nd ed. (London: Butterworth, 1959), 221-29をみよ。

(18) Attorney General v. Doughty, 2 Ves. Se. 453, 28 Eng. Rep. 290 (Ch. 1752). これとの関連で、Prosser, *Law of Torts*, 413, n. 54に引用されたアメリカ人判事による次の主張を比較してみられよ。「煤煙がなかったとしたら、ピッツバーグはきわめて美しい村であったろう」。Musmanno, J., in Versailles Borough v. McKessport Coal & Coke Co., 83 Pitts. Leg. J. 379, 385, 1935.

(19) Webb v. Bird, 10 C. B. (N. S.) 268, 142 Eng. Rep. 445 (1861); 13 C. B. (N. S.) 841, 143 Eng. Rep. 332 (1863).

(20) *Gale on Easements*, 238, n. 6をみよ。

(21) 11 Ch. D. 865 (1879).

(22) Salmond, *Law of Torts*, 182.

(23) Charles M. Haar, *Land-Use Planning, A Casebook on the Use, Misuse, and Re-use of Urban Land* (Boston: Little, Brown, 1959), 95.

(24) たとえば、Rushmer v. Polsue and Alfieri, Ltd. [1906] 1 Ch. 234をみよ。そこでは、騒々しい地域の閑静な場所にある住居の訴訟事件がとりあげられている。

(25) Adams v. Ursell, [1913] 1 Ch. 269.

(26) Andreae v. Selfridge and Company Ltd., [1938] 1 Ch. 1.

(27) John Anthony Hardinge Giffard, 3rd Earl of Halsbury, ed., "Public Authorities and Public Officers," *Halsbury's Laws of England*, vol. 30, 3rd ed. (London: Butterworth, 1960), 690–91.

(28) Prosser, *Law of Torts*, 421; Harper and James, *Law of Torts*, 86–87をみよ。

(29) Delta Air Corporation v. Kersey, Kersey v. City of Atlanta, Supreme Court of Georgia, 193 Ga. 862, 20 S. E. 2d 245 (1942).

(30) Thrasher v. City of Atlanta, 178 Ga. 514, 173 S. E. 817 (1934).

(31) Georgia Railroad and Banking Co. v. Maddox, 116 Ga. 64, 42 S. E. 315 (1902).

(32) Smith v. New England Aircraft Co., 270 Mass. 511, 170 N. E. 385, 390 (1930).

(33) Sir Alfred Denning, *Freedom Under the Law* (London: Stevens, 1949), 71をみよ。

(34) Mary B. Cairns, *The Law of Tort in Local Government* (London: Shaw, 1954), 28-32.

(35) A. C. Pigou, *The Economics of Welfare*, 4th ed. (London: Macmillan & Co., 1932), 183.〔邦訳、前出〕。私の引用は、すべて、第四版からのものである。しかし、本章で検討する論点や事例については、一九二〇年の初版から一九三二年の第四版にいたるまで、本質的な変更はなされていない。この分析の大部分（しかし、すべてではないが）は、彼の前著 *Wealth and Welfare* (London: Macmillan & Co., 1912) のなかですでに現われている。

(36) Ibid.

(37) Ibid., 127-30.

(38) *Wealth and Welfare* のなかでは、ピグーは、この「楽観主義」を、アダム・スミスの後継者ではなくて、アダム・スミス自身に帰属させている。彼は、そのなかで、「与えられた需要と供給の条件のもとでは、国民利益（ナショナル・ディヴィデンド）は「自然的」な傾向として最大値に向かうとする、きわめて楽観主義的なアダム・スミスの理論」（一〇四ページ）について言及している。

(39) Pigou, *Economics of Welfare*, 129-30.

(40) Ibid., 134.

(41) *Halsbury's Laws of England*, vol. 31, 474-75 の "Railways and Canals" をみよ。法的状況とすべての問題点の要約は、ここから取り上げたものである。

(42) 152 Parl. Deb., H. C. 2622-63 (1922) および 161 Parl. Deb., H. C. 2935-55 (1923) をみよ。

(43) Vaughan v. Taff Vale Railway Co., 3 H. and N. 743 (Ex. 1858) and 5 H. and N. 679 (Ex. 1860).

(44) Dennis Robertson, *Lectures on Economic Principles*, vol. 1 (London: Staples Press, 1957), 162.〔森川太郎・高本昇訳『経済原論講義』東洋経済新報社、一九六〇年〕。

(45) E. J. Mishan, "The Meaning of Efficiency in Economics," *The Bankers' Magazine* 189 (June 1960): 482.

(46) Pigou, *Economics of Welfare*, 184.

(47) Ibid., 185-86.

(48) Ibid., 186, n. 1. 同種の証明なしの言明については、B. S. Rowntree and A. C. Pigou, *Lectures on Housing* (Manchester: University Press, 1914) に収蔵されているピグーの講義録 "Some Aspects of the Housing Problem" をみよ。

(49) グランビル・L・ウィリアムズ (Glanville L. Williams) の次の書物をみよ。*Liability for Animals—An Account of the Development and Present Law of Tortious Liability for Animals, Distress Damage Feasant and the Duty to Fence, in Great Britain, Northern Ireland and the Common-Law Dominions* (Cambridge, Eng.: Cambridge University Press, 1939). 第四部の "The Action of Nuisance, in Relation to Liability for Animals," 236-62 は、われわれの議論と本質的に関わる部分である。ウサギに対する責任の問題は、この部の二三八ページから二四七ページで議論されている。動物の責任に関して、合衆国のコモン・ローが英国のそれとどの程度違ったものになっているかについては、私には知識がない。合衆国西部のいくつかの州では、柵で囲

いをする義務についてのイギリス流のコモン・ローは、部分的に守られなくなってきている。その理由としては、「広大な、木の切り払われないままの土地では、家畜がむしろ自由に駆け回れるようにしておくのが、公共政策の課題とされた」ことにある（二二七ページ）。これは、状況の変化がいかに権利画定に関する法的ルールの変更を経済的に望ましくするかを示す、良い例である。

(50) Coke (vol. 3) 104 b. 77 Eng. Rep., 216, 217.

(51) Stearn v. Prentice Bros. Ltd. [1919] 1 K. B., 395, 397 をみよ。

(52) 私は最近の訴訟事件を調べていない。制定法により、法的状況も修正されてきている。

(53) Williams, *Liability for Animals*, 242, 258.

(54) Boulston v. Hardy, Cro Eliz., 547, 548, 77 Eng. Rep. 216.

(55) Williams, *Liability for Animals*, 243.

(56) Bland v. Yates, 58 Sol. J. 612 (1913-1914).

(57) Williams, *Liability for Animals*, 259.

(58) Pigou, *Economics of Welfare*, 185.

(59) Williams, *Liability for Animals*, 244-47.

(60) Pigou, *Economics of Welfare*, 192.

(61) Ibid., 174-75.

(62) Ibid., 177-83.

(63) Ibid., 175-77.

(64) Ibid., 192-94, 381. また、A. C. Pigou, *A Study in Public Finance*, 3rd ed. (London: Macmil-

lan & Co., 1947), 94-100.

第六章

社会的費用の問題に関するノート

1　コースの定理

「コースの定理」という用語は、私がつくりだしたものではないし、その厳密な定式化も、私が行なったものではない。いずれもスティグラーによるものである。とはいえ、この定理に関するスティグラーの説明は、表現の仕方はかなり違うものの、それと同じ考えに立つ私自身の仕事に基礎を置くものであるのは確かである。私は、やがてコースの定理へと変容されることになった命題を、論文「連邦通信委員会」においてはじめて提示した。私は、この論文で、次のように述べた。「新たに発見された洞穴は誰に属すか、これを発見した者か、洞穴の入り口が位置する土地の持ち主か、洞穴の上の地表を所有する者か、それは疑うまでもなく、財産法に依存する問題である。ところが、この法律は、単に、洞穴を利用するときに約定を取り付ける必要のある人物を特定するだけである。洞穴の使い途として、銀行の取引書類をしまっておくためか、天然ガスの貯蔵庫としてか、それとも、マッシュルームを育てるためか、これらのどれに利用するかは、財産法がこれを決定するのではない。それを決定するのは、銀行、天然ガス会社、およびマッシュルーム生産者のうちの誰が、洞穴の利用のために最も多額の支払いをする用意があるか、にかかる」[1]。次いで私は、洞穴利用の権利に関するかぎりは異論がないと思われるこの命題が、電波を発信する権利（あるいは、煙害を生み出す権利）に対しても適用できることを指摘し、スタージェス対ブリッジマン事件を実例に挙げながら私の立論を検証した。この事件の内容は、菓子屋の機械運転で発生した騒音と振動で、医者が迷惑を被ったというものである。いまではすっかり周知と思われる論法を用いて、私は、次のことを明らかにした。それは、菓子屋が騒音や振動を生み出す権利をもっていてもいなくても、（ちょうど新たに発見された洞穴の場合がそうであったのと同様に）この権利は、実際には、それを最も高く評価する当事者によって獲得されるであろうということである。私が要約として述べたのは、以下の文章である。「権利の画定は市場取引を開始するための本質的な第一歩ではある。しかし、……（生産物の価値を最大にする）最終的な結果は、この法的決定からは独立である」[2]。これがコースの定理のエッセンスである。私はこの議論を詳細に「社会的費用の問題」のなかで繰り返し、この結果は取引費用がゼロという仮定を必要とするものであることを明らかにした。

スティグラーは、コースの定理を説明するのに、次の言い方をしている。すなわち、「……完全競争下では、私的費用と社会的費用とは相等しい」[3]。やはりスティグラーが指摘しているように、取引費用がゼロのときには、独占企業は「競争企業のごとく行動する」[4]ことを余儀なくされる。したがって、取引費用がゼロであれば私的費用と社会的費用とは一致する、と述べてもおそらく十分であろう。スティグラーによるコースの定理の説明の仕方は、私自身の論文のなかでの同じ考え方の私の述べ方とは違っている。私はそこでは、生産物価値の最大化という言い方をした。しかしここには矛盾はない。社会的費用とは、生産要素のさまざまな代替的な使用によって生み出されるなかでの最大価値を表わしている。ただし、生産者は、通常は彼自身の所得を最大化することに関心をもつにすぎないから、社会的費用については無関心である。彼が活動を実行に移すのは、生産要素の投入で得られる生産物の価値が、その要素の私的費用（生産要素のさまざまな代替的な投入のなかでの最適な方法によって稼得される収益）を上回る場合だけである。しかし、もし私的費用が社会的費用に一致するのであれば、生産者が活動に従事するのは、生産要素投入で得られる生産物の価値が、この要素のさまざまな代替的な使用方法によって生み出される価値のなかで最大の価値を上回る場合に限られることになる。こうして、取引費用がゼロのときには、生産物の価値は最大化されることになる。

経済学の文献のなかでのコースの定理のとりあげ方は非常に多岐にわたっていて、これまでに提出されてきた論点を残らず吟味することなどは、私には望んでもできそうにない。ただし、一部の批判は、私の立論の根幹に関わるものだし、また、しばしば非常に有能な経済学者によって執拗になされてきたものなので、これらについてはとりあげるのが適切であろう。実際、これらの批判は、私の見るところ、ほとんど大部分が無意味であるか、些細であるか、見当はずれであるか、のいずれかである。私の考え方に同情的な人々でさえも、しばしば私の主張点を誤解している。その原因はピグーのアプローチが現代経済学者の心を非常に強くとらえていることに帰することができよう。私は、本章がこうした誤解を解くのに役立ってくれることを、ただ期待するばかりである。私が正しいかどうかはともかくとして、この章での議論の展開により、少なくとも私の主張点の特徴をはっきりとさせることはできるだろう。

2 富は最大化されるのか

基本的な論点は次にある。すなわち、取引費用がゼロであれば、交渉を通して富を最大化する合意が形成されるだろうとする私の見方が、はたして合理的であるかどうかである。従来、この想定は誤りであると主張されてきた。そして、そうした反対論者のなかにサミュエルソンが含まれていたので、反論は一段と重みを増すことになった。彼は、「社会的費用の問題」について、わずか二度だけ、しかも脚注において、触れているだけだが、ポイントはいずれの場合でも基本的に同じである。最初の箇所では、彼は次のように述べている。「制約を受けない利己心は、〔煙害やそれに類する交渉の〕状況下では、あらゆる不確定性と非最適性とを伴った解決不可能な双方独占の問題を惹起させるだろう(5)」。第二の箇所では、次のようにいう。「……二つないしそれ以上の共通して使用可能な投入物の価格決定問題は、それの部門間への配分が多角的な独占の不確定的問題を含むので、総計値の最大化問題に帰着させることによっては、解くことができない(6)」。

サミュエルソンのコメントには、その背後に彼が長きにわたって思索してきた考え方が込められており、元来それは、より強力な論敵の手になる分析を批判するために用いられた考え方であったものである。エッジワース（Edgeworth）は、『数理心理学』（*Mathematical Psychics*, 1881）において、以下の主張を行なっている。いわく、財の交換を行なう二人の個人は「契約曲線」の上で取引を終結させるであろう。なぜなら、もしそうでないとすると、両方の個人がともに有利となる交換によって移動できる状態が残されてしまうからである、と。エッジワースは、暗黙の前提として、費用のかからない「契約」と「再契約」が存在することを仮定していた。私は時に想うことがあるのだが、五〇年以上も前に読んだ『数理心理学』のなかの議論に関する意識下の記憶に半ば導かれ、今日「コースの定理」と呼ばれるようになった命題を私は定式化するにいたったのかとも考える。さて、サミュエルソンは『経済分析の基礎』のなかで、このエッジワースの主張を評して、次のように述べている。「……契約曲線から離れたいかなる点からも、両方の個人にとって有益となるような、契約曲線へと向かう動きが存在する。これは、エッジワースと同じことをいっているのではなく、交換は実際に契約曲線上のどこかの点で必然的に止まってしまう、ということではない。なぜならば、多くのタイプの双方独占においては、最終的な均衡は契約曲線からはずれたところで達成されるかもしれないからである」(7)。サミュエルソンは、さらにその後の部分で、次のように付け加える。「……社会的動物としての人間に対するわれわれの経験から判断して、「教育ある知能高き善意の人間」が、事実、一般的契約曲線に向かって動いていく傾向があるなどとは、実際のところ、安全に予言する［ことはできない］。事実の経験的な説明としては、われわれは、双方独占者は最終的には契約曲線上のどこかの点に落ち着かなければならないとするエッジワースの主張には同意できない。彼らは、最終的には、契約曲線上ではないところに落ちつくこともあり得る。なぜかといえば、一方または双方が、話し合いの結果、現存の我慢できる出発点さえ危ういものにしかねないという恐れから、双方に有利な動きをとる可能性を論じようとはしなくなることも起こり得るからである」(8)。二人の個人はなぜ契約曲線に到達することに失敗するのか。これに対する『経済分析の基礎』でのサミュエルソンの説明は、次のようである。つまり、交渉を開始して双方とも有利になる交換を実現しようとすると、その結果として、一方ないし双方の状態が以前よりも悪化してしまう合意が成立する可能性があり、そのために、彼らはそうした交渉を開始する意思をもたなくなるかもしれない、というのである。

この主張点を理解することは、容易ではない。かりに、すでに当事者間に契約が成立していて、改善のために双方の合意が求められているのであれば、そこには交渉の開始を妨げるいかなる障害も存在しないはずである。また、かりに、いかなる契約も存在していないのであれば、危険にさらされた出発点なども存在しないことになる。交換を実行するためには、交換に関する条件についての合意が存在していなければならない。そして、そうだとすれば、交換の当事者が、必要以上に双方の状態を悪化させるような交換条件を選択するとは考えられない。サミュエルソンの念頭にあったのは、おそらく、次のような状況であろう。つまり、交換の当事者たちが、交換から得られる各自の利得に影響する交換に関する条件について合意することができず、そのために、契約も交換も存在しないという状況である。もっとも、これは、一九六七年までのサミュエルソンの見解であったと思われる。彼は、その後、次のように述べている。「各自の二つの自由意志の合理的利己心を前提としても、さらにまた、最も理想的なゲーム理論的状況であったとしても、二つの対立した利益の和を最大化するパレート最適解が、この最大化される利益が当事者間でどのように分配されるかの決定に先立って、しかも、この決定とは無関係に、達成されるといい切ることはできない。経済分析者の命令によるか、もしくは「非合理的」行動を構成する事項の同義反復的な再定義による以外は、われわれにとってパレート最適でない結果を排除することはできないのである」(9)(傍点は原著のまま)。

当事者が交換に関する条件に合意できないならばそうした結果も排除できないというのは、確かにそのとおりである。したがって、取引費用がゼロであって、それゆえ取引を行なうための永劫の時間が存在するような世界でも、交渉を行なう二人の個人が契約曲線上の点に必ず行き着くと主張することは不可能である。しかしながら、合意達成が不可能となるケースの割合は小さい。そう考えてよい十分な理由がある。

サミュエルソン自身が指摘しているように、供給側の売りたいとする価格が需要側の買いたいとする価格よりも低い水準にあって、このために当事者間で価格をめぐって合意を取り交わさねばならなくなる状況は、「現実の世界には、いたるところにある」(10)。サミュエルソンは次の例をあげている。「私の秘書が私の流儀にあうように訓練され、私も彼女に馴染むように訓練されてきたとする。すると、われわれの結合生産の成果には、ある範囲の不確定性が存在することになる。彼女がいなくても、私は適当な代替財を見いだし得るだろうが、しかし、それが必要な費用でみて十分に代替的なものとは必ずしもいえないだろう。他方、もしも私が明日から配管工に転職するならば、私の特殊な経済学用語をマスターするために費やされた彼女の並々ならぬ投資は、まったく価値を失ってしまう。かりに私が無差別の縁に立ってい［て、経済学者として留まるか、配管工に転職するか、いずれとも判別しかねている状態にあっ］たとすれば、彼女にとっては、モンキーレンチを使う仕事を思い止まらせるために、私に補償支払い（サイド・ペイメント）をすることが利に適うことになるかもしれない」[11]。

これは想を凝らした例ではあるが、資材、機械、土地、建物、労働サービスなど、どの財貨の購入を検討するにしてもあてはまる、非常に一般的な状況のなかの一つといえる。もちろん通常は、代替財との競合があるから、合意された価格が落ち着く範囲は、かなりの程度まで狭められる。ではあるが、買手にしても売手にしても、取引を遂行するかどうかが彼にとって無差別になることは、実際にはほとんどありえない。われわれが依然として観察するように、資材、機械、土地、建物は、現に売買されているし、それに、教授でさえ秘書をもつことができている。通常は利得の分配問題が合意形成の障害となることはないように思われる。この点には驚くこともない。合意にいたることが不可能だとわかれば、人は売買をしないだろうし、したがって、所得を手にすることもない。こうした結末を招く特性は、存続する値打ちはほとんどなく、そうであるからこそ、次の仮定が（私は、確かに、そう仮定するのだが）許されるのである。つまり、正常な人間は、そのような特性を備えることはなく、むしろ「双方が歩み寄って妥協点を見つけよう」とする意思をもつのだ、と。エッジワースが分析した状況下では、人々は契約曲線上のどこかの点に行き着くとは限らないことを、サミュエルソンは「事実の経験的な説明」であると断定した。それは疑いなく正しい。けれども、もっと重要なのは、通常は、契約曲線上で取引が終結することが期待されるであろうという事実である。サミュエルソンは、仮想的事例のなかで、彼が配管工に転職するかどうか検討しているケースをとりあげ、彼の秘書にとっては「モンキーレンチを使う仕事を思い止まらせるために、私に補償支払いをすることが利に適うことになるかもしれない」と指摘する。確かに、彼の秘書が、それを受け入れるならば彼女（およびサミュエルソン）がより有利になるにもかかわらず、補償支払いや、同じことであるが、給与のカットに合意しないことはあり得る。また、サミュエルソンが、秘書は十分な給与カットに応じないと考えて配管工に転職し、その結果として自分（と秘書）の状態を悪化させてしまうことも起こり得ることではある。しかし私には、こうした状況のもとでは、そしてとりわけ、取引費用がゼロの制度下においては、以上のような結末は最も起こりそうにないことのように思われる。

サミュエルソンはまた、最終結果の不確定性についても強調している。この論点はすべての種類の財貨購入について真であるし、それゆえ、すべての経済分析に適用されるのであるけれども、不確定性の存在は、エッジワースが示したように、それ自体として結果の非最適性を意味するものではない。それだけでなく、二人の当事者の各利得が不確定であることは、私が「社会的費用の問題」において論じた問題とは無関係である。つまり、この不確定性は、特定活動を遂行するための個人と企業に対する権利の割当とは関係がないし、また、それが生産・販売される財貨に与える影響とも無縁のものである。いずれにしても、経済学者にとってより馴染みの深い住宅購入などの取引よりも、煤煙の排出権利をめぐる交渉のほうが、利得分配分に関して生ずる不確定性の程度は大きくなると考えるべき理由は、どこにも存在しない。

3　コースの定理とレント

コースの定理に対する大部分の反論は、費用のかからぬ取引によって達成できる事柄を過小評価していると思われる。ただし、一部の批判は、もっと一般的な性質の問題を提起している。たとえば、コースの定理は、レントの存在・非存在が果たす重要な役割を考慮することに失敗している、とする批判がある。ここにいう「レント」(rent) とは、次のものの差額、すなわち、ある生産要素が、論議されている活動のもとで生み出す収益とそうでない場合に生み出す収益との差額分を表わす概念として用いられる。私はかつて、土地の純収益に関して生起する事柄を検討することで、この問題を分析した。この分析をレント概念を用いて議論し直すのは困難ではない。それはもともとの私の議論を別の言葉で表現し直すだけのことだが、ただし、一部の経済学者たちにとっては、こちらのアプローチのほうが理解しやすいかもしれない。

レントの存在と私の分析との関係は、ウェリッツ (Wellisz) によって最初に議論された。[12] そこでの論法は、以来、私の結論が誤りだと主張するときの基礎として、リーガン[13]

(Regan)、オーテン（Auten)、その他の人たちに用いられてきた。その論点は、オーテンにより、以下のように簡潔に述べられている。「コースが提示した諸事例では、その結論は、……汚染者と被害者のリカード的地代に依存して、責任の所在いかんで変化するであろう。汚染者と被害者とが限界的な土地で仕事を営んでいると仮定すると、汚染者に責任がある場合には、彼は長期的には営業を中止するに違いない。また、被害者に責任がある場合には、彼はその土地から追い出されることになるだろう」[14]。この主張点は、確かに、もっともらしい。土地は限界的な土地であるから、収益を生まない。一方、土地以外の投入物は完全に弾力的な供給曲線をもつので、この投入物からの収益は、他の代替的用途に投入されるときの収益を上回ることはない。こうした状況においては、もしも汚染に責任を負う者が生じた損害に対して補償支払いをしなければならないとしたら、汚染のともなう活動に投入されている（土地以外の）生産要素がその雇用から離れるのは、自明のことと思われる。なぜなら、生じた損害に対する賠償支払いのために、これらの要素が生み出す収益は、それらが他の場所で投入されるときの収益を下回る水準にまで、押し下げられてしまうからである。他方、もし汚染に対する責任が問われないのであれば、汚染で損害を被っている人々は、どこか他の場所へ移動するほうが有益だと気づくだろう。なぜなら、この損害を考慮すると、彼らは、今や、他の代替的用途で仕事をするときよりも少ない収益しか稼げなくなるからである。こうしてみると、私がかつて述べたのとは反対に、法的状況は結果に対して確かに影響を与える、というのが正しいようにも思える。オーテンの主張はもっともらしい。だが、私は、この主張は誤りだと考える。上記の条件のもとでは、汚染の権利を保有しても、それによって所得が増加することはありえないから、どの個人も、対価を支払ってまで、この権利を手に入れようとはしないだろう。こうして、その価格はゼロである。汚染の権利を価格ゼロで手に入れることができるときに、ある個人がこの権利を保有していないというのは、どういうことであるのか。汚染による損害を価格ゼロで避けることができるときに、ある個人がその損害を被らなければならないというのは、どういうことであるのか。責任の有り・無しは、完全に交換可能である。オーテンの用語法を使って汚染者と被害者という言い方をすれば、この汚染者と被害者が土地に留まるのも、そこから離れるのも、等しく同じ程度に起こり得ることである。いずれが起こるかは、当初の法的状況によってはまったく影響されない。

レントは、ある生産要素が所定の活動において生み出す収益、および、最善の代替的活動において生み出す収益、これら二つの収益の差額である。ある活動に従事している生産諸要素は、その活動に引き続き従事するために、必要とあれば、これら諸要素のレント総計を若干下回るまでの金額を進んで支払うだろう。なぜかといえば、支払いがなされた後でさえ、そうするほうが、最善の代替的活動へ移動しなければならなくなることよりも、有利だからである。同様に、レント総額を超える支払いと交換に、これらの生産諸要素は、進んでその活動を放棄するだろう。実際、この支払いを考慮に入れると、その活動に留まるよりも、最善の代替的活動に移動するほうが有利だからである。以上の点を理解すると、損害賠償責任に関する法的状況がどうであっても、取引費用がゼロであれば、資源配分は変化しないということが理解しやすくなる。議論の単純化のために、以下では、ある活動に従事する生産諸要素のレント総計を単に「レント」と呼ぶことにして、私が最初の論文でとりあげたのと同じ事例、農地を歩き回って作物に損害を及ぼす飼い牛の事例を、検討してみよう。牛の飼育に従事する生産諸要素を「牧場主」と呼ぶことにする。また、作物の耕作に従事する生産諸要素を「農家」と呼ぶことにする。

レントが表わしているのは、最善の代替的活動でなく、ある特定の活動を遂行することでつくりだされる生産物（したがって所得）価値の増加分であるから、したがって、市場で測定された生産物価値は、レントが最大となるときに最大化される。かりに、農家が作物を耕作する（かつ、牧場主は存在しない）とすれば、彼の仕事で生み出される生産物価値の増加分は、農場に投入された生産諸要素のレントによって計測されるだろう。かりに、牧場主が牧畜を行なう（かつ、農家が存在しない）とすれば、彼の仕事で生み出される生産物価値の増加分は、牧場に投入された生産諸要素のレントによって計測されるだろう。また、かりに、牧場主と農家がともに存在し、かつ、飼い牛が歩き回ることによる作物損害が存在しないとすれば、生産物価値の増加分は、農家と牧場主のレントの総計によって計測されるだろう。しかし、ここでは、牧畜が行なわれるかぎり、飼い牛が歩き回るために、作物の一部に損害が発生するものと想定する。耕作と牧畜が同時に実行されるならば、このケースでの生産物価値の増加分は、（先ほど定義した）農家と牧場主の双方のレント総計から飼い牛によって損害を受けた作物の価値を差し引いた額として計測されることになる。

まずはじめに〔第一のケースとして〕、牧畜と耕作が同時に行なわれるときの作物損害が小さく、牧場主のレントおよび農家のレントのいずれよりも下回る額でしかないと想定しよう。この場合、飼い牛の引き起こす損害の賠償責任を牧場主が負うときには、牧場主は農家に補償をして、牧畜業を続けることが可能である。牧場主は、牧畜を放棄する場合とくらべ、彼のレントから損害価値を差し引いた分だけ有利になる。他方、牧場主に賠償責任がないときには、牧場主に仕事を中止してもらう代償として、農家は、最大限、作物損害額に相当する金額を牧場主に対して支払ってもよいと考えるだろう。この金額は、代替的雇用のなかの最善の仕事に転職せずに、そこでの牧畜を引き続き行なうことにより、牧場主が稼ぎ出す追加的収益の額を下回る。農家は、したがって、牧場主の仕事を中止させることはできない。しかし、農家のレントは作物の損害額よりも大きいから、耕作の継続によって収益をあげることは、農家にとって依然として可能である。こうして、法的状況のいかんを問わず、牧場主も農家も仕事を継続するだろう。容易に示し得るように、そうすることで生産物の価値は最大化される。農家のレントが一〇〇ドル、牧場主のレントが同じく一〇〇ドル、作物損害の価値が五〇ドルとすると、農家と牧場主がともに仕事を続けるかぎり、そうでない場合よりも生産物の価値は大きくなる。この条件のもとでは、生産物価値の増加分は（レント総額から作物損害の価値を差し引いた）一五〇ドルである。それに対して、農家ないし牧場主のいずれか一方が仕事を中止した場合には、生産物価値の増加分は一〇〇ドルに低下してしまう。

さて次に〔第二のケースとして〕、作物の損害額が牧場主のレントよりも少ない、しかし、農家のレントよりは大きいという場合に、何が起こるかを検討しよう。まずはじめに、牧場主が飼い牛の引き起こす損害に対して賠償責任を負うものと仮定する。牧場主が農家に対して作物の損失を補償するならば（牧場主のレントは作物損害額を上回っているから、この補償は実行可能である）、農家は損害が発生しない場合と同じだけの収益を獲得するだろう（なぜなら、作物損害に対する牧場主の賠償支払いが、市場での売上げに置き換えられるからである）。しかし、農家のレントは作物損害の価値よりも少ない。農家は、彼のレントよりも多額の賠償金が得られるならば、土地を耕作しないことに合意するだろう。牧場主からみれば、作物損害額未満の支払いをすることで農家に耕作を止めさせる（そして、その結果、作物への危害をなくす）ことができるのならば、そのほうが有利である。ここで仮定された状況では、取引が実行され、農家は、彼のレントよりは多額であるが作物損害よりは少額の賠償金を牧場主から受け取ることを代償として、土地の耕作に従事しなくなるだろう。

次に、牧場主が作物の損害に対して賠償責任を負わないと仮定しよう。農家の被る損害は彼のレントを上回るから、彼が土地の耕作を行なうことで得る収益は、最善の代替的活動を行なう場合よりも小さくなる。こうして、農家は、牧場主に仕事を止めさせることができないかぎりは、土地の耕作に従事しようとはしないだろう。しかし、牧場主に仕事を止めさせるために農家が支払ってもよいと考える最大金額は、彼のレントを若干下回る金額でしかない。牧場主が仕事を継続する（そして、それに付随して作物に損害を与える）ことで得るレントは農家のレントよりも大きいから、農家にとっては、牧場主に牧畜業を止めさせるに十分な賠償支払いをすることは不可能である。こうした状況下では、牧場主が作物損害に対する責任を負う場合と同様、作物の耕作は実行されず、農家は彼にとって最善の代替的活動に従事するであろう。他方、牧場主は引き続き牧畜を行なうであろう。先ほどと同じく、法的状況の変更は資源配分に影響を与えない。しかもそのうえ、結果として得られる資源配分は、生産物の価値を最大化する配分である。これを見るために、牧場主のレントを一〇〇ドル、作物損害の価値を五〇ドル、農家のレントを二五ドルと仮定しよう。牧場主と農家がともに仕事を続けるとしたら、生産物価値の増加分は七五ドル（一〇〇ドルに二五ドルを加え、五〇ドルを差し引く）になる。また、牧場主が牧畜を中止するとしたら、生産物価値の増加分は二五ドル（農家のレント）であるのに対して、牧場主だけが仕事を継続するとしたら、生産物価値の増加分は一〇〇ドル（牧場主のレント）となる。

さてここで〔第三のケースとして〕、以上に議論した状況を逆転して、作物損害の価値が牧場主のレントよりも大きい、しかし、農家のレントよりは小さい、という場合に何が起こるかを検討しよう。まずはじめに、牧場主に損害賠償責任のある場合を考える。この場合には、牧場主が農家に対して支払わなければならない賠償金額は彼のレントを上回る。したがって、牧畜は実行されず、農家は土地の耕作を維持することになる。次に、牧場主に賠償責任がない場合を考える。かりに牧場主が牧畜業を続けるとしたら、作物損害は農家のレントよりも少ないのであるから、そうしなければならないかぎり、農家はこの損失を我慢するだろう。農家には、しかしながら、もっと望ましい代替案がある。牧場主のレントは、彼の飼い牛が農家の作物に及ぼす損害の価値よりも少ない。牧場主は、彼のレントを上回る賠償金を支払われるのであれば、彼の仕事を進んで中止するだろう。その賠償額が作物損害の価値を下回るかぎり、農家もその賠償金を喜んで支払うだろう。これは想定されている条件である。こうして、取引が行なわれ、牧場主は彼の仕事を中止するだろう。前と同様、法的状況のいかんにかかわらず、結果は同一である。そして、ここでもふたたび、生産物の価値は最大化される。実際、仮定として、牧場主のレントが二五ドル、作物損害の価値が五〇ドル、農家のレントが一〇〇ドルとすれば、牧場主と農家がともに仕事を続けるときには、生産物価値の増加分は七五ドル（二五ドルに一〇〇ドルを加え、五〇ドルを差し引く）となる。また、牧場主だけが仕事を続けるときには、生産物価値の増加分は二五ドル（牧場主のレント）となり、一方、農家だけが仕事を続けるときには、その増加分は一〇〇ドル（農家のレント）となる。

さらに次の〔第四の〕ケース、つまり、作物損害の価値が、牧場主と農家のいずれのレントよりも大きくなるケースをとりあげよう。まずはじめに、牧場主のレントが農家のレントよりも大きいと仮定する。飼い牛の引き起こす作物損害に対して牧場主が賠償責任を負っており、そのために牧場主が農家を補償しなければならない場合には、牧場主が牧畜を放棄せざるを得なくなることは明らかである。ただし、牧場主にとって、これ以外にとるべき方法がないわけではない。農家は、彼のレントを上回る金額の賠償金を受け取るのであれば、作物の耕作をしなくてもよいと考えるだろう。こうした状況下では、牧場主は、農家に耕作をさせないために、農家のレントを上回る（ただし自己のレントよりは少ない）賠償金を農家に対して進んで支払うはずである。この賠償金の支払いによって、作物の被害は消え、牧場主による補償の必要性も消滅する。またその結果、牧場主は、より有利になる。次に、牧場主に損害に対する賠償責任がない場合には、作物損害の価値は農家のレントを上回るから、農家が牧場主に牧畜を中止させ得ないかぎりは、農家は作物生産を放棄して他の最善の代替的活動に従事することになるだろう。農家が、有利さを保持したまま、牧場主に牧畜を放棄させるために申し出ることのできる最大限の金額は、彼のレントを若干下回る金額である。ところが、牧場主のレントは農家のレントよりも大きいから、牧場主はこの申し出を承諾しないだろう。こうして、農家は土地を耕作しないことになる。結果は、ふたたび、法的状況がどうであっても同じになる。しかも、この結果のもとに、生産物の価値は最大化される。実際、牧場主のレントは四〇ドル、作物損害の価値は五〇ドル、農家のレントは三〇ドルと仮定しよう。このとき、牧場主と農家の双方が仕事を継続する場合には、そうでない場合とくらべ、生産物価値は二〇ドル（四〇ドルに三〇ドルを加え五〇ドルを差し引く）だけ増加する。農家だけが仕事を続ける場合には、価値の増加分は三〇ドル（農家のレント）である。一方、牧場主だけが仕事を継続する場合には、価値の増加分は四〇ドル（牧場主のレント）となる。

最後に〔第五の〕ケース、つまり作物損害の価値は牧場主と農家のいずれのレントよりも大きい、しかし、農家のレントは牧場主のレントを上回る、というケースを考えよう。まずはじめに、牧場主が作物損害に対して賠償責任を負うと仮定する。この場合、牧場主には、農家に作物損害を補償して牧畜業を継続することはできない。彼は、農家に土地の耕作を止めさせることもできない。なぜかといえば、牧場主が支払うことのできる最大限の金額は、彼のレントを若干下回る金額でしかないのに対して、農家は、彼の受け取る金額が彼のレント（これは牧場主のレントより大きい）を若干上回るのでないかぎり、進んで土地耕作を放棄しようとはしないからである。次に、牧場主は作物の損害に対して賠償責任を負わないと仮定しよう。このとき、農家が、牧場主に対して、牧場主のレントを上回る金額の賠償金を支払い、これを代償として牧場主に他の最善の代替的活動に立ち退いてもらうならば（そうすれば、作物被害は止む）、これによって作物損害は回避できる（損害発生が続くかぎり、農家は耕作を放棄しなければならなくなる）。農家のレントが牧場主のレントより大きいかぎり、農家にはそうすることが可能であり、かつ、そうするほうが作物の耕作を中止することよりも有利である。責任ルールが何であれ、結果として、農家は土地の耕作を継続し、牧場主は牧畜業を放棄することになる。直前の例で示したのと同様な計算を行なえば、この資源配分が生産物価値を最大化する配分であることも証明できるだろう。

以上で各ケースについて行なった検討は、すべて細かな議論ではあったが、結論そのものは確固たるものである。資源配分は、法的状況のいかんを問わず、すべての状況において同じ配分であり続ける。そればかりではなく、それぞれのケースにおける結果は、市場で計測された額としての生産物価値を最大化する。すなわち、その結果は、牧場主のレントと農家のレントの合計から作物損害の価値を差し引いた額を最大化する。作物損害が持続するのは、この損害が牧場主および農家のレントの双方よりも小さな場合だけである。また、損害額が牧場主と農家のレント双方でなく、そのいずれか片方だけを上回るときには、レントが損害額を下回るほうの活動が実行されなくなる。さらに、損害額が牧場主と農家の双方のレントを上回る場合には、低いレントを生み出すほうの活動が実行されなくなる。状況がどうであれ、総生産物価値は最大化される。ここで考えたのは、単純に、牧畜は実行されるか否か、耕作は実行されるか否か、という問題であるが、これに代えて、多少なりとも牧畜が存在し、多少なりとも土地耕作が存在する可能性を考慮したとしても、結果は同じであったろう。もっとも、計算は、以上にもまして細かなものとなっただろうが。

4 権利の割当と富の分配

この章の第3節において、次が示された。すなわち、取引費用がゼロの制度下では、法的状況が有害な影響に対する責任をどのように規定していようが、資源配分は不変に留まる。多くの経済学者は、しかしながら、この結論が誤りであると主張してきた。その論拠は以下のようである。つまり、取引費用がゼロの制度下でも、法的状況の変化は富の分配に影響を与える。富の分配のこうした変化は、財・サービスの需要の変化を生み出すだろう。そして――この点が議論の核心なのだが――これらの財・サービスのなかには、有害な影響を発生させる活動で生産された財・サービスや、その影響を受けた活動で生産された財・サービスが含まれる。このことを前節での事例に即していえば、次のようになろう。すなわち、牧場主が飼い牛の引き起こす損害の責任を負う場合には、そうでない場合にくらべて、農家は必ず有利になり、牧場主は必ず不利になる。実際、責任を負うのが牧場主だとすると、このときに牧場主のとり得る行動は、農家に対して損害の補償金を支払うか、農家に賠償金を支払って生産を止めてもらうか（そのときには損害は存在しない）、あるいは、牧畜を放棄し次善の仕事先で働くことにして損害発生を回避するか、のどれかである。いずれのケースでも、牧場主はより少ない所得しか受け取れなくなる。他方、損害賠償責任がない場合には、農家は損害を被っても補償されることはない。この場合、農家のとり得る行動は、所得の低下してしまった農業を続けるか、彼自身で牧場主へ賠償金を支払って仕事を中止してもらうか（そのときには損害は存在しない）、あるいは、次善の仕事先へ転職してより少ない所得を受け取るか、のどれかである。このように、牧場主と農家の富の変化は、彼らの需要を変化させ、ひいては資源配分の変化を引き起こすことになる、というのである。

　私はこの主張を誤りだと考える。というわけは、責任ルールの変化が富の分配の変化を惹起することはないのであって、それゆえ考慮すべき需要への影響がそれに続いて生じることもないからである。なぜそうなるのかを見てみよう。本章の第3節において、私は、牧畜に従事する生産諸要素の集合を「牧場主」と呼び、耕作に従事する生産諸要素の集合を「農家」と呼ぶことにした。以下では、「牧場主」と呼んだ諸要素の集合を牧場主と牧場に区分し、「農家」と呼んだ諸要素を農家と農場に区分して考えよう。さらに、それほど非現実的な想定ではないと思われるが、第3節で定義された「レント」を生み出すのは、牧場および農場だけと仮定しよう。また、土地は牧場主と農家によって借入れされているとも仮定しよう。

以下では最も単純なケースだけに考察を限定し、飼い牛が及ぼす損害は、牧場と農場のいずれの「レント」よりも小さいことを前提とする。検討する問題は、牧畜と耕作に従事する者によって結ばれる契約の条項に対して、責任ルールはどのような影響を与えるか、である。牧場主が飼い牛の及ぼす損害を農家に補償しなければならないとすると、彼が土地〔牧場〕の借入れのために支払ってもよいと考える金額は、彼が補償支払いをする必要がない場合にくらべて、補償金支払額だけ低くなるだろう。一方、農家は、彼が損害の補償を受けない場合にくらべると、土地〔農場〕を借り入れるための価格を、この受け取った補償金に等しい金額だけ多めに支払ってもよいと考えるはずである。したがって、飼い牛の及ぼす損害の賠償責任を法的状況がどう規定するにしても、そのいかんを問わず、牧場主と農家の富は同一に保たれることになる。しかし、土地所有者の富についてはどうであるのか。作物損害の補償をしなければならないときには、そうでない場合と比較して、牧場借入れの価格は低くなり、農場借入れの価格は高くなる。しかしながら、責任ルールがあらかじめ知られているならば、この事実を反映して、土地を確保するために支払われる金額は、補償金がないときにくらべそれが支払われねばならない場合には、牧場に対しては少なめに決まるだろうし、農場に対しては多めに決まるはずである。こうして、土地保有者の富は同じ額に保たれるであろう。土地への支払金額の変化は、損害賠償責任に関する法的状況の違いが招く補償金支払いの方向の変化と、相殺しあうのである。こうしたわけで、異なった法的ルールの選択に関連して富の分配が変化することはなく、したがって、その影響を考慮する必要のある需要変化が、それに続いて生ずることもない。ここで考察したのは、損害が牧場と農場の双方の「レント」よりも小さいケースだけであるが、第3節で議論したすべてのケースについても、同様の論法によって同様の結論を導くことができるだろう。

次のように考える人がいるかもしれない。すなわち、法的状況の差異の効果に関する以上の分析は、法のルールがある規定から他の規定へと変化するとき、もし各々のケースで当事者すべてがそこでの法的状況に完全に適合するものと仮定されるならば、適用することができない、と。しかし、そうではない。この場合でも、取引費用がゼロのときには富の再分配は存在しないという結論に変わりはないのである。ただし、この結果を導くためには、いくらか違った筋道をたどる必要はある。ここで思い起こしてほしいのは、取引費用がゼロのときには、いっそう詳細な契約を結ぶことにしても、費用はかからない点である。そうだとすると、契約はどのようにも特定できるわけで、法的状況の変化に応じて支払いをどう変化させるかを特定した契約を書くことができよう。先ほど議論した例でいえば、契約は例えば、次のように規定しておくことができよう。法のルールが変更され、たとえば、以前のルールのもとでは、牧場主には飼い牛の引き起こす損害の賠償責任が問われなかったのに対し、新たなルールのもとでは、彼には責任が問われることになった、という場合には、牧場主が土地を借り入れるために支払ってもよいと考える金額は低下し、牧場の所有者はこの土地を彼に売った人からリベートを受け取る、他方、農家は土地を借り入れるために以前より多額の支払いをしなければならず、農場の所有者はこの土地を彼に売った人から追加的支払いを要求されるという契約の規定である。こうして、富の分配は以前と同じに保たれるであろう。

法の違いが資源配分に影響を及ぼすかどうかの問題は、前もって認知されていない権利が存在するケースについては、それほど簡単には解決できない。こうしたケースでは、これらの権利の割当基準が異なると、それにともなって不可避的に富の分配も異なってくるだろう。もちろん、次のようにも主張できよう。つまり、取引費用がゼロであれば契約を精密化しても費用はかからないから、あらゆる条件付き条項を列記することが可能となり、したがって、富の再分配が生ずることもありえない、と。しかし、認知しえない権利についての条項を契約のなかに書き込み得ると仮定するのは、合理的ではない。こうして、検討されるべき問題は、前もって認知されていない権利の割当基準の変更は、需要への影響を通して、資源配分の変化を惹起させるかどうか、である。いまでは「コースの定理」として知られている命題を、私は最初「連邦通信委員会」に関する論文のなかで提示した。先に示したように、私の論点を説明するのに用いた例は、新たに発見された洞穴の所有に関する事例であった。結論として私は次のように述べた。「洞穴の使い途として、銀行の取引書類をしまっておくためか、天然ガスの貯蔵庫としてか、それとも、マッシュルームを育てるためか、これらのどれに利用するかは、財産法がこれを決定するのではない。それを決定するのは、銀行、天然ガス会社、およびマッシュルーム生産者のうちの誰が、洞穴の利用のために最も多額の支払いをする用意があるか、にかかる」[15]。この結論を書いたとき、私の念頭には、次の限定事項はまったく入っていなかった。すなわち、もし洞穴の所有権を主張できる人々のマッシュルームに対する需要がそれぞれ違っていて、またもしマッシュルーム（ないし銀行サービスや天然ガス）に充てる支出が彼らの予算の重要な項目であり、さらにもし、彼らの総消費のなかでこれらの品目の消費が重要な比重を占めているとすれば、新たに発見された洞穴の所有に関する決定は、銀行サービス、天然ガス、およびマッシュルームの需要に影響を与えることになろう。需要変化の結果として、銀行サービス、天然ガス、およびマッシュルームの相対価格は変化するだろう。こうした変化は、問題の各企業が洞穴を利用するために進んで支払ってもよいと考える金額に、影響を及ぼすと思われる。そして、これにより、洞穴の利用のされ方にもおそらく影響が及ぶだろう。このようなわけで、前もって認知されていない権利の割当基準の変更が需要の変化を引き起こし、この変化がさらに資源配分の変化を引き起こすとする考えを否定し去ることはできない。ではあるが、奴隷制度の廃止のような激変的な出来事を別にすれば、こうした影響は一般にはそれほど大きいものではなく、したがって、これを無視してもまず問題はない。正の取引費用が存在し、すべての条件付き条項をカバーする契約を結ぶには費用が高くつきすぎるといった場合の法の変更にともなう富の分配の変化についても、このことは同様にあてはまる。それゆえ、スタージェス対ブリッジマン事件についていえば、彼らの結んだ契約の形態を所与とするかぎり、法的決定は、当然、医者と菓子屋の相対的な富に影響を及ぼしただろう（そして、おそらく、その近隣に暮らす人々の富にも同様の影響を与えただろう）。けれども、その決定が菓子や医療サービスの需要に対して顕著な影響を及ぼし得たとは、私には考えにくいところである。

5　取引費用の影響

取引費用がゼロの世界は、しばしば、コース的世界と言い表わされてきた。まことに、これほど真理から遠くにあるものはない。この世界とは、現代経済理論の世界なのであり、私としては経済学者たちにそこから離れるように説得したいと望んでいた世界なのである。「社会的費用の問題」のなかで私が行なったことは、その世界に備わる特徴の一部分を明るみに出すことでしかなかった。私の論点は、こうした世界では資源配分は法的状況から独立になるということであって、この結果に対してスティグラーは「コースの定理」という名を与えたのである。いわく、「……完全競争下では、私的費用と社会的費用とは相等しい」[16]。この文中の「完全競争下では」という限定句を省略してよいと思われることは、先にも述べたとおりである。この分野を通じて際立った業績を残したピグーに追随する経済学者たちは、なぜ私的費用と社会的費用との乖離が存在するのかを問い、この乖離に対して何をなすべきかを説明するにあたって、結果として、私的費用と社会的費用とが必然的に一致する理論を用いて論じてきたことになる。そうであればこそ、導き出された結論がしばしば誤りであったとしても驚くにはあたらない。なぜ経済学者たちは間違って進んだのか。その理由は、彼らの理論体系が、法の変化が資源配分に及ぼす効果を分析しようとする際に本質的となる要素を考慮していなかったところにある。この見落とされた要素とは、取引費用の存在である。

取引費用がゼロであれば、生産者は、何であれ、生産物の価値を最大にする契約取決めを結ぼうとするだろう。損害削減を可能にする活動が存在していて、それを実行するための費用が損害削減分よりも低く、しかも、その活動がこうした損害削減を実現するために利用できる最も安上がりな方法であるなら、この活動は実行されるだろう。活動を要請されるのは、単一の生産者であるかもしれないし、複数の生産者の組合せであるかもしれない。「社会的費用の問題」のなかで飼い牛と作物の事例を論議した際に指摘したように、こうした方法としては、次のような活動が考えられる。農家についていえば、農地全体ないし一部での耕作を放棄すること、被害度の少ない他品種の作物を作付けすること、牧場主についていえば、群れの規模や飼い牛の種類を減らすこと、番人や番犬を雇うこと、飼い牛をつなぐこと、さらに、農家と牧場主のどちらかが行なえば済むことでいえば、塀を建てること、以上の方法である。ちょっと普通でない手段であるが、農家がペットとして虎を飼えば、それが放つ臭いだけで飼い牛が作物に近寄らなくなる、という方法も考えられる。農家と牧場主の双方は、生産物の価値を高める方法であるかぎり、彼らに知り得るすべての方法を（合同の活動も含めて）利用する誘因をもつだろう。なぜなら、それぞれの生産者は、それが生む所得の増加分を、ともに分かち合うことができるからである。

ところが、ひとたび取引費用を考慮に入れると、これらの方法の多くのものが実行されなくなるだろう。というのは、これらを実現するための契約取決めを結ぶことは、そうすることで獲得できる利得を上回る費用がかかることもあり得るからである。議論の単純化のために、損害削減を目的とするすべての契約締結について、それには費用がかかりすぎるものと仮定しよう。われわれの例に即して述べるなら、帰結は次のとおりである。つまり、飼い牛の引き起こす損害補償の責任が牧場主にあるときには、農家は彼らの取決めを改めるべき理由をもたない。なぜなら、作物の市場での売上げは、つねに損害を受けて駄目になった作物への補償金支払いで置き換えられるからである。しかしながら、牧場主の立場はこれとは違う。牧場主は、彼らの行動様式を変えようとする誘因をもつだろう。行動変更のための費用負担増が、この変更にともなう農家への補償金支払いの減少分よりも少ないときには、必ずそうするであろう。ところが、牧場主には責任がないものとしてみよう。その場合には、こんどは牧場主が、彼らの取決めを変更する誘因をもたなくなる。むしろ、損害を減らすために措置を講じるのは、農家のほうである。ただし、そうなるのは、それによって販売可能となる追加的作物からの利得が、そのために必要となる費用を超える場合に限られる。容易に示されるように、こうした状況下では、生産物の価値は、飼い牛の引き起こす作物損害の責任が牧場主にないときのほうが、彼に責任があるときよりも、大きくなる可能性がある。さて、以下のように仮定してみよう。牧場主に賠償責任があるときには、牧場主は損害を完全に除去する措置を講じることが有利であると判断する。また、牧場主に賠償責任が問われないときには、農家が、これと同様の効果をもつ行動をとる。さらに、仮定として、損害を除去するための費用は、牧場主にとっては八〇ドル、農家にとっては五〇ドルとしよう。以上の仮定のもとでは、かりに牧場主に賠償責任が問われないとするなら、損害を除去する措置を講じるのは農家である。農家が負担する費用は五〇ドルになる。一方、飼い牛が生む作物損害の責任が牧場主にあったとしたら、牧場主が損害を除去するのに必要なことを行なったはずである。牧場主が負担する費用は八〇ドルになっただろう。こうして、生産物の価値は、牧場主に責任がないときのほうが、三〇ドル（八〇ドルマイナス五〇ドル）だけ大きくなる。この具体例をとりあげた目的は、有害な影響を生み出す人々に被害者を補償する責任を負わせるべきではない、という点を提起することにあるわけではない。実際、損害除去の費用を、牧場主と農家とで入れ替えるなら、状況は変わって、飼い牛の引き起こす損害の賠償責任が牧場主にあるときのほうが、生産物の価値は大きくなる、ということになろう。これらの事例が示しているのは、牧場主に賠償責任が問われるときと問われないときのいずれの場合に生産物の価値はより大きくなるかは、それぞれの特定ケースの事情に依存する、ということである。

次のように指摘されることもある。少なくともコモン・ローが支配している国では損害は軽減されるに違いないから、私の立論はこの事実を考慮するように修正される必要があると。私は賠償責任が問われない場合の牧場主や、牧場主の賠償責任が問われるときの農家は、損害を軽減させるために費用分担を行なう誘因をもたない、と想定した。それに対して、次の点が指摘されてきた。すなわち、コモン・ローが支配する国では、牧場主に責任があるとしても、損害に対する補償を受けるためには、農家にも損害を軽減すべく理に適った措置を講じる義務があるし、また、たとえ牧場主に責任がないとしても、賠償請求されることを避けたいならば、牧場主にも同じことをする義務がある、と。確かに、コモン・ロー・システムの作動の分析に従事する者にとって、この点が重要であることは疑いない。ではあるが、それは私の述べた論点を変更するものではない。

こうした原則が存在することで、牧場主と農家は、さもなければ実行しなかったであろう支出を実行することになるかもしれない。とはいえ、裁判所はおそらく、そうした支出が実行されなければならないとは考えないだろう。それは、こうした支出で相当な額の損害削減ができることが十分に明らかとなるのでないかぎり、そうであろうし、それに、この点と同じくらいに重要なことであるが、この損害削減をもたらすのに必要な行動が裁判所によって知られているのでないかぎり、そうであろう。損害軽減の原則があったからといって、この原則にもとづいて、牧場主は、彼に農家を補償する責任があるならばとるはずのすべての損害削減手段をとるようになるとは思えないし、農家についても、牧場主に責任がないとしたら彼がとるはずのあらゆる損害削減手段をとるようになるとは思えない。そして、もしそのとおりなら、私の結論には何の変化も生じない。かりに、損害を軽減した後の段階で、牧場主が損害を除去するために負担せざるを得なかった費用が七〇ドル（ただし、依然として残る損害は七〇ドルを超えるものとする）であり、農家がこれを行なったならば二〇ドルで済む、と考えてみよう。この場合、牧場主に損害の賠償責任がないならば、明らかに生産物の価値は五〇ドルだけ大きくなる。したがって、この場合には、損害防止の行動をとるように強制されるべきは農家のほうであろう。もちろん、別の数値例を用いれば、牧場主に賠償責任があるときのほうが生産物の価値は大きくなるといった状況を得ることもできる。

以上のような反論とは別に、ザーブ（Zerbe）によって、私が分析で用いた責任ルールは最適な責任ルールではないから私の結論は誤りである、と指摘されたこともある。[17] この反論は、取引費用が存在するときには責任ルールは最適であり得ないとする私の主張について、議論の性格を誤解した反論である。まず、取引費用がゼロの世界では、すべての当事者は生産物価値を増加させる効果を有するすべての調整を発見し公開する誘因をもつ。したがって、最適責任ルールを構成するに必要な情報は、利用可能であると考えることができる。もっとも、こうした状況下では、責任ルールのいかんを問わず生産物の価値は最大化されるはずであるから、この説明さえ余計であると考えられるかもしれない。ところがひとたび取引費用を考慮すると、多くの当事者にとって、最適な責任ルールを構成するに必要な情報を公開する誘因が失われる（ないしは、その誘因が弱められる）。実際問題として、この情報は彼らに知られることさえないかもしれない。というわけは、情報を公開する誘因をもたない人々にとっては、それが何であるかを発見する理由もないからである。実行され得ない取引に必要とされる情報は、収集されることもないだろう。

法的状況のいかんにかかわらず資源配分が同一にとどまることをゼロの取引費用のもとに証明するのと同じアプローチを用いて、取引費用が正のときには、資源の用途決定において、法が決定的な役割を演じることを明らかにできる。しかし、それだけにとどまらず、それ以上のことを示し得る。取引費用がゼロのときには、契約の取決めの調整が行なわれ、生産物の価値を最大化する行動をとることが当事者たちの利益に適うように権利と義務が修正されるから、結果は同一である。正の取引費用がある場合には、これらの契約取決めの調整の一部ないしすべては、費用がかかりすぎて実行できなくなる。生産物の価値を最大化する行動の一部については、これを実行する誘因が失われる。どの誘因が欠落することになるか、これは法のあり方に依存する。なぜなら、生産物価値を最大化する行動はいかなる契約取決めの下で実現されるのかを決定するのが、法だからである。法的ルールの相違がどのような結果の相違を招くかは、直観的には明らかではなく、それは、各々の特定ケースにおける事実関係に依存する。たとえば、本節の前の部分で示したように、有害な影響を生み出す人々が彼らの引き起こした危害によって損害を被る人々を補償する責任を負わないときのほうが、生産物の価値はより大きな額になる、ということも起こり得る。

6　ピグー的課税

「社会的費用の問題」が発表されるまで、責任ルールのあり方が資源配分に対して及ぼす影響は、経済学の文献のなかではほとんど議論されてこなかった。ピグーに続く経済学者たちは、補償されない損害について語り、有害な影響に責任のある人々は、彼らのために危害を被る人々を補償する責任を負うべきであるとの含意を引き出してきたけれども、しかし、責任ルールの問題は、経済学者が十分に注意を払ってきた問題ではなかったのである。大部分の経済学者が考えてきたことは、他人に対して有害な影響を及ぼす生産者行動から生じてくる問題は、適切な課税・補助金制度の制定によって取り扱うのが最も望ましい、というにあった。そこでの強調点は、課税の利用に置かれていた。たとえば、最近のある専門論文の序文には、以下のような記述がみえる。「競争経済における効率性の実現には、負（正）の経済効果を生み出す財貨に対する課税（補助金）が要求される。このことは、経済学の確証された一帰結である」[18]。有害な影響の生成を規制する手段としてのメリットが何であるにせよ、これとは別に、課税の利用という考え方には二次的な魅力も存在した。つまり、既存の価格理論を用いてこれを分析できること、考案された体系は黒板の上や論文のなかでは印象的に見えること、さらに対象となっている問題の知識が要求されないこと、である。

「社会的費用の問題」の結論にいたる部分で、私は、たとえ政府当局がそうすることを望むとしても、税制による最適な資源配分の達成を仮定することはできない、と主張した。しかしながら、ボーモル（Baumol）のような同情的批評家でさえこの主張を理解することに失敗しているほどだから、そこでの私の表現が適切でなかったことは明らかである。ボーモルの批判は、私の過去の立場でもなく、今の立場でもないものに向けられた批判である。したがって、ここで私がなすべきは、私の論点をもっと明確に設定し、批判者たちを迷わせてしまった省略ないしは不十分な表現を含む部分を敷衍し直すことであると思われる。有害な影響を処理するための課税の利用について書いた人たちの多くは、私の主張点に関するボーモルの解釈を受け入れてきた。しかし、私の批評対象をボーモルの著わしたものだけに限定しても、私自身の論点を明快にするうえでは十分であろう。(19)

〔論文「社会的費用の問題」での〕議論を開始するにあたって、私は、税が、引き起こされた損害の価値に等しいものと仮定する、と述べた。私の論点を説明するために用いた具体例は、工場からの煤煙によって、年間一〇〇ドルの損害が発生する、しかし、煤煙防止装置を九〇ドルで設置することもできる、という例である。煤煙を排出すれば、工場の所有者は一〇〇ドルの税を支払わねばならなくなるから、そのため彼は、煤煙防止装置を設置し、そうすることで年間一〇ドルの費用を節約するだろう。ところが、この状況は最適でないかもしれない。いま仮定として、損害を被っている人々は、年間四〇ドルの費用がかかる措置を講じることで、この損害を避け得ると想定しよう。この場合には、たとえ税が課されることがなく、しかも工場が煤煙を排出するとしても、生産物の価値は五〇ドル(九〇ドルと四〇ドルの差)だけ大きくなる。私は、その後のところで、以下のように述べた。この工場の周辺に立地する住民や企業の数が増加すると、煤煙の一定量の排出で生み出される損害額も増加するだろう。このことの帰結として、煤煙が排出され続けるならば、より高額の税が課せられるようになる。結果的に、工場は、高額の税支払いを回避しようとして、煤煙を防止するために、以前よりも多額の費用を進んで負担することになる。工場の周辺への立地を決定する人たちは、この追加的費用を考慮することはないだろう。この点は、同じ数値例を用いて容易に説明できる。はじめに、この工場の周辺には誰も立地していないと想定しよう。煤煙は存在するだろうが、損害は存在せず、したがって、税も課されない。次に、ある開発業者が工場の近くに新たな居住区を建設することを決定し、その結果、煤煙で発生する損害の価値は年間一〇〇ドルになったと想定する。この開発業者は、工場所有者が年間九〇ドルの費用を要する煤煙防止装置を設置することを期待できる。なぜかといえば、そうすることで工場所有者は一〇〇ドルの税を節約できるからである。煤煙はいまや存在しないから、工場の周辺に暮らしはじめた人々は煤煙からいかなる損害も被ることはない。しかし、この状況は最適でないかもしれない。開発業者は、年間四〇ドルの追加的費用を負担すれば、ここと同じくらい望ましく、しかも煤煙のない地所を、他の場所で選ぶことができたに違いない。ここでもふたたび、たとえ税が課されることがなく、しかも工場が煤煙を排出し続けたとしても、生産物の価値は年間五〇ドルだけ大きくなる。

私はまた、次のようにも述べた。もしも「工場所有者が、生じた損害に等しい額の税を支払わねばならないのであれば、その場合には二重の税体系を設けることが明らかに望ましい。つまり、損害を避けるために、この地域の住民にも課税して、工場所有者……に賦課される追加的費用に等しい金額を支払わせるのである」[20]。この点は容易に示される。工場所有者に賦課される追加的費用は、われわれの例では年間九〇ドルである。そこで、九〇ドルの税が近隣居住区の住民に対して課されるものと仮定しよう。この場合には、開発業者は、他の場所に居住区を建設したほうが望ましいと考えるはずである。なぜなら、年間四〇ドルの追加的費用を負担することになる代わりに、年間九〇ドルの課税を免れることができるからである。こうして、工場は煤煙を排出し続けるが、生産物の価値は最大化されることになる。

問題の解決のために二重課税制度やその他の租税制度を導入することを私が推奨していると結論づけるのは誤りである。私が指摘したのは、次のことにすぎない。つまり、もし損害をベースとする税が存在するのであれば、望ましいやり方として、有害な影響に責任をもつ企業が費用負担を強いられる元となった、そこに暮らす人々に対して、課税することも考えられる、ということである。しかし、「社会的費用の問題」のなかで述べたように、すべての租税制度には困難があふれている。したがって、何が望ましいかは解答できないことなのかもしれない。

ボーモルは、彼の論文において私の見解をかなり詳しく検討しているが、彼の主な目的は、「ピグー的伝統のもとに導かれる諸結論には、事実上、欠点がないことを、それ自身の土台の上で明示すること」[21]にあるという。彼は、煙害のケースにおいては、「適切に選択された、工場だけに課せられる（ただし地域住民への補償支払いは行なわれない）税が、純粋競争下での最適資源配分にとってまさしく必要とされるものである」[22]と主張する。続けて、彼は、（私が提起したような）二重の課税は不必要であると論じ、さらに、課税制度は工場周辺に過剰人口を集中させるとする私の考えが、金銭的外部性と技術的外部性とを混同した結果であると主張している。しかし、本節で先に検討した数値例によれば、私の結論は正しいことが示されている。ボーモルと私は、なぜ異なった解答に到達したのか。その理由は次にある。つまり、私は、私の論文で、課せられる税は生じた損害に等しくなければならないと仮定したが、ボーモルの税はこの損害には等しくないのである。確かに、ボーモルの課税制度が想像可能なものであることは否定しないし、その制度が現実に適用されるならば、その結果はボーモルが叙述したとおりになることも否定しない。私が論文で述べた反論は、それを現実に適用することが不可能だということである。私はこのことを明快に説明したつもりでいる。以下の文章は、「社会的費用の問題」で述べたものである。「生産者だけに損害発生の税を課す税体系のもとでは、損害防止の費用が過度に高められる可能性がある。もちろん、この事態を避けるには、課税ベースを、発生した損害の額ではなくて、煤煙の排出で発生する（最も広い意味での）生産物価値の低下分に置けばよい。しかしながら、そうするためには、個人の選好についての詳しい知識が必要になる。

私には、こうした税制に必要となるデータがどのようにして収集されるのか、想像することができない」。(23)

私の念頭にあるものをはっきりとさせるには、ピグー的課税方式がどのようにして実施されるのかを検討すればよい。注意すべきは、ボーモルが指摘するように、この課税には「多人数」のケースへの適用が意図されていることである。したがって、われわれの例に即していえば、多数の人や多数の企業が工場からの煤煙によって影響を及ぼされている、と仮定するのでなければならない。さらに注意を要するのは、税収は、補償として、煤煙で危害を被っている人々に与えられるわけではない、という点である。したがって、これらの人々は、より少ない費用で損害の価値を減少させる諸手段を採用できるのであれば、それを実行する誘因をもつことになる。こうした諸手段の費用は、依然として残る損害の価値とともに計算され、煤煙による影響が及ぶ（あるいは及ぶかもしれない）すべての人々について総計される。その計算は、新たに、煤煙の排出の各々の水準に関して、あるいは少なくとも、十分に広い範囲内の排出水準に関して、なされるのでなければならない。そうすることで一つの尺度が得られ、この尺度を用いて、煤煙による生産物価値の減少分を、煤煙のそれぞれの排出水準について測ることができることになる。課税の設定は、煤煙排出水準のそれぞれに対して、これが引き起こす生産物価値の減少分に等しくなるように定められる。工場所有者にはこの尺度が提供され、彼は［この尺度にもとづいて］支払うべき税の額を計算し、生産方法と煤煙排出量とを選択する。彼は、煤煙排出の減少に必要な追加的費用が、それによって節約できる税の額よりも少ないかぎり、煤煙の排出を減少させるだろう。課税額は、煤煙で生ずる他のどこかの生産物価値の減少分に等しく、さらに、生産方法の変更にともなう費用増加分は、煤煙発生のもととなる活動による生産物価値の減少分に対応している。こうしたわけで、工場所有者は、追加的費用を負担するか税を支払うかの選択にあたって、生産物価値を最大にする決定を行なうことになる。課税制度が最適であるといわれるのは、このような意味においてである。

状況は、しかし、これよりもはるかに複雑である。工場所有者が普通望むのは、煤煙の排出水準を時間を通じて一定値に保つ方法で事業を進めることではなく、むしろ、煤煙排出量に変化を生む方法で操業することだと思われる。煤煙排出のこうした変動の程度やタイミングは、工場周辺の住民が有益とみなす調整に対して、影響を及ぼすだろう。もともと煤煙の排出パターンには無限の可能性があるが、しかし疑うまでもなく、適切な課税方式の考案に必要なデータを収集するには、一定の限られた煤煙排出パターンに対して工場周辺の住民（ないし、そこに暮らすようになるかもしれない他の場所の人々）がどのように反応するかを聞き出すだけで足りるもの、と考えられよう。もちろん、煤煙排出の影響を相殺するために用いることが有益な手段はその耐久年数にかかっているから、データは将来に向け長い年月にわたって収集される必要がある。

明らかなように、以上の説明でさえ、非常に複雑なプロセスを高度に単純化したものでしかないが、しかしこの説明により、ピグー的課税方式の実現のためになされなければならない事柄について、ある程度の理解は得られるだろう。煤煙で影響を受ける地域のすべての住民（ないし、これらの人々から選び出した適当な大きさの標本）は、次のような情報を公開しなければならないだろう。すなわち、彼らは煤煙からどのような損害を被っているのか。その損害を避け削減するためにどんな措置を講じようとしているのか。工場からの様々な煤煙排出パターンのもとで煤煙はどれほどの費用を彼らに対して賦課するのか。さらに、同じ質問は、この地域に暮らしてはいないが、煤煙の排出水準が十分に抑制されるときここへ移住してくるかもしれない人々に対しても、なされなければならないだろう（そのためには、もちろん、こうした人々を特定できることが仮定されなければならないが）。これら多数の人々から求められるべき情報は、かりに彼らがその情報をもっていたとしても、彼らにとっては公開しても利益にはなり得ない情報である。また、ほとんどの場合において、知ろうとも思わない情報である。このようなわけで、思うに、ピグー的課税方式に必要となる情報を収集する方法は存在しないのである。

「社会的費用の問題」において議論された課税制度は、税と、引き起こされた損害とを、一致させるような課税制度であった。この税体系は、ピグー的課税方式に要求されるものとくらべれば、はるかに限られた情報収集を必要とするだけである。そうとはいえ、この税方式は容易に達成できるものではないし、私がそこで述べたように、どのケースについても、得られる結果は最適とはならない。私の主たる目的はこの点を示すことにあった。これに加えて、次のようにも述べた。すなわち、工場所有者が損害をベースとした税を支払うのであれば、煤煙で損害を被っている人々も税を支払うのが望ましく、その際の支払額は、工場所有者が損害発生を避けるために負担した費用に等しく設定されるべきである、と。このように述べた理由は次にある。つまり、もしも損害をベースとして税が課されると、人や企業が工場の近隣に定着するようになり、結果的には、工場の周辺に定着した人々が他の場所を選択するならば費用はもっと安く済むにもかかわらず、工場所有者は煤煙防止装置を設置してしまうという事態が起こり得るからである。ボーモルによれば、「外部性（つまり煤煙）によって、近隣の人口規模は低い水準に抑制され続ける」[24]から、ここのような事態は起こらないとされる。彼は、しかし、ピグー的課税制度が現に実施されていることを仮定している。このことを私は仮定していない。私が議論した課税制度では、税は損害にもとづいて課される。この課税制度のもとでは、工場所有者は、状況によっては煤煙防止装置を設置する誘因をもつが、この誘因はピグー的課税方式のもとでは存在しなかったものである。ひとたび煤煙防止装置が設置されると、煤煙はなくなり、したがって、工場の周辺に立地したいと望む人々を妨げるものも、またなくなる。そして損害額を所与としたとき、人々は、煤煙防止装置が設定されることを見越して行動するだろう。二重課税の目的は、人や企業が工場の周辺に立地することを抑制し、どこか他の場所に立地するほうが安い費用で済むときに、〔にもかかわらず工場周辺に立地しようとする人や企業に対して、彼らの負担する〕費用を上増しすることにある。けれども、私は、これら多様な課税制度の相対的メリットについて論争したいわけではない。そうしたことをはじめれば、複雑な、そして私に関するかぎりは意味のない、議論の茂みへと迷い込んでしまう。すべてこれらの課税制度には非常に重大な欠陥が含まれるのであって、経済学者が最適と考えるような結果は、確かに得られそうにない。なるほど、課税制度のなかには、不完全であるにせよ、ある状況下では他の代替案（無実行を含む）よりも望ましい結果をもたらすと考えられるものがあるかもしれない。しかし、これは別の問題である。ここでは、この問題には触れないでおく。

彼の論文の後のほうで、ボーモルは本質的にこれと同じことを述べている。彼はいう。「結局のところ、文字どおり解釈されたピグー的接近法の適用可能性を確信する根拠は、われわれにはほとんど残されていない。われわれは必要とされる税や補助金を、どのようにして計算するのかを知らない。試行錯誤によってそれらを近似するにしても、われわれはこれをどのようにして行なえばよいのかを知らない」[25]。ボーモルは、「それ自身の土台の上で検討してみると、ピグー的伝統のもとに導かれる諸結論には、事実上、欠点がない」と述べているが、明らかにそれが意味するのは、その論理そのものには欠点がないこと、そして、その提案する課税制度が実行されるならば、もっとも事実は実行不可能なのだが、資源配分は最適になること、である。この点を私はけっして否定したことはない。私が述べた論点は、こうした課税提案が夢想をかき立てるだけの戯言（ざれごと）だというにすぎない。私の若い頃には、言葉にするには愚かすぎることでも唄になら歌ってもよい、などといわれた。現代経済学においては、数学に翻訳し直すのであればよい、ということになろうか。

〈第六章　注〉

（1） R. H. Coase, "The Federal Communications Commission," *The Journal of Law and Economics* (October 1959): 25.

（2） Ibid., 27.

（3） George J. Stigler, *The Theory of Price*, 3rd ed. (New York: Macmillan Co., 1966), 113.〔邦訳、前出〕。

（4） George J. Stigler, "The Law and Economics of Public Policy: A Plea to the Scholars," *Journal of Legal Studies* 1, no. 1 (1972): 12.

（5） Paul A. Samuelson, "Modern Economic Realities and Individualism," *The Texas Quarterly* (Summer 1963): 128; reprinted in *The Collected Scientific Papers of Paul A. Samuelson*, vol. 2 (Cambridge, Mass.: MIT Press, 1966), 1411.

（6） Paul A. Samuelson, "The Monopolistic Competition Revolution," in *Monopolistic Competi-*

tion Theory: Studies in Impact; Essays in Honor of Edward H. Chamberlin, ed. Robert E. Kuenne (New York: Wiley, 1967), 105; reprinted in *The Collected Scientific Papers of Paul A. Samuelson*, vol. 3, 36.

(7) Paul A. Samuelson, *Foundations of Economic Analysis* (Cambridge, Mass.: Harvard University Press, 1947), 238.〔邦訳、前出〕。

(8) Ibid., 251.

(9) Samuelson, *Collected Scientific Papers*, vol. 3, 35 をみよ。

(10) Ibid., 36.

(11) Ibid.

(12) Stanislaw Wellisz, "On External Diseconomies and the Government-Assisted Invisible Hand," *Economica*, n. s., 31 (November 1964): 345–62.

(13) Donald H. Regan, "The Problem of Social Cost Revisited," *The Journal of Law and Economics* 15, no. 2 (October 1972): 427–37.

(14) Gerald E. Auten, "Discussion," in *Theory and Measurement of Economic Externalities*, ed. Steven A. Y. Lin (New York: Academic Press, 1976), 38.

(15) Coase, "Federal Communications Commission," 25.

(16) Stigler, *Theory of Price*, 113.

(17) Richard O. Zerbe, Jr., "The Problem of Social Cost: Fifteen Years Later," in *Theory and Measurement of Economic Externalities*, 33.

(18) Agnar Sandmo, "Anomaly and Stability in the Theory of Externalities," *The Quarterly*

Journal of Economics 94, no. 4 (June 1980): 799.

(19) William J. Baumol, "On Taxation and the Control of Externalities," *The American Economic Review* 62, no. 3 (June 1972): 307-22.

(20) 「社会的費用の問題」本書二五六―二五七ページをみよ。

(21) Baumol, "On Taxation," 307.

(22) Ibid., 309.

(23) 「社会的費用の問題」本書二五七ページをみよ。

(24) Baumol, "On Taxation," 312.

(25) Ibid., 318.

第七章

経済学のなかの灯台*

I 序論

経済学者の論著のなかに灯台が登場するのは、政府の経済的役割の問題に関してそれが照射する光のゆえである。私企業ではなく政府でなければ供給できない、そうしたものの一例として、しばしば灯台がとりあげられてきた。そうした際に、一般に経済学者の考えにあったのは、灯台が存在することで便益を受ける船舶の所有者から支払いを確実に受け取ることは不可能であり、いかなる私的な個人ないし企業にとっても、灯台を建設し維持することは利益にならない、ということであったと思われる。

ジョン・スチュアート・ミルは、『経済学原理』(*Principles of Political Economy*) の一章「自由放任主義あるいは不干渉主義の根拠と限界について」のなかで、以下のように述べている。

……航海の安全のために、灯台を建設・保全すること、浮標(ブイ)を設置すること、等々、は、政府にとって固有の任務である。なぜなら、灯台から便益を受ける海上の船舶に、それを利用するたびごとに料金を支払わせることは不可能なのであって、国家によってなされる強制的課税のなかから元利を支払われるのでないかぎり、私的利益を動機としては、だれしも灯台を建設しようとはしないからである。(1)

ヘンリー・シジウィック(Henry Sidgwick)は、『政治経済学原理』(*The Principles of Political Economy*)のなかの一章「生産との関係でみた自然的自由の体系」で、これについて次のように述べる。

……「個人は、自由交換を通して、彼の提供するサービスに対する十分な報酬をつねに受け取ることができるとする」想定があるが、広範かつ多様な状況において、この想定は明らかに誤りである。まず第一に、公益事業によって提供される便益のなかには、その本質から、これを生産したり購入しようとする者にとって、実際的にはそれから利益をあげることが不可能なものがある。たとえば、容易に起こりそうなことであるが、適所に建設された灯台の便益は、もっぱら、都合よく料金を賦課できない船舶によって享受されるに違いない。(2)

ピグーは、『厚生経済学』のなかで、シジウィックのこの灯台の例を、補償されないサービスの一例として用いている。こうしたケースでは、「同様のサービスが第三者に対しても提供されるが、それらの人から的確な支払いを取り立てることが技術的に困難であるために、限界純生産物は社会的限界純生産物を下回ってしまう」[3]とされる。『経済学』でのポール・A・サミュエルソンは、これら先達の著作家たちにくらべて、もっと率直である。彼は、「政府の経済的役割」に関する節のなかで、「政府は、それなしでは共同体の生活があり得ないような、しかも、性格上、私企業に任せることが妥当でないような、ある種の必要不可欠な公共サービスを提供する」と述べたうえで、「明らかな例」として国防や国内治安の維持、司法や契約の管理運営を挙げ、さらに、脚注として以下を付け加えている。

比較的新しい政府サービスの例としては灯台がある。灯台は人命や貨物を救う役割を果たすが、灯台守は海上に乗り出していって、船長たちから料金を集めるわけにはいかない。より上級の専門書で指摘されているように、「そのために、ここには、次の二つのものの乖離、つまり、一方で私的利益と貨幣費用［灯台業を営んで金儲けしようとする風変わりな人の目から見たもの］と、他方で真の社会的利益と費用［救助された人命や貨物の利益に対して(1)灯台の総費用および(2)船舶の追加的一隻に警告の光を認めさせるに必要な追加的費用を比較秤量することで求められるもの」、この両者の間の乖離が生まれることになるのである」。哲学者や政治家は、こうした「私的利益と社会的利益との外部経済的乖離」の存在するケースにおいて政府が果たすべき役割をつねに認めてきた。(4)

サミュエルソンは、後段でもふたたび「外部効果のゆえに正当化される政府活動」の一つとして灯台をとりあげ、次のようにいう。

前にも挙げた岩礁に対して警告を発する灯台の例を考えてみよう。灯台の光は、それを見ることのできる誰にとっても役に立つ。しかし、事業家が利潤目当てにそれを建設しようと思っても、各利用者から価格を徴収できない以上、それは建設できない。確かに、これは、政府が引き受けるのが自然とされる活動の一例である。(5)

サミュエルソンは、以上で問題を終わりにしているわけではない。彼は、さらに（彼以前の著作家には見られない）もう一つの論点を示すためにも、灯台を例にとりあげる。いわく、

……灯台の例に関しては、注意すべき点が一つある。灯台守は、灯台からの受益者から、

購入価格という形で料金を徴収することはできないのであって、明らかにこの事実が、灯台の仕事を社会的財ないし公共財にふさわしいものとする一助となっている。しかしながら、かりに灯台守が――たとえばレーダーによる探査によって――付近を通る利用者の誰からも使用料を徴収できるとしても、だからといって、灯台サービスが私的財のように市場で決まる個別価格で供給されることが社会的に最適であるということには、必ずしもならないのである。なぜだろうか。その理由は次にある。つまり、船舶の追加的一隻に灯台サービスを利用させることは、社会にとってゼロの追加費用で済み、それゆえ、プラスの価格を支払わねばならないためにその水域に入るのを思いとどまる船があるとすれば、それは社会経済的な損失にほかならないからである。――たとえすべての利用者に課せられる価格が灯台の長期費用を賄うのに必要な範囲内であるとしても、そうである。かりに灯台を建設・運営することに社会的な値打ちがあるとしたら――もちろんそうでないこともあり得るが――、誰もがこの社会的財を最適に使用できるようにする値打ちがある。どのようにしたらそうなるのかについては、より上級の専門書が示すところである。(6)

サミュエルソンの見解には逆説的な要素が含まれている。私企業にはサービスに対する料金が請求できないから、政府が灯台を供給しなければならない。しかし、たとえ私企業にとってこうした料金が請求可能であったとしても、私企業はそうすることを許されるべきではない（そのためには、おそらく、やはり政府活動が必要とされるだろう）。こうしたサミュエルソンの見解は、ミル、シジウィック、ピグーたちの見解とは明らかに異なっている。これらの著作家の論著を読むかぎり、灯台の使用に対する料金請求の困難さが、灯台政策に重要な結果を及ぼす重大なポイントとされている。彼らは、料金請求それ自体に反対しているわけではなく、それゆえ、かりに請求が可能であるなら、彼らは私企業による灯台運営にも反対しないだろう。ただし、ミルの主張に関しては、曖昧な点がないわけではない。ミルによれば、政府が灯台を建設・保全すべきとされる理由は、便益を受ける船舶に料金を支払わせることはできないから、私企業が灯台サービスを提供することはないだろうという点にある。ところが彼は、これに制限を加え、「国家によってなされる強制的課税のなかから補償されるのでないかぎり」とする限定句を付記している。私は、ここにいう「強制的課税」を、灯台で便益を得ている船舶に対して賦課される税（つまり課税は結局のところ使用料）と理解する。ミルの説明ではっきりしないのは次の点である。つまり、彼が述べようとしたのは、「強制的課税」が実施されることで、人々にとって「私的利益を動機として灯台を建設すること」が可能となり、それゆえに、政府による灯台運営は必要でなくなるということなのか。それとも、私企業にとって「国家によってなされる強制的課税のなかから元利を支払われる」ことは不可能であり（または望ましくなく）、それゆえに、政府による灯台運営が必要になるということなのか。私自身としては、これらの代替可能な解釈のうち、最初のほうこそミルの念頭にあったものだと考えている。かりにこの解釈が正しいとすれば、それは、灯台の建設・保全が「政府にとって固有の任務」であるとする彼の見解に、重要な限定を加えるものとなる。いずれにしても、ミルは、原理的には、料金を賦課することに対していかなる反対もしていないこと、この点は明らかと思われる。[7] シジウィックの主張（これはピグーが引用した主張であるが）には、解釈面での問題点はまったくない。しかし、その特徴はきわめて制約的である。彼はいう。「容易に起こりそうなことであるが、適所に建設された灯台の便益は、もっぱら、都合よく料金を賦課できない船舶によって享受されるに違いない」。これは、料金を課すことが不可能だといっているのではない。というよりもむしろ、逆のことを意味している。それが述べているのは、灯台からの受益者の大部分にとって、料金支払いを回避できる状況が存在し得るということである。それは、灯台の便益が、もっぱら料金を都合よく賦課できる船舶によって享受されるといった状況が存在し得ないということを意味しているわけではない。こうした状況にあっては、料金を賦課することが望ましい——そうすれば灯台の私的運営は可能となるだろう——ということを意味しているのである。

私の考えでは、英国の灯台制度に関する一定の知識をもたずしては、ミル、シジウィック、ピグーの見解を的確に理解することは困難であると思われる。なぜなら、これらの著作家たちは、英国の灯台制度がどう運営されていたかの詳細についてはおそらく不案内であったろうが、彼らがその制度の一般的性格について知識を有していたことは疑う余地がないし、彼らが灯台について語った際に、その知識が彼らの考えの背景にあったことも間違いないからである。とはいえ、英国の灯台制度についての知識は、ミル、シジウィック、ピグーをより深く理解するのに有用なだけでなく、サミュエルソンが灯台について語ったことを評価するための文脈を整理する上でも役に立つことだろう。

2　英国の灯台制度

灯台の建設・保全に関与する英国の公的機関は、(イングランドとウェールズについては)トリニティ・ハウス (Trinity House)、(スコットランドについては) 北部灯台委員会 (the Commissioners of Northern Lighthouses)、(アイルランドについては) アイリッシュ灯台委員会 (the Commissioners of Irish Lights) である。これら各当局の経費は一般灯台基金 (the General Lighthouse Fund) から拠出される。この基金の収入は、船主によって支払われる灯台使用料 (light dues) から賄われる。灯台使用料の支払い取りまとめとその経理の責任は、(支払いがイングランド、ウェールズ、スコットランド、アイルランドのいずれでなされるものでも) トリニティ・ハウスがもつ。ただし、実際の支払窓口となるのは、各商港に置かれた税関である。灯台使用料から得られた資金は、一般灯台基金に繰り入れられる。この一般灯台基金は、商務省の管轄下に置かれている。灯台各当局は、経費を賄うための要求を一般灯台基金に対して行なう。

各々の灯台当局に対する商務省の関係は、ある意味で、英国政府省庁に対する大蔵省の関係に似ている。各灯台当局の予算は、商務省によって承認されなければならない。三つの灯台当局の予算提案はクリスマス前後に提出され、年一回ロンドンで開かれる灯台会議(Lighthouse Conference)で審議される。この会議には、上記三つの灯台当局と商務省に加えて、灯台諮問委員会(the Lights Advisory Committee)のメンバーが出席するが、これは、船主と保険業者および荷主を代表する(この業界の協会組織である)海運会議所(the Chamber of Shipping)の委員会である。灯台諮問委員会は、法的権限を有しているわけではないが、審理の過程で重要な役割を果たし、同委員会が表明する見解は、灯台当局と商務省の双方によって考慮される。つまり、この見解を勘案しつつ、灯台当局は予算を作成し、商務省はその予算を承認するかどうかを決定する。灯台使用料は商務省によって設定され、見込まれる経費に十分見合う額の収入が数年の期間にわたって確保される水準となるように決められる。しかし、業務計画や現在の取決めの変更の決定については、灯台会議の構成員、なかでも灯台諮問委員会のメンバーが、新たな業務や現在の取決めの変更が灯台使用料の水準に及ぼす影響を勘案しつつ行なう。

灯台使用料の徴収対象の基礎は、一八九八年に施行された商船（海運商船基金）法の第二条で規定されている。(8) その後、勅令によって料金の水準やその他若干について修正が加えられたが、現在の徴収方法は、基本的には一八九八年に確立されたものである。料金は、航行のつど、純トンあたりいくらとされ、英国の港に出入港するすべての船舶によって支払われるものとされる。「国内交易」船の場合、一年のうちの最初から一〇回目よりも後の航行については、灯台使用料を支払う義務がない。また、「外国貿易」船の場合には、六回目よりも後の航行について、使用料を支払う義務がない。灯台使用料は船舶のこの二区分に応じて異なっており、その額は、同じ大きさの船舶であれば、「国内交易」船の一〇回分の航行が「外国貿易」船の六回分の航行と概ね同じ総額の収入をあげるように、設定されている。いくつかのカテゴリーの船舶は、純トンあたり、より低率の料金が適用される。これに該当するのは、一〇〇トン以上の大型帆船およびクルーズ船である。引き船と遊覧用ヨットは、航行のつど支払いをするのでなく、年一回の一括払いをする。さらに、ある種の船舶は灯台使用料を免除される。これに該当するのは、英国あるいは外国の政府所有の船舶（ただし、報酬を取って積み荷や乗客を運ぶのでないとする）、漁船、底開き運搬船および浚渫船、一〇〇トン未満の（遊覧用ヨットを除く）帆船、二〇トン未満の（遊覧用ヨットを含む）すべての船、空荷の（引き船と遊覧用ヨット以外の）船、燃料や物資補給や海上での危険回避のための寄港船、以上である。これらすべての規定には、限定事項が付されている。しかし、以上の規定をみただけでも、この料金制度の一般的性質は明らかである。

現在の状況は次のとおりである。すなわち、英国の灯台サービスの経費は、一般灯台基金によって賄われ、そして、この基金の収入は灯台使用料により充当される。この基金は、英国とアイルランドの灯台の経費を賄うだけでなく、他の使途として、いくつかの植民地の灯台の維持や、難破船をマークし撤去する費用(ただし、サルベージ会社から払い戻されない部分に限る)の支払いにも用いられる。もっとも、これらの支払いは、経費全体のうち、ごくわずかな割合を占めるにすぎない。灯台の経費には、一般灯台基金からの拠出によらないものもある。「地方灯台」(local lights)は特定の港湾を利用する船舶だけに便益を与えるが、その建設と保全の費用は一般灯台基金によっては賄われない。この基金は、「一般航海」に役立つ灯台の資金調達だけに、その使用を制限されている。「地方灯台」への支出は港湾当局によって行なわれるのが普通で、その資金は港湾使用料によって充当される。

3　英国灯台制度の展開

一八四八年にミルが〔『経済学原理』を〕著わし、一八八三年にシジウィックが〔『政治経済学原理』を］著わしたとき、彼らが念頭に置いた実際の英国の灯台制度は、ことわるまでもないが、初期の時代の制度のものであったはずである。ミルとシジウィックを理解するには、一九世紀の灯台制度とその発展の様子を、ある程度まで知っておく必要がある。もっとも、英国灯台の制度史を研究するのが有用であるのは、それによってミルとシジウィックの理解が容易になるからだけではなくて、灯台業務の運営のために利用できる代替的な制度的取決めの可能性についてわれわれが抱くヴィジョンを拡大するのに役立つからでもある。英国の灯台サービスの歴史を論じるにあたって、私は関心をイングランドとウェールズだけに限定するが、これらの地域での灯台制度は、ミルとシジウィックにとって、おそらく最も馴染みの深いものであったと思われる。

イングランドとウェールズにおける中心的な灯台運営当局は、トリニティ・ハウスである。それはまた、連合王国の水先案内に関する中心的な公的機関でもある。それは、本部を維持し、船員とその妻、寡婦、遺児のための慈善信託資金を管理する。それ以外にも、多方面の雑多な責任を負っており、たとえば、「地方灯台」の検査と規制、下級裁判所における海事事件への海事鑑定人やトリニティ・マスターの派遣などである。トリニティ・ハウスは、ロンドン港管理部（the Port of London Authority）をはじめ数多くの港湾部局の評議会に代表を送っており、そのメンバーは海事問題を取り扱う（政府の委員会を含む）各種の委員会に加わっている。

トリニティ・ハウスは古くからあった機関である。その起源は、中世の船乗りのギルドに求められるようである。一五一三年、ヘンリー八世に対して組織化の請願がなされ、一五一四年、許可証が授与された。(9) 設立認可証によってトリニティ・ハウスは水先案内を規制する権限を得たが、これは、慈善活動とともに、長い期間にわたってその代表的な活動となった。それは、かなり後になるまで、灯台業務とは無関係であった。

一七世紀以前の英国には灯台はほとんど存在しなかったようだし、一八世紀にいたるまでもそれほど多くは存在しなかったと思われる。しかしながら、航路標識には様々な種類のものがあった。標識とされたのは教会の尖塔、家屋、木立などで、その大部分は陸上にあり、しかも船乗りの助けとなるように設計されたものではなかった。浮標(ブイ)や灯火(ビーコン)も、航海を補助する手段として、用いられていた。ハリス（Harris）によれば、これらの灯火は、灯台ではなく、「海底や海岸に据え付けられた柱、ただし、柱の先端にはおそらく古びたランプが取り付けられていただろうが(10)」であったという。一六世紀初期には、航海標識の規制および浮標・灯火の設置は、海軍総司令官（the Lord High Admiral）がその責務を負うものとされていた。浮標や灯火を設置するために、提督は代理人を任命し、その標識から利益を受けると予想される船舶から使用料を徴収させた。トリニティ・ハウスは、一五六六年に航海標識を設置・規制する権限を与えられ、私的に所有された航海標識の維持について監視する責務を負った。この件については次のような事例がある。それまで航海標識として役立ってきた木立を許可なしに切り倒した商人が、「社会のための重要かつ一般的な善よりも己自身の些細な私的利益を優先した[11]」との理由で、厳しく非難されたという例がそれである。この商人は、一〇〇ポンドの罰金を科せられるところとなりえた（その収入は国王とトリニティ・ハウスとで折半することとされた）。トリニティ・ハウスが一五六六年法により航海標識の海上設置の権限を得たかどうかについては、いくぶんか疑念が持たれたようである。しかし、この疑念も、一五九四年、灯火・浮標の設置の権限が海軍総司令官によって放棄され、代わってトリニティ・ハウスにその権限が付与されるに及んで、解消した。事態が実際にどう進んだのかは定かでない。というのは、海軍総司令官は、一五九四年以降も、浮標・灯火規制を引き続き行なっていたからである。とはいえ、この領域でのトリニティ・ハウスの権限は、次第に承認されていったと思われる。

一七世紀の初め、トリニティ・ハウスは、カイスターとロウエストフトに灯台を建設した[12]。しかし、その次に灯台を建造したのは、一七世紀も終盤にいたってからのことである。この間、灯台の建造は、私人に肩代わりされることになった。ハリスが述べるように、「エリザベス朝社会を特徴づける要素は、表向きは公共利益を増進するといいながら、実際は私的利益を得ようと目論む事業発起人（プロモーター）である。灯台も、彼らの関心から逃れることはなかった[13]」。後段で彼が述べているところによれば、「ロウエストフトの灯台が完成した後、トリニティ・ハウスの会員たちはそのことで満足してしまい、それ以上のことは何もしなかった。……一六一四年二月、何か積極的なことを実行するよう要請され、総勢およそ三〇〇名ほどの船長、船主、漁師の請願に応えてウィンタートンに灯台を建設するまでは、彼らは無為を決め込んでいたようにもみえる。この種の要望への対応の失敗は、トリニティ・ハウスの信用を失墜させただけでない。利益獲得の目論みが存在したから、トリニティ・ハウスの無為は、すき間につけ込む私的投機行動を奨励するのにも等しかった。ただちに人々は、そうした投機活動を開始した」(14)。一六一〇年から一六七五年の期間中、トリニティ・ハウスによっては、一基の灯台さえ建設されなかった。〔逆に〕少なくとも一〇基の灯台が私人により建造された(15)。私人から出される灯台建設の要望のために、当然のことながら、トリニティ・ハウスは難しい状態に追いやられることになった。トリニティ・ハウスは、一方では、灯台建設の権限を有するただ一つの主体として認知されることを望んだが、他方では、その基金を灯台に投資することに積極的ではなかった。かくてトリニティ・ハウスは、灯台を建造しようとする私人の運動に反対したわけであるが、先にもみたとおり、これには成功しなかった。ハリスはこう指摘する。「灯台建設の発起者たちは、当時にあっては典型的な投機家であった。彼らは、公共サービスだけを考えに入れて動いたわけではないのである。……一六二一年の英国議会において、サー・エドワード・コーク (Sir Edward Coke) は、「船乗りの類の投機家たちは、ある方向を向きながら、それとは違った方向へと漕ぎ出していく。彼らは表向き公共の利益を装いつつ、実のところは私的利益を目指しているのだ」と述べているが、こうした主張には確固たる根拠があったのである」[16]。困難は次の点、すなわち、公共サービスの観念によって動機づけられている人々が灯台を建設しなかったことにあった。後段でハリスが述べているように、「なるほど、灯台建設の発起者たちの主たる動機は、私的利益にあった。しかし、少なくとも、彼らは事を成し遂げはしたのである」[17]。

トリニティ・ハウスの法的権限を侵害しないために私人が用いた方法は、次のようなものであった。それは、国王から特許を得て、灯台建設の権限、および、灯台から便益を受けると予想される船舶への使用料請求の権限を、手に入れる方法である。特許の授与を得るために、船主と荷主から請願書の提出がなされ、請願書には、灯台から大きな便益が生まれること、使用料が進んで支払われること、が述べられた。この請願への署名は、想像するに、通常の請願での署名募集と同じような方法で募られたのであろうが、疑うまでもなく、これらの署名がしばしば世論を真に代弁するものであったことは確かである。国王は、折にふれ、彼に功績のあった者への褒賞として、こうした特許授与を行なったのかもしれない。その後、灯台運営および使用料徴収の権利は、英国議会決議にもとづいて個人に授与されるようになった。

使用料は、代理人の手により、港において徴収された（これら代理人は複数の灯台のために働いていたと思われる）。彼らは私人の場合もあったが、一般には税関の役人であった。

使用料は灯台ごとに異なっており、船舶は、それぞれの灯台に対して、船体の大きさに応じて使用料を支払った。その料金は、通常、一航海ごとトンあたりレート（たとえば、四分の一ペニーないし二分の一ペニー）で設定された。やがて書物が出版されて一覧表が掲載され、様々な航海で通過することになる灯台と賦課される料金が示された。

その間に、トリニティ・ハウスが採用するようになった政策は、協会の資金を一定に保持しつつ（というより資金はむしろ増加したのだが）、その権利も維持するというものであった。トリニティ・ハウスは、灯台運営の特許を申請して、自己資金で灯台を建設しようとする私人に対して、この権利を借用料をとって貸し付けようとしたのである。こうした措置は、私人にとっても利点があった。私人は、それにより、トリニティ・ハウスとの敵対関係でなく、むしろ協力関係を保証されたからである。

そうした事例の一つとして、エディストン灯台の建設と再建が挙げられる。プリマスからおよそ一四マイル沖の岩礁の上に立つこの灯台は、おそらく英国で最も有名な灯台であろう。D・アラン・スティーブンソン（D. Alan Stevenson）は次のように指摘している。「一七五九年までに相次いでなされたエディストン岩礁への四基の灯台の建設は、灯台史に最もドラマティックな章を提供する。波浪の力に抗して奮闘するために、灯台の建造者たちは、高度な創意、工夫、そして勇気を示したのである」(18)。一六六五年、エディストン岩礁への灯台建造の申請が、英国海軍本部により受理された。トリニティ・ハウスは、その事業は望ましくはあるが、「完成はきわめて困難だろう[19]」とコメントしている。私企業年代記の編者であるサミュエル・スマイルズ（Samuel Smiles）が述べるように、「……私的投機家が、エディストン岩礁への灯台建造のような大胆な事業に着手しようとするまでには多くの時間が必要だった。この岩礁は満潮時には小さな岩の頂上が顔をみせるだけで、最も狭隘な土台造りのために足場を築くことさえほとんど不可能なほどであった[20]」のである。一六九二年にウォルター・ウィットフィールド（Walter Whitfield）により計画が提出されたが、トリニティ・ハウスは彼に承認を与え、その条件として、灯台は彼が建造すべきこと、利潤があるかぎりトリニティ・ハウスはその半分をシェアできること、とした。けれども、ウィットフィールドはこの事業に着手しなかった。彼の権利はヘンリー・ウィンスタンリー（Henry Winstanley）に譲渡された。トリニティ・ハウスとの交渉の結果、ウィンスタンリーは、一六九六年、以下の要件を条件として承認を取り付けた。すなわち、最初の五年の期間中、彼は利潤を受けることができること、その後においては、利潤があるかぎり、五〇年間にわたって、トリニティ・ハウスはその利潤の半分をシェアできること、である。ウィンスタンリーは、一基の塔を建造し、その後、これを別の塔で置き換えた。灯台の完成は一六九九年であった。ところが、一七〇三年の大暴風雨によって、この灯台は流出し、ウィンスタンリーと灯台守、および数人の使用人が命を失った。この時点までに要した総費用は八〇〇〇ポンド（その全額がウィンスタンリーにより負担された）であり、収入は四〇〇〇ポンドであった。政府は、ウィンスタンリー未亡人に二〇〇ポンドと年金一〇〇ポンドを与えた。かりに灯台の建設が公共利益を意図する人だけに委ねられていたとするならば、エディストンは、長い間、灯台のないままに放置されていたであろう。けれども、私的利得を掘り当てようとする目論みが、さらにもう一度、その醜い頭をもたげた。二人の男、ロベット（Lovett）とラドヤード（Rudyard）が、新たに灯台を建設しようと決意したのである。トリニティ・ハウスは、英国議会決議を求めることに合意した。これは〔灯台の〕再建と使用料徴収の権限を与える決議であるが、トリニティ・ハウスは、さらに〔これら二人の〕新たな建造者に対して権限を貸与することを決議したのである。その際の条件は、ウィンスタンリーに与えられたものよりも有利であった――すなわち、年間借用料一〇〇ポンドで九九年間のリース、建造者は利潤の一〇〇パーセントを受け取る、というものであった。灯台は一七〇九年に完成し、火災で破壊される一七五五年まで操業された。リースの有効期限をなお約五〇年残して、灯台の利権は他の人の手にわたった。新たな所有者は〔灯台の〕再建を決意し、当時の偉大な技術者の一人、ジョン・スミートン（John Smeaton）を雇い入れた。それまでの灯台の構造は木造であったが、彼は石材だけで灯台を建造することを決めた。灯台は一七五九年に完成した。この灯台は、一八八二年、トリニティ・ハウスによって新たな構造に建て替えられるまで操業された(21)。

私的個人と私的組織が英国における灯台供給にあたって演じた役割の重要さは、一九世紀初期の状況を検討することで理解できるだろう。一八三四年次灯台委員会の報告書によれば、当時、イングランドとウェールズにおいて（浮標灯を除外して数えると）、四二基の灯台がトリニティ・ハウスによって所有され、三基の灯台がトリニティ・ハウスからリースされて個人に委託され、七基の灯台が国王から個人へリースされ、四基の灯台が〔私的〕所有者によって所持されていた。この最後の四基は、もともと特許のもとに所有されていたのであるが、その後、英国議会決議によって認可されたものである。すなわち、全体としては五六基の灯台が存在し、うち一四基は私的個人と私的組織の手で運営されていたことになる。[22] 一八二〇年と一八三四年の間に、トリニティ・ハウスは、九基の新たな灯台を建設し、個人にリースされていた五基の灯台を買収した（バーナムの場合には、買収された一基は二基の灯台建造で置き換えられているが、これは新規建造の九基のなかには含まれていない）。また、グリニッチ病院が所有していた三基の灯台を買収している（これらの灯台は、グリニッチ病院が、遺贈により一七一九年に入手したもので、その建造は一六三四年頃にサー・ジョン・メルドラム〔Sir John Meldrum〕によってなされた）。一八二〇年の状況をいえば、二四基の灯台がトリニティ・ハウスによって運営され、二二基の灯台が私的個人と私的組織によって運営されていた。[23] けれども、トリニティ・ハウス所有の灯台の多くは、もともと協会によって建造されたものではなく、買い取りやリース満了の結果として獲得されたものであった（エディストン灯台はその一例で、そのリースは一八〇四年に満了した）。トリニティ・ハウスが一八二〇年に運営していた二四基の灯台のうち、一二基の灯台はリース満了の結果として獲得されたものであり、一基は一八一六年にチェスター市議会(the Chester Council)から接収されたものである。したがって、一八二〇年に存在していた四六基の灯台のうち、もともとトリニティ・ハウスの手で建造されたのは一一基だけで、三四基は私人によって建設されたものであった。[24]

トリニティ・ハウスの本格的な灯台建設活動が開始されたのは一八世紀末であったから、私設灯台の優勢さは、それ以前の時期にあっては、もっと際立っていたといえる。一七八六年当時の状況を記述したなかで、D・A・スティーブンソンは次のように述べている。「イングランド沿岸の灯台に対する当時のトリニティ・ハウスの態度を評価することは、困難である。トリニティ・ハウスの公式表明ではなく、その行動から判断すると、この団体の灯台建造の決意はけっして強固なものとはいえなかった。一八〇六年以前にあっては、トリニティ・ハウスは、可能なかぎり、灯台建造の義務を借り手に押しつけようとしてきた。一七八六年当時、それは四箇所の灯台をコントロールしていた〔にすぎない〕。それは、カイスターとロウエストフトの灯台(両者とも地方浮標使用料により管理された)、および、ウィンタートンとシリーの灯台(両者ともトリニティ・ハウスによって建造されたものだが、そのねらいは、国王の特許のもとで使用料から利益をあげようとする利に聡い個人を牽制することにあった)である」。[25]

しかし、すでにみたように、一八三四年までに、全体では五六基の灯台が存在し、うち四二基をトリニティ・ハウスが運営していた。また、英国議会は、個人の手に残されている灯台をトリニティ・ハウスが買収する提案を強く支持した。この提案は、一八二二年、下院の特別委員会に提出されたもので、その後まもなく、トリニティ・ハウスは灯台の私的利権のいくつかの買い取りを開始した。一八三六年、英国議会決議により、イングランドのすべての灯台がトリニティ・ハウスに帰属することが確定されたが、これによりトリニティ・ハウスは、当時なお私人の手に残されていた灯台を買収する権限をもつことになった。[26] 買収は一八四二年までには完了した。その後イングランドにおいては、「地方灯台」を別にすれば、私的に所有される灯台はもはや存在しなくなった。

トリニティ・ハウスによる買収は、一八二三年から一八三二年にかけては、フラットホルム、ファーンズ、バーナム、および南・北フォーランズに与えられていたリースの残り分についてなされ、その費用は約七万四〇〇〇ポンドであった。[27] 残る私有灯台は、一八三六年の議決にもとづき、一二〇万ポンドを下回る額で買収されたが、うち最大の支払いがなされたのは、リースが四一年間有効のスモールズ灯台、および、英国議会決議で永久所有権の与えられていたタインマス、スパーン、スケリーズの三灯台であった。これら四基の灯台に対して支払われた金額は、スモールズ一七万ポンド、タインマス一二万五〇〇〇ポンド、スパーン三三万ポンド、スケリーズ四四万五〇〇〇ポンドであった。[28] この金額はかなりの大きさであり、スケリーズに支払われた四四万五〇〇〇ポンドは（ある権威筋によれば）今日の七〇〇万ドルから一〇〇〇万ドルに相当する。これだけの金額であれば、（課税が低水準にあったことから）おそらく今日にくらべてはるかに高額の所得を生み出したことと思われる。こうして、われわれは、サミュエルソンの言葉でいえば、「灯台業を営んで金儲けしようとする風変わりな」人だけでなく、そうすることで実際に金儲けにも成功した人たちの例を発見するのである。

トリニティ・ハウスの管轄下に灯台を統合整理することが、何ゆえそれほどにも強く支持されたのか。その理由は、一八三四年の下院の特別委員会の報告書から知ることができる。

当委員会はいささかの驚きをもって知るにいたったのだが、現在の灯台組織は、連合王国の様々な地域において、まったく異なったシステムのもとに管理されてきた。運営役員会の構成は異なっており、灯台使用料のレートや金額も異なっており、また使用料の徴収原則も異なっている。これら既存の組織は、連合王国のかくも広範な軍事ならびに商業上の利益にとって重要であったにもかかわらず、政府の直接の監督下にはなかったし、単一の統合されたシステムの上で、責任ある公務員のもと、船舶への安全提供のための最も効率的な方法と最も経済的な計画にもとづく適切な予測で管理されてきたものでもなかった。むしろ、しばしば海難で悲惨な損失が生じた後になってから、遅々たるテンポで、地域の欲求に応じて、芽を吹き出すがままに放置されてきたのである。これは、おそらく、偉大なるこの国にとって恥ずべきことといえるもので、これまでの長い間、かつ今日にあっても変わることなく、灯台組織のかなりの部分は、時の大臣や国王に目をかけられた少数の私的個人の利益のために、この国の貿易に重い税を課すことになってきたのである。

当委員会は、いかなる場合であるにせよ、この国のどの産業分野に対してであれ、政府が不必要な税を課すことを正当とみなすことはできない。なかでも海運業は、外国海運業との不公平な競争に耐えねばならぬことなど、多くの不利な条件のもとに置かれているのであって、この産業への課税は、なかんずく、正当とは認めがたい。当委員会の考えでは、まさにその特有の諸事由により、海運業は、この産業のサービスに対してあからさまに課せられ、そのサービスにとって絶対必要というわけでもない、すべての地方税や不公平税から解放されて然るべきである。

当委員会は、したがって、以下の要件を強く勧告する。灯台使用料は、あらゆるケースにおいて低く抑えられるべきで、現存の灯台と浮標灯を維持するのに必要な、あるいは、この国の商業と海運の利益にとって望まれる新たな制度を設立し維持するのに必要な、最小限度のレベルにとどめられるべきである。

当委員会は、さらにそのうえ、所管官庁が継続的な徴収にほとんど留意してこなかったことについて、遺憾の意を表明しなければならない。上に述べた原則に反して、この徴収は、総額では非常に多額に及んでいる。そしてそれは、表向きは灯台費用を賄うためと称して、灯台使用料として、年ごとに徴収されてきたのであるが、実際のところは、少数の贔屓(ひいき)された個人の利用のために、しかも灯台設立当初には企図されなかった諸目的のために、使用されているのである。しかも、誠に遺憾なことには、本議会の特別委員会が、一二年前に、この件につき議会に対して特別の注意を喚起しているにもかかわらず、その後にいたっても、数々の灯台の貸借更新によって、これらの権利濫用が続けられてきたのである……。(29)

この報告書では当時の制度のずさんさが強調されているし、(いろいろな場所での)私営灯台のなかには効率的に運営されていないものがあったことも示唆されてはいる。とはいえ、トリニティ・ハウスの管轄下に灯台を統合整理することが、何ゆえそれほどまでに強く支持されたかの主たる理由は、ほとんど疑うまでもなく、そうすることで灯台使用料が安くなると考えられたことにあった。(30) もちろん、灯台は公的資金からその経費を支払われるべきだとする提案もなされたし、それが採用されていれば灯台使用料は廃止されていただろう。しかし、この提案は採択されなかった。したがって、それをここで議論する必要はない。

なにゆえ、トリニティ・ハウスの管轄下に灯台を統合整理すれば灯台使用料は安くなると考えられたのか。この理由は明らかではない。こうした考えの基礎は、ある程度までは、補完的独占の理論のなかに求めることができる。しかし、クールノー（Cournot）は一八三八年になるまで彼の分析を発表していないので、たとえ英国灯台の関係者たちが経済学の専門家たちに先んじてクールノーの分析の重要性に気づいていたとしても、それが彼らの考えに影響を及ぼし得たとは考えられない。[31] いずれにしても、灯台使用料は、統合整理によっても、ほとんど引き下げられることはないだろうと考えてよい十分な根拠があった。〔まず〕以前の灯台所有者に対して補償金を支払わねばならなかったから、以前と同じだけの金銭を調達する必要があった。また、トリニティ・ハウスが指摘したように、「使用料は、借入金返済の抵当に入れられていた……」から、「その負債が返済し終わるまでは使用料を取り下げることはできない」[32] 事情もあった。事実、灯台使用料は、ローンの返し終わる一八四八年以降まで引き下げられることはなかったのである。[33]

灯台使用料のいくぶんの引下げを可能にしたかもしれないもう一つの方法は、トリニティ・ハウスが、それが所有する灯台の運営で純収入を稼ぎ出さないようにすることであった。この収益金は、いうまでもなく、慈善を目的として、主として退職船員、および、彼らの寡婦や遺児の生活費支給のために使われていた。結局は灯台使用料で充当されることになる基金のこうした使途に対して、英国議会委員会から一八二二年と一八三四年に異議を申し立てられた。一八三四年次委員会は、一四二名の者が救貧施設で扶養され、八四三一名の成人男女と児童が年間三六シリングから三〇ポンドの支給を受けていることを指摘したうえで、すべての年金給付は、この時点での年金受給者をかぎりに中止すること、その後は新たな年金受給者を認めないこと、を提案した。しかし、この提案は実施されなかった。(34)

一八五三年、政府は、灯台使用料収入を今後は慈善目的のためには使用しないことを提案した。これを受けてトリニティ・ハウスは、女王陛下への陳情書のなかで、次のように反論した。すなわち、かつてこの収入は灯台の私的所有者の財産であったものが、(彼らに補償金が支払われて)今ではそれはトリニティ・ハウスの財産になったのだ、と。そして、いわく、

灯台の管理は、国王ないし立法府からの特別の認可により、その時々に、[トリニティ・ハウスに]委託されてきたものであります。しかし、こうした認可を受諾したからといって、私的ギルドとしてのこの団体の法的状況はいかなる点でも変化しておりません。ただ違うのは、こうした認可を維持する条件として、トリニティ・ハウスが灯台の保全に努める必要があるという点だけであります。国王および市民一般にかかわるトリニテ

ィ・ハウスの法的状況は、いかなる点においても違いはなく、灯台使用料や、その他の、たとえば市場、港湾、定期市などの公的認可を授与された個人のそれと、異なっておりません。次のような論議が聞かれます。トリニティ・ハウスは、建設費用の利子を含めるにしても含めないにしても、灯台使用料を保全経費の水準にまで引き下げることをたえず法的に義務づけられてきたし、また、トリニティ・ハウスは他のいかなる充当金を決定する権限も有していないのだ、と。しかし、これらの論議は、道理上も法的にも、まったく事実無根であります。……認可された使用料がその認可の時点において合理的であれば、その認可は有効であります。また、後になって海運業が拡大し、そのために使用料から利潤があがるようになったとしても、それにもかかわらず、それは有効であり続けます。国王は、こうした場合、市民一般のために行動されます。それゆえ、国王が取引を行なわれ、しかも、その時点においてこの取引が合理的であるならば、後になって撤回なさることはできません。……トリニティ・ハウスの建造した灯台に対する団体の正当な権利は、［私有財産の］正当な所有権とともに、等しく有効であります。……また、こうした収入の一部は慈善事業に充てられますが、トリニティ・ハウスの慈善目的による要求は、個人の要求に対するのと少なくとも同程度の好意をもって遇されて然るべきであります。……灯台および灯台使用料は、トリニティ・ハウスの目的のために、［トリニティ・ハウスが］所有するものであり、そしてそれは、最も厳密な意味において、こうした目的のためのトリニティ・ハウスの財産であります。……女王陛下の政府が示した提案では、この膨大な量の全財産の使用権は、灯台保全の経費を超える一切の負担金なしに、船主に与えられる、とされているようであります。この提案はトリニティ・ハウスの慈善事業に悪影響を及ぼすもので、衰えた船長や商船員、そして彼らの家族の利益のために使われてきた財産、ならびに、この財産の賜物を、船主に譲渡させるものであります。(35)

この陳情は商務省に付託され、トリニティ・ハウスの主張には傾聴すべき点は何もないとの評決が下された。

当委員会は、トリニティ・ハウスに帰属すると申し立てられた財産に対するトリニティ・ハウスの所有権の正当性に、疑問をはさむものではない。しかしながら、……トリニティ・ハウスのケースと、言及された個人のケースとは、区別して考えねばならない。確かに、トリニティ・ハウスに帰属する財産は、少なくとも問題となっている灯台使用料に関するかぎりでは、これまでトリニティ・ハウスによって所有されてきたし、今も所有されているが、しかしそれは、公共目的のため委託されており、したがってまた、公共政策に配慮して処理する責任を負ったうえでのことである。税収にどんな確定権利も既得されていないときには、公共目的のために課税が削減されたとしても、そのことで所有権原則が侵害されるとは考えられない。また、問題となる税が、国王陛下の臣民の特定階級に課せられており、かつ、その階級が収入から適正な利益を引き出していないような場合には（そして、灯台維持経費を上回る灯台使用料の超過分は、そうした特徴をもった税であるのだが）、そうした税の削減措置は、所有権原則を侵害しないばかりか、最高度に公平かつ賢明な措置でもある。灯台の余剰収入からは、トリニティ・ハウスの随意のままに、貧しい船員やその家族に援助金が分配されているが、当委員会は、今後の援助金の支給予定者については、いかなる確定権利も認めることはできない。なぜなら、確定権利の本質的要件は、特権を保証された個人が法的に確認され、かつ識別されることにあるからである。当委員会は、誰に対してであれ、すでに授与されている年金やその他の便益に、わずかな程度にせよ、口出しすることは良心的に慎みたいと考えている。とはいえ、現時点において誰にも請求権や所有権を主張できない権利を、公共政策を理由として新規の個人に対しては授与しないと決議したとしても、当委員会はこの決議が正義にもとるとはけっして考えない。……当委員会の考えは、以下に述べるとおりである。すなわち、灯台は灯台使用料により維持されるべきこと。先人たちが熟慮にもとづき、難破から船舶を守る灯台建設を、船舶に課される灯台使用料によって充当すべく創案したものは、連合王国の海岸を今日航行する人々にとっての、自然かつ正当な相続財産であって、状況の許すかぎり最低限の負担で、彼らによって自由に享受されるべきものであること。そして、それ以外のいかなる考慮も、それが何であれ、いささかなりとも問題にされることを認めるべきではないこと。以上である。[36]

慈善事業を目的とする灯台使用料収入の使用は、一八五三年に中止された。その結果として、灯台使用料は、いくぶんか引下げが可能となり、料金は限界費用により近くなった。そして、法でもわれわれにも確認されない数多くの高齢の船員とその家族が、〔以前よりも〕少ない額の支給を受けることになった。けれども、やがて観察されるように、こうした結果を達成するのに、トリニティ・ハウスのもとに全灯台を統合整理することが必ずしも必要であったわけではない。

この変更は、一八五三年に海運商船基金（Mercantile Marine Fund）を設立した組織再編の一環であった。この基金には灯台使用料（およびその他いくつかの収入）が繰り入れられ、また、同基金からの支出として、灯台業務の運営経費、および海運業用の他の負担諸経費が支払われた。[37]一八九八年、この制度はふたたび変更された。海運商船基金は廃止され、一般灯台基金が創設された。灯台使用料が（そして灯台使用料だけが）この基金に繰り入れられ、同基金からの支出は、もっぱら灯台業務の維持だけに使用されるべきとされた。それと同時に、灯台使用料の計算方式が簡単化された。各航海に課せられる料金は、もはや以前のように、船舶が通過する灯台の数、すなわち、船舶が便益をそこから引き出すとみなされる灯台の数には依存しなくなった[38]。一八九八年に確立されたものが、本質的に、第2節で説明した灯台の財務と管理の現行システムである。もちろん、細部についての変更はあったが、一八九八年以降、この制度の一般的特徴は同じままに存続している。

4 結論

第2節と第3節の英国灯台制度とその展開に関するスケッチからわかるのは、ミル、シジウィックおよびピグーの所見から引き出し得る教訓が、いかに限定的にすぎないかである。ミルが述べているのは、灯台の財務と管理のために英国流のシステムに似たなんらかの制度が設けられないかぎり、灯台の私的運営は不可能であろうということと思われる(ただし、最も現代的な読み手は、こんなふうにはミルを解釈しないだろうが)。シジウィックとピグーは、灯台から便益を得る船舶が存在するが、その船舶に対しては料金を賦課できないというケースでは、政府介入が容認されると主張する。しかし、英国の灯台から便益を得ているが、しかし料金を支払わない船舶といえば、それはおそらく、主として英国の港に立ち寄ることのない外国船主によって運航されている船舶であるだろう。こうした場合、いったい必要とされる政府行動の特徴とは何であるのか、政府は何をなすものと考えられているのかは、明らかでない。例をあげれば、ロシア、ノルウェー、ドイツ、およびフランスの政府は、その国民に強制して、彼らの持ち船が英国の港に立ち寄らないにもかかわらず、料金支払いを求めるべきなのか。あるいは、これらの〔外国〕政府は、英国の一般灯台基金に対して、一般税から調達した資金を支払う処置をとるべきなのか。それとも、英国政府のほうが行動を起こし、灯台基金に支払う資金を一般税から調達する措置を講ずることによって、上記の外国政府が一般灯台基金への貢献をその国民に強制することに失敗するのを、肩代わりするべきなのか。

そこで、かりに灯台使用料に代えて、一般税からの財政支援がなされたとしたら（これは、サミュエルソンが好みそうな事例であるが）、何が起こりそうかを検討してみよう。まず第一に、英国政府、なかでも大蔵省は、補助金額を抑制するために灯台業務を監視しなければならないと感じる度合を高めるだろう。大蔵省によるこの干渉は、灯台業務の管理にあたっての効率性を、何がしか押し下げる傾向をもつと思われる。また、それとは別の影響もあるだろう。今日では〔灯台運営〕資金は灯台サービスの消費者から調達されているから、船主、海上保険業者および荷主を代表する灯台諮問委員会が設置されていて、この委員会が予算と業務運営、そしてとりわけ新規業務に関する諮問を行なう。こうした〔現行の〕方法によれば、灯台業務は、サービスの利用者に対して、より敏感に反応することになる。また、追加的サービスへの実際の支払いをするのは海運業者にほかならないから、彼らが取決め変更を支持するのは、おそらく、受け取る追加的便益の価値が費用を上回るときだけである。〔ところが〕かりに灯台業務が一般税から資金調達されるようになれば、こうした管理面での取決めは、おそらく廃棄されるであろう。かくて、このサービスは、何がしか非効率化すると思われる。一八九六年次海運商船基金検討委員会（the 1896 Committee of Inquiry into the Mercantile Marine Fund）の議長、レナード・コートニー議員（Leonard Courtney, M.P.）は、経済学者でもあったのだが、下院での演説において本質的にこれと同じことを述べている。灯台業務は一般税から財政支援されるべきだと提議した人たちへの反論として、コートニーは次のようにコメントした。「……〔灯台〕業務を現状のまま維持するのに賛成することには、一つの本質的な論拠がある。つまり、船主たちは、ある見方——しかも非常に有意義な見方——をしていると印象づけられるのである。その見方とは、負担は彼らが負うべきであり、支出に対して細心に注意を払い、今ではないにしてもいずれそのうち、管理業務への参加を要求しようというものである。つまり、彼らは最初に支払いを要求される立場にあるから、彼らに関心のある支出を吟味し、それを油断なく監視しようというのである。これは大変に優れた考え方であり、想像するに、海岸灯台業務の経済性と効率性はそれによって達成し得ると思われる。慎ましくはあるが十分な業務管理を保証する制度を変更するのは、最も不得策なことと思われる。船主たちは、管理業務全般を油断なく監視しており、彼らに関係する問題については公正に発言権を要求すると考えられる。海上で大きな災難が起こると、国民は必ず突発的な興奮に晒され、その興奮のなかで際限なく要求が生まれることがあるが、それをチェックする現存の機能は、もしも海岸を灯台で照らす費用を各年ごとに直接票決に付すことにすれば、失われてしまうだろう(39)」。

一般的にみてもっともらしい結論は、灯台業務が一般税で財政支援されるようになると、適切さのいっそう劣る管理構造が生み出される、ということかと思われる。そうだとすると、サミュエルソンが灯台業務の財源調達法をこのように変更することで得られるとみた利得は何であるのか。それは、実際、灯台使用料のために現時点で英国への航行を思い止まっている何隻かの船舶が、将来の時点で英国へ航行するようになる、ということにほかならない。〔しかしながら〕実をいえば、料金とその免除の方式は、大部分の船舶についての航行回数が灯台使用料支払いによっては影響を受けることがないように設定されているのである。「国内交易」船は一年のうち最初から一〇回目よりも後の航海について、また「外国貿易」船は最初から六回目よりも後の航海について、もはやそれ以上の灯台使用料を支払う責任がない。海運業界に通じている人たちは、大部分の船は、一年最後の航海では灯台使用料を支払う必要がないというだろう。英仏海峡横断フェリーであれば、おそらく、ほんの数日間で必要航海回数を満たしてしまうと思われる。ヨーロッパや北アメリカ向けの貿易船は、標準的にみて、最後の航海では灯台使用料を請求されずに済むだろう。

ただし、オーストラリア向けの貿易船の場合には、普通には、灯台使用料を回避するに必要な航海回数の達成はできないだろう。灯台使用料のために、ドックに係船されたり解体されたりする船舶もあるかもしれないが、たとえこうした船舶が実際に存在するにしても、その数が多くなることはありえない(40)。灯台使用料の廃止から得られる便益はごくわずかであろうし、管理構造の変更は何ほどかの損失を招くだろう。この結論に抗することは、私には困難である。

問題はまだある。かの偉大な学者たちが経済学の論著で灯台の説明を述べるとき、その説明は誤った事実認識を導き、その内容は具体的に考えてみるとなんとも曖昧で、それが含意する政策上の結論をみるかぎり、かなり間違っていそうな説明になっている。彼らはなぜこのような説明をすることになったのか。答えはこうである。経済学者による灯台へのこうした言及は、灯台の研究を自ら行なったり、あるいは、然るべき他の経済学者による詳しい研究を知ったうえでのものではないのである。灯台を例として利用することは、文献中で盛んになされている。にもかかわらず、私の知るかぎり、灯台の財務と管理に関する包括的な研究は、これまで、どの経済学者も試みていない。灯台は、実例として利用するために、ただ空中から引きずり出されてきたにすぎないのである。灯台を例として用いる目的は、「それがないと単調で説得力が乏しくなってしまう物語に人工的な真実らしさを与えるための些細な補強物(41)」を提供することにあるといえよう。

これは私には、間違ったアプローチだと思われる。われわれが心掛けるべきは、さまざまな活動を最善に組織し資金調達するにはいかにすべきか、この問題に手引きを与えてくれる一般化の展開であると思われる。ただし、そのような一般化は、そうした活動が、さまざまな制度的枠組みのなかで、実際にどう実行されているのかを研究して導かれたものでないかぎり、役に立ちそうにない。そうした研究は、結果が決まる際に、どの要素が重要でどの要素が重要でないかを明らかにし、確固たる基礎をもった一般化を導いてくれるだろう。また、そうした研究は、選択可能な代替的社会制度の豊富さを示すことによって、以上のこととは別の目的にも役立ち得ると思われる。

この章で行なった英国の制度についての説明は、いくつかの可能性を示すものでしかない。初期の歴史をみればわかるように、多くの経済学者の信念とは逆に、灯台サービスは私企業による供給が可能である。その時代には、船主と荷主は、私人の手で灯台を建造し、その灯台から便益を受ける船に（特定の）料金を賦課することを、国王に請願することができた。灯台は、私人によって建造され、運営され、資金調達され、かつ所有された。また、売却したり、遺産として処分することができた。政府の役割は、灯台の所有権の確定と執行だけに限定されていた。料金は、灯台の代理人により、各港において徴収された。〔料金徴収の〕実行性の問題は、他の供給者が財やサービスを船主に供給する場合となんら変わるところがない。この所有権が普通と違っていたのは、ただ一つ、請求可能な価格が契約で明記されたという点にすぎない(42)。

やがてイングランドとウェールズにおける灯台の供給は、公的義務を負った私的組織であるトリニティ・ハウスに委託されたが、その業務に必要な財源は、船舶に課せられる料金から引き続き調達された。サミュエルソンが明らかに望ましいとする制度、すなわち政府による一般税からの資金調達は、英国では一度も試みられたことはなかった。そうした政府による資金調達制度は、灯台の建設・運営への私企業の参加を必ずしも排除するものではないが、しかし、ごくわずかなものを別にすれば、それは灯台の私的所有を除外する制度のように思われるし、また、一八三〇年代末に英国で終了した制度とも、明らかに別ものである。もちろん、政府によって資金調達がなされるときには、政府によって灯台が運営され、かつ所有されるということは、ともに大いに起こり得る。そうした政府所管のシステムが実際にはどう運営されるのかについては、私は知識がない。ビアス（Bierce）によるアメリカ灯台の定義――「政府がランプを一つ備えつけて、誰かある政治屋の友人を味方につけておくために、海岸に設ける高い建物(43)」――は、たぶん、全体を語り尽くしているわけではないだろう。

われわれは次のように結論してよいだろう。つまり、経済学者は、灯台を、政府でなければ供給できないサービスの例として用いるべきではない、と。ただし、この章で意図したのは、灯台業務はいかに組織され資金調達されるべきかの問題の解決ではない。そのためには、もっと詳細な研究を待たねばならない。ともあれ、政府によって供給するのが最善であるようなサービスについて注意を喚起したいと望む経済学者は、もっと強固たる裏打ちをもった例を引合いに出すべきなのである。

〈第七章　注〉

＊　以下より再録。*The Journal of Law and Economics* 17, no. 2 (October 1974): 357-76. © 1974 by The University of Chicago Press. All rights reserved.

私は、トリニティ・ハウス会員、商務省職員、ならびに海運会議所による英国灯台制度に関する情報提供の援助に対して、喜んで謝意を表わしたい。しかし、その情報にもとづいて私が示したところに彼らは何の責任も負うものではなく、また、私の引き出した結論を共有していると考えてはならない。

（1）　John Stuart Mill, *Principles of Political Economy*, 〔1848〕, vol. 3 of *The Collected Works of John Stuart Mill*, ed. J. M. Robson (Tronto: University of Tronto Press, 1965), 968. 〔末永茂喜訳『経済学原理』全五冊、岩波書店、一九五九―六三年〕。

（2）　Henry Sidgwick, *The Principles of Political Economy*, 3rd ed. (London: Macmillan & Co., 1901), 406. 第一版（一八八三年）においても、灯台に関する文章は同じである。ただし、他の箇所での言いまわし（意味ではない）は、いくぶんか違っている。

（3）　A. C. Pigou, *The Economics of Welfare*, 4th ed. (London: Macmillan & Co., 1932), 183-84. 〔邦訳、前出〕。

（4） P. A. Samuelson, *Economics: An Introductory Analysis*, 6th ed. (New York: McGraw-Hill, 1964).〔邦訳、前出〕。サミュエルソンの『経済学』からの引用はすべて第六版からのもの。
（5） Samuelson, *Economics*, 159.
（6） Ibid., 151.
（7） ミルが料金に関して『経済学原理』の八六二ページから八六三ページで述べなければならなかったことと比較してみよ。
（8） 61 & 62 Vict. ch. 44, sched. 2.
（9） G. G. Harris, *Trinity House of Deptford 1514-1660* (London: Athlone Press, 1969), 19-20. トリニティ・ハウスの初期の歴史についての私のスケッチは、その大部分がこの研究の、特に、ch. 7, "Beacons, Markes and Signes for the Sea," および ch. 8, "An Uncertaine Light" にもとづく。
（10） Ibid., 153.
（11） Ibid., 161.
（12） Ibid., 183-87.
（13） Ibid., 180-81.
（14） Ibid., 187.
（15） D. Alan Stevenson, *The World's Lighthouses Before 1820* (London: Oxford University Press, 1959), 259.
（16） G. G. Harris, *Trinity House*, 214.
（17） Ibid., 264.
（18） D. Alan Stevenson, *World's Lighthouses*, 113.

(19) Ibid.

(20) Samuel Smiles, *Lives of the Engineers*, vol. 2 (London: J. Murray, 1861), 16.

(21) エディストン灯台の建設と再建のこの説明は、Stevenson, *World's Lighthouses*, 113-26 に拠る。

(22) Report from the Select Committee on Lighthouses, in *Parl. Papers Sess. 1834*, vol. 12, at vi (Reports from Committees, vol. 8——以下、"1834 Report" として引用) をみよ。

(23) Ibid., vii.

(24) 一八二〇年の段階でトリニティ・ハウスの運営になる二四基の灯台のうち、ファウルネス(一)、ポートランド(二)、カスケッツ(三)、エディストン(一)、リザード(二)、セント・ビーズ(一)、およびミルフォード(二)の灯台は、リースの失効にともなって獲得されたようである。これらの灯台は、私的個人の手で建造され、運営されていたものらしい。以上はスティーブンソンの *World's Lighthouses* からの情報による。灯台の特許がトリニティ・ハウスによって獲得され、次いで私的個人にリースされる場合、私は仮定として、その個人によって灯台の建造が遂行され、かつ支払いがなされたものと考えた。事実、そうしたケースが多かったようである。Ibid., 253, 261 をみよ。

(25) Ibid., 65.

(26) An Act for Vesting Lighthouses, Lights and Sea Marks on the Coasts of England in the Corporation of Trinity House of Deptford Strond, 6 & 7 Will. 4, ch. 79 (1836).

(27) "1834 Report," at vii.

(28) Report from the Select Committee on Lighthouses, in *Parl. Papers Sess. 1845*, vol. 9, at vi

(以下、"1845 Report" として引用)。

(29) "1834 Report," at iii-iv.

(30) たとえば、一八四五年次灯台特別委員会は、「灯台の建設と保全のためのすべての費用は……今後は公的収入から支払われるべきである。……」と勧告している。"1845 Report," at xii をみよ。

(31) Augustin Cournot, *Researches into the Mathematical Principles of the Theory of Wealth*, trans. Nathaniel T. Bacon (New York: Macmillan Co., 1897), 99-104〔中山伊知郎訳『富の理論の数学的原理に関する研究』岩波書店、一九三六年〕をみよ。また、Alfred Marshall, *Principles of Economics*, vol. 1, 9th (variorum) ed. (London: Macmillan for the Royal Economic Society, 1961), 493-95.〔馬場啓之助訳『経済学原理』全四冊、東洋経済新報社、一九六五―六七年〕におけるアルフレッド・マーシャルのクールノーの分析に関する議論も参照せよ。

(32) "1845 Report," at vii.

(33) T. Golding, *Trinity House from Within* (London: Smith & Ebbs, 1929), 63.

(34) "1834 Report," at xiii.

(35) Trinity House Charities: Representation from the Corporation of the Trinity House to Her Majesty in Council, on proposal of Government to prevent the Application of Light and Other Dues to Charitable Purposes, in *Parl. Papers Sess. 1852-53*, vol. 98: 601, 602-03.

(36) Ibid., 605-606.

(37) The Merchant Shipping Law Amendment Act of 1853, 16 & 17 Vict., ch. 131, §§ 3-30.

(38) Merchant Shipping (Mercantile Marine Fund) Act of 1898, 61 & 62 Vict., ch. 44. なぜ灯台

使用料の計算法がこのように変更されたかの理由については、the "Committee of Inquiry into the Mercantile Marine Fund. Report Cd. No. 8167 (1896)" をみよ。また、*Parl. Papers Sess. 1896*, vol. 41, at 113 にもその理由がみえる。この委員会の勧告は政府によって採択され、一八九八年の法令のなかに盛り込まれた。旧制度が反対されたわけは、古い料金計算法の複雑さのために多くの手間がかかったことに加え、船舶が所定の航行で便益を受けるとみなされた灯台のリストが、汽船ではなく、帆船の航路を基礎に求められたこと、また、外国貿易船への料率が、航海コースでの連合王国の最初の商港に対してでなく、最後の港に対して課されていたことによる。

(39) 40 Parl. Deb. (4th ser.) 186-87. 言い換えるならば、カートニーは次の点を主張したのである。つまり、こうした資金調達の方法が採用されていたがゆえに、今日では灯台諮問委員会を通して行使される支出に対しての影響力が、この初期の時代にあっては、船主の手によって行使されていたのだ、と。

(40) 正確な数値を得ているわけではないが、手にしたデータからみるかぎり、灯台使用料は、連合王国と交易する船舶にかかる経費のうちの、ごくわずかな割合を占めていたにすぎない。この見方を裏づける統計もある。一九七一年から一九七二年にかけての一般灯台基金への支払いは、八九〇万ポンドであった。General Lighthouse Fund 1971-1972, H. C. Paper No. 301 (in cont. of H. C. Paper No. 211), at 2 (July 3, 1973). 他方、一九七一年に、連合王国の運営者(オペレーター)が所有する船舶、および、彼らの用船契約した船舶が稼得した金額は、連合王国の輸出入、この国への入国者、この国の居住者の輸送をあわせて、およそ七億ポンドであった。これに加え、およそ五〇〇〇万ポンドが連合王国の沿岸交易で稼得された。連合王国の輸出入の輸送用に外国船舶保有者へ支払われた金額は、一九七一年では、おそらく六億ポンド程度かと思われる。以上をみると、連合王国と交易する船舶にかかる年間経費は、およそ一四億ポンドほどであったと推測される。これらの推定値は、商務省から親切にも私に提供された数値を基礎として求められたものである。これらの総計を求めるのに用いた個別の数値のなかには、かなりラフな推定値もあるが、だいたいの見当は得られる。そこにどんな誤差が含まれていても、それは以下の結論、すなわち、一般灯台基金への支払いが、連合王国と交易する船舶にかかる経費のうちの、ごくわずかな割合を占めているにすぎないとする結論を、左右するものではない。

(41) William S. Gilbert, "The Mikado."

(42) この調整方式は、灯台の事例の論議のなかでアロー(Arrow)が提起した問題を回避することができる。アローはこう指摘する。「標準的な灯台の事例には、排除困難性と〔取引者の〕少数性との両要素がともに認められるものの、私の考えでは、この事例は、前者の問題としてでなく、むしろ後者の問題として分析するほうが望ましい。問題の単純化のために、不確実性を無視して、灯台守は各船舶がいつ灯台サービスを必要とするのかを正確に知っているとしよう。また(灯台の明かりは消すこともつけることもできるから)不可分性も無視しよう。さらに仮定として、どの時点でも、灯台の明かりが届く範囲には一隻の船しかいないとしよう。このとき、排除は完全に可能である。つまり、管轄内に料金を支払わない船舶が入り込んだとしても、灯台はただ明かりを消すだけでよい。しかし、この場合、存在するのは一人の買手と一人の売手だけであり、これら二人を競争均衡へと誘導するいかなる競争の力も働かない。以上に加えて、かりに交渉費用が高いとすれば、無料でサービスを提供するのが最も効率的なこともあり得る」。次の文献をみよ。Kenneth J. Arrow, "The Organization of Economic Activity: Issues Pertinent to the Choice of Market Versus Nonmarket Allocation," in U. S. Cong., Jt. Econ. Comm., Subcomm.

on Economy in Government, 91st Cong., 1st Sess., *The Analysis and Evaluation of Public Expenditures: the PPB System*, vol. 1, at 47, 58 (J. Comm. Print 1969). アローが描き出した超現実的な灯台守の姿、つまり、支払うべき料金について船長と論じあい(ただし、その間に船が岩礁に乗り上げてしまわないと仮定しての話だが)、同時に、灯台の明かりが役に立ち始めるや、これを消してしまうという灯台守の描写は、灯台政策に責任を負う人たちが直面する状況とは何の関わりもない。英国では、個々の料金決定のために、いかなる交渉も必要とされない。また、この目的のために明かりを消した灯台守は一人もいない。「無料でサービスを提供するのが最も効率的なこともあり得る」とするアローの結論は非の打ちどころがないものだが、同時に、役に立つものでもない。なぜなら、そうではないかもしれないということも、等しく正しいからである。

(43) Ambrose Bierce, *The Devil's Dictionary* (New York: A. & C. Boni, 1925), 193.〔西川正身編訳『悪魔の辞典』岩波書店、初版・選訳一九六四年、新編・編訳一九八三年〕。

訳者あとがきと略解

I

ロナルド・H・コース（Ronald Harry Coase, 1910–2013）の長いアカデミックな経歴のなかで、彼の名を不朽にしたのは、基本的には、本書に収められている二つの論文、「企業の本質」（一九三七年）と「社会的費用の問題」（一九六〇年）によってである。しかも、その貢献は、経済学の特定分野や経済分析の特定手法を切り開いてみせたという型のそれではなくて、経済分析の根底にある、従来見逃されがちであった全般にわたる見方・方法に対して、新たな地平を切り拓いたところにある。単一の論文が、経済学の全般的なアプローチの方向を生成させその源流となった類例は少なく、しかも、二つの領域に及ぶという貢献は稀であり、まことに珍にして重というべきである。

彼の初期の論文「企業の本質」は、社会の資源配分の調整システムとして中核的な役割を果たすと伝統的に考えられてきた「市場」のほかに、もう一つ、「組織」の役割があることを演繹的に抽出し、その意味を位置づけたところに最大の貢献がある。ここに組織とは、市場で取引にコストがかさむとき、その費用を節約するために、市場取引の一部を内部に取り込んで、組織内決定する活動としての位置を占める。「企業」は、そのために生まれる。いままでほとんどまったく問われることのなかった無垢な問題――「そもそもなぜ企業は存在するのか?」――に対して、コースの与えた解答がこれである。伝統理論の企業は、インプットをアウトプットに変換する装置でしかない。管理的決定の機構を内包する「組織としての企業」として、これを位置づけ直す必要がある。

企業の外部では、価格の変動が生産と流通の活動を方向づけ、「市場」における「競争原理」を通じて企業間での一連の取引が調整される。他方、企業の内部では、そうした市場での取引は排除されて、代わって「組織」としての「計画原理」が働き、計画・指令・調整・慣習による「組織原理」が作動して、生産流通活動を調整者たる企業者が方向づける。この両者を分かつもの、それが取引コストである。では、どこまでを市場に委ね、どこから先を企業内部の取引に取り込むのか。その境界線の決定は、取引コストと組織化コストとの比較にかかる。企業拡大のレベルと限界、すなわち企業の規模を決める要因もまた、本来、ここに起因する。

コースの革新的なアイデアは、「市場利用の費用」への焦点づけにある。市場での契約の選択、およびその成立には費用を要し、情報と探索、交渉と意思決定、契約の実施や監視など、すべてにコストがかかる。伝統理論では、取引コストはゼロであると暗黙のうちに想定され、この想定のために、資源配分に関わる以上のもろもろの重要な諸側面がまったく無視されてきた。しかし、この要因こそ、経済活動の性格を解く鍵を与えるものであり、また、問題を見る眼を大きく開く。

具体例でいえば、労働者は日々その都度、労働市場で雇われるわけではなく、雇用契約によって、企業の経営的管理のもとで長期雇用関係を結ぶ。また一般の取引でも、品目によっては、伝統理論が考えてきたように、つねに需要と供給による一回一回の市場取引で決められるとは限らない。そうではなくて、長期契約が多くの領域で見られる。その理由は、短期の契約をその都度何度も結ぶ代わりに、長期にわたる契約を一回結ぶと、契約を結ぶたびごとに発生する各種の取引コストを回避することができるからである。

短期の契約が不十分になりがちなとき、組織としての企業の活動の場が広がる。長期契約では、正確な細目は後日にまわされ、かなり一般的な形で契約がなされることが多い。ここに、さまざまの企業間の提携・離散・連結など、諸関係が生まれる基礎がある。市場で繰り返される断続的な取引に代わる、逐次的な「継続的取引」、あるいは「垂直的統合」などは、その一である。また、わが国で顕著な「系列取引」は、その二である。さらには、近年注目を集めている「企業の多角化」「情報ネットワーク組織」など、さまざまな組織形成の形態も、ここに関連づけて展開することができよう。

刊行当時にはあまり注目を引かなかったコースが提起したこの問題誘発的な論点も、ようやく近年、その重要性の認識を広く得つつある。そしてこの着想は、いまや、現代の新しい究明領域として、「内部組織の経済学」「非市場組織の経済理論」あるいは「契約の経済学」などに引き継がれ、新分野の発展と展開を促している。

2

もう一つの「社会的費用の問題」は、所有権や責任ルールなど、法的決定の局面をもつ効果を、経済学の用語で分析する枠組みを初めて確定したもの、という評価ができる。のちに「コースの定理」と呼ばれるようになった着想がそれだが、一部に大きな誤解を生んでいる。以下に示すように、定理には二つの側面があり、その前半部分のみが流布されて(ほとんどの経済学テキスト類の解説もこの部分のみ)、結果として、後半部分(コースが重視したのはむしろこの部分)が軽視されてきてしまったためである。

定理の焦点は、一方の権利の割当のあり方が、他方の市場メカニズムや個別交渉による効率的資源配分と、いかなる関係にあるかを明確に位置づけたことにある。その前半部分のポイントは、権利の割当と資源配分の効率的結果とは、ある条件が満たされるとき、相互に独立となるという点にある。つまり、財産権や賠償責任が当事者間にどのように割り当てられていようとも、当事者間の自由な交渉を認めれば、問題の相互的性質によって、最終的に達成される資源配分の決着点は同一となり、同じ効率性が達成される。

たとえば、コースのいう「有害な影響」ないしはニューサンスや、公害、環境破壊の場合、権利が被害者にあるか加害者にあるか、そのいかんに関わりなく、あるいは、近年注目の問題例として、製造物責任をめぐる欠陥商品の場合、責任が買手にあるか売手にあるか、そのいかんに関わりなく、同じ経済価値の最大化が達成される（ただし、所得分配は異なったものとなる。この点に留意のこと）。

しからば、コースの定理を成り立たせる「ある条件が満たされるとき」とは何か。それは権利の割当が明確に定義されていて、かつ交渉が支障をともなわずになされること、つまり、取引コストがゼロであることである。現実世界ではこの条件は満たされていない。

ここから後半部分が始まる。ひとたび取引費用を認めるや、権利の割当のいかんは、到達される資源配分の結果を左右する。ある法制のもとでの最適な調整が、他の法制のもとでは最適たりえないことは、大いに起こりうるものとなる。伝統理論では、取引費用ゼロの世界にもっぱら関わってきた。そのために、権利の法的な境界画定と、経済的均衡決定との、深いつながりと依存関係が見失われてきたのである。

コース自身の言葉を引けば、「……取引費用ゼロの世界でどんなことが起こるのかの考察は価値ある洞察をわれわれに与えうる一方、私の見解では、これらの洞察は取引費用プラスの現実世界の分析に向けてのステップとして以外には価値がない。われわれは、ガチョウのはらわたを仔細に点検して将来を占う〔古代ローマの〕預言者たちのように、取引費用ゼロの世界の詳細な研究に多くを費やすことはしないであろう」（後掲、コース、一九八一年論文）。「コースの定理」のねらいは、分析展開のための土俵を設定することにあり、またより重要なことは、経済システムを構成する諸制度のあり方の決定において、取引費用が果たす、あるいは果たすべき基本的な役割を、明らかにすることである。

公害を例にとれば、通説では、それが生む外部不経済の額に等しい課税をすれば最適化が得られるという。しかし、政府活動もまた費用ゼロでは実現できず、被害の範囲・対象・金額を確定する情報は、座して手に入るというわけにはいかない。一般に「外部性」の存在そのものは、なんら政府介入の根拠とはならない。課税・補助金・規制以外の諸対策、たとえば、従来の政府の行動を放棄すること、市場の取引を促進すること、あるいは何もしないことを含め、制度的配置にともなうコスト比較が不可欠となる。もし政策実施に要する費用が、当事者間の取引費用を上回れば、政府介入は効率上は必要とされない。外部性――コースの用語では「有害な影響」が見いだされたとき、政府の介入が望ましいとの想定を立てうるか否かは、その経済での費用条件に依存する。政府介入が望ましいといえる費用条件を、想定できることもできないこともある。経済理論がそうした想定を立てうると主張するのは誤っている。ここでの論点は、事実の上の問題なのである。制度的な取決めが何をもたらすか、比較制度分析の情報が政策選択の前に要請される。制度的配置のいかんは、経済価値の最大化の方向を、こうして左右する。正統派理論が見失ってきたこの領域究明の基礎がコースによって開かれたわけで、それは今日、「所有権の経済理論」、さらに広くは「法と経済学」という新しい分野を発展させている。

3

以上が、二つの論文、「企業の本質」(一九三七年)と「社会的費用の問題」(一九六〇年)におけるコースの貢献の主要な側面である。[1] この二論文は、一見それぞれ、別個の独立な主題を扱っているようにも見える。がしかし、そうではなくて、両者は共通の発想に貫かれている。

第一に、分析の対象についていえば、いずれも経済社会全般の運行ルールの理解に関わる基本的な論点を提示している。その着目点にそくして言い換えると、近時注目の「新しい制度の経済学」(ないしは「新」制度派経済学)の展開としても位置づけることができる。[2] そこで扱われているのは、経済の主体としての企業のもつ制度的特性であり、また、経済の機構の働きに枠組みを与える法制の制度的機能であり、ともに、資源配分のあり方に関わる。第二に、分析の中心概念についていえば、いずれも本質的に同じ見方、すなわち伝統経済学が無視し続けてきた「取引コスト」概念の明示的な導入と、その定着によって基礎づけられている。この両側面から関連的に浮かび上がってくる基礎概念は、情報であり、組織であり、規制や政府活動とそのコスト、所有権その他の権利と義務の配分、法制、そして制度のデザインとそのワーキング、比較制度分析、といった一連のキーワードである。そして、これらの諸概念こそ、現代の経済分析が取り組んでいる最先端のテーマ群につらなっているのである。

本書は、コースみずからの編成にかかる。その構成は、上記二論文のほかに、論文「限界費用論争」（一九四六年）――これは多部価格形成論を提起して伝統的な費用逓減下の限界価格形成論の〈虚〉を衝き、併せて価格管理コスト・情報収集コストなど取引コストの他の側面を位置づけたものと解しうる――を加えた三論文を基本的な軸として、これに、旧稿二編と、新たな書き下ろし二編を配して編成された一書である。既発表の論文のうち「産業組織論――研究についての提案」（一九七二年）は、「企業の本質」で与えた洞察への、補足的拡充としても位置づけうる視角を用意している。また「経済学のなかの灯台」（一九七四年）は、政府の供給すべき公共財や公共サービスに関する高名な（現存および昔日の）経済学者たちの不用意で安易な誤った扱いについて、「制度史」的な点検を踏まえ、反省を強く促したものである。いずれも、滋味あふれる論点と文章とが示されている。新稿の二編は、本書再録の諸論文をめぐる論議の性格について、有益な展望を与え、諸批判への回答を開陳したものである。

彼の単行著書としては、ほかに *British Broadcasting: A Study in Monopoly* (Harvard University Press, Longmans Green), 1950 があり、これは「企業の本質」「限界費用論争」以降、ある時期における彼の思考の一成果である。しかしその後、電波の独占問題への関心から、電波周波数という物理的単位をもたぬものへの権利の割当について、その経済学的意味の省察と論争とをへて[3]、コースの発想は論文「社会的費用の問題」へと結実・拡充をみせる[4]。その展開を含む本書、*The Firm, The Market, and The Law*, 1988 が、コースの主著としての地位を占めることになることは、疑問の余地はない。そして彼の学説は、いまや確実に浸透を始めている[5]。

コースは一貫して、伝統的正統派理論に対して強い批判的立場をとる。そして、必要な情報すべてが利用可能として教室でなされるリアリティぬきの〈黒板〉経済学、あるいは「制度」の実態ぬきの形式主義からの、脱却を強く訴える。

例を経済政策にとれば、経済政策が関わるのは、代替的な社会制度のあいだの選択である。ところがコースの指摘のように、一般の経済学者は、問題をこのような観点から見ようとはしない。典型的手法は、まず理想的な経済システムの構図を描く。次いでこれを、彼らが観察したもの(あるいは観察したと信じているもの)とくらべて処方する。分析の手順はまことに結構なのだが、しかし、それがどう達成され得るのかの現実の制度条件をあまり考慮せずになされるため、分析は宙に浮いている。これに対して実際の社会制度の多くは、法によって作られているか、法に依拠している。人々の行動を変え、経済の動きに方向づけを与えるのは、権利や義務を改めたり、罰の変更を行なったり、法制システムが機能する仕方を変えたり、法的拘束力の要件を変更して、取引をより費用のかかる（またはかからぬ）ものにしたりする方策である。経済政策とは、この観点からは、法的なルール、手続き、管理機構のなかから、経済価値を最大にするものを選択することにほかならず、地に着いた分析のためには、この現実に根ざした解明が欠かせないものとなる。

「経済の制度的構造」を重視するコースの訴えは、以下のようにも表現し直すことができよう。経済学は従来、現実世界に内在的な基本的な制約——制度上および機能上の制約——を見落としてきたため、本来扱うべき論題のウエイトづけに失敗し、力点配分を誤って、みずからの理論の適用範囲を矮小化してきた。いま、それからの脱却が求められている、と。しかし彼の論難は、たとえばかつての制度派経済学による新古典派理論批判にしばしばみられた攻撃的・超越的レベルに終らず、建設的・内在的で、何よりも理論的基盤の再構築のための有効な方法論と機能分析的視角を備えている。そしてこの点にこそ、コースの最大の魅力があるといえよう。

4

ロナルド・H・コースの略歴は、以下のとおりである。一九一〇年、イングランド・大ロンドンのミドルセックス・ウィルズデンに生まれる。一九二九年、ロンドン・スクール・オブ・エコノミックスに入学し、一九三二年に卒業。同大学で短期間教鞭をとったのち、スコットランドのダンディー・スクール・オブ・エコノミックスに移り（一九三二—三四年）、戦時イギリス政府の仕事をへて、リヴァプール大学（一九三四—三五年）ののち、ロンドン・スクール・オブ・エコノミックス（一九三五—五一年）で教える。一九五一年、ロンドン大学から博士号を取得、アメリカに移住する。

バッファロー大学（一九五一—五八年）、ヴァージニア大学（一九五八—六四年）の教授をへて、一九六四年、シカゴ大学に移る。同時に『ジャーナル・オブ・ロー・アンド・エコノミックス』誌の編集者の地位を兼ねる。一九七九年に同大学退職、一九八二年まで編集者の職に専念する。アメリカ経済学会のディスティングッシュド・フェローに選ばれ、また、シカゴ大学ロー・スクールの、ロー・アンド・エコノミックスのシニア・フェロー、およびクリフトン・R・ミュッサー名誉教授となる。また、アメリカン・アカデミー・オブ・アーツ・アンド・サイエンス、ならびに、ブリティッシュ・アカデミーのフェローにそれぞれ選ばれる。一九九一年、ノーベル経済学賞を受賞する。
コースは寡作の学者として知られるが、その主要な論文を上記との重複をいとわず、年次順に掲げれば以下のようである（なお＊印は本書所収論文を示す）。

1935. Bacon Production and the Pig-Cycle in Great Britain, (with R. F. Fowler), *Economica*, n. s., 2, 142-67.

1937*. The Nature of the Firm, *Economica*, n. s., 4, November, 386-405.

1938. Business Organization and the Accountant, A series of 12 articles in *The Accountant*, October-December.

1945. Price and Output Policy of State Enterprise: A Comment, *Economic Journal*, 55, April, 112-13.

1946*. The Marginal Cost Controversy, *Economica*, n. s., 13, August, 169-82.

1955. The Postal Monopoly in Great Britain: An Historical Survey, in *Economic Essays in Commemoration of the Dundee School of Economics*, 1931-55.

1959. The Federal Communications Commission, *Journal of Law and Economics*, 2, October, 1-40.

1960*. The Problem of Social Cost, *Journal of Law and Economics*, 3, October, 1-44.

1961. The British Post Office and the Messenger Companies, *Journal of Law and Economics*, 4, October, 12–65.

1970. The Theory of Public Utility Pricing and its Application, *Bell Journal of Economics and Management Science*, 1 (1), Spring, 113–28.

1972. Durability and Monopoly, *Journal of Law and Economics*, 15 (1), April, 143–49.

1972*. Industrial Organization: A Proposal for Research, in *Policy Issues and Research Opportunities in Industrial Organization*, NBER General Series, no. 96, 59–73.

1974*. The Lighthouse in Economics, *Journal of Law and Economics*, 17 (2), October, 357–76.

1979. Payola in Radio and Television Broadcastring, *Journal of Law and Economics*, 22 (2), October, 269–328.

1981. The Coase Theorem and the Empty Core: A Comment, *Journal of Law and Economics*, 24 (1), April, 183–87.

1984. Alfred Marshall's Mother and Father, *History of Political Economy*, 16 (4), Winter, 519–27.

1988. The Nature of the Firm: Influence, *Journal of Law, Economics, and Organization*, 4 (1), Spring, 33-47.

1990. Alfred Marshall's Family and Ancestry, in *Alfred Marshall in Retorospect*, (R. M. Tullberg ed.), Edward Elgar, 9-27.

なお、以上のうち一九七二年の論文"Durability and Monopoly"は、耐久消費財市場における独占企業の市場支配力の問題を取り扱ったものだが、そこでのコースの主張は、近年、彼の名を冠して「コースの推論（コース・コンジャクチャー）」と呼ばれ、その厳密な証明の展開など、新しい産業組織論の多くの理論家たちの関心を集めている。また、上記以外にもスミス、マーシャル、ピグー論[6]や、上記一九八四年・一九九〇年論文のように新しい視角を提示した伝記スタイルの仕事もある。

5

本書の翻訳作業は、まず第一章から第四章を後藤が、第五章から第七章を藤垣が分担し、その訳稿に宮澤が朱を加え、この手続きを三回ほど往復させることによって進行し、最終的に、三者で調整して完成させた。訳業がほぼ完成した時点で、コースのノーベル経済学賞受賞の報に接したのは奇縁である。[7]

コースの文章は、やや古風なイギリス英語的な長文スタイルの気品ある文体で、近年の経済論文のそれとはかなり異なるが、翻訳に際しては、日本文としての読みやすさを優先させることを第一義とした。併せて、原文の雰囲気やニュアンスを、できるかぎり尊重することにも意を用いた（そのほか、いくつかの留意点については、巻頭の「凡例」を参照されたい）。

われわれのこうした意図がどこまで実現しえているかは、もとより諸賢の判断に待つほかはない。ご批判を得て、改善の機会を持ちたい。訳業とその進行にあたっては、東洋経済新報社出版局の黒野幸春氏に大変お世話になった。あつくお礼を申し上げたい。

一九九一年季冬

宮澤健一

〈注〉

(1) もっぱらこの二つの論文に、コースの貢献があるとする見方で大方の評価は一致している。一例として、Mark Blaug, *Great Economists since Keynes: An Introduction to the Lives &*

Works of One Hundred Modern Economists (Wheatsheaf Books Ltd., Brighton, Sussex), 1985. の「コース」の項を参照。

(2)「新しい制度の経済学」の諸潮流と、そのなかでのコースの位置づけについては、宮澤健一『制度と情報の経済学』（有斐閣、一九八八年）中の、第一章「制度派ルネッサンス」、を参照。そこでは「新」制度分析として、①ヴェブレン流の新古典派批判を受け継ぐ旧制度派継承型、②伝統的価格理論を経済以外の領域にも拡張・応用する経済学帝国主義型、③正統派分析と制度派分析とをつなぐ両派折衷型、ないしは連立型、という三つのスタイルに分けた。コースのアプローチは、このうちの③、そして②にも、またがっていると解せられる。

なお、コースのノーベル経済学賞受賞を契機とした小論に、宮澤健一「新制度派とコース」『日本経済新聞』一九九一年一二月二五〜三一日。

(3) ヴァージニア時代のコースとシカゴ・グループとの、この論点の論争をめぐる雰囲気を伝えるものとして、*The New Palgrave: A Dictionary of Economics* (Macmillan Press, London), vol. 1, 1987 中の Steven N. S. Cheung, "Coase, Ronald Harry" を参照。

(4) そこで提示された「コースの定理」は、ニュアンスの差をもついくつかの形態で語られており、また実証的命題のほか、規範的命題の形で述べられることもある。そうしたいくつかの定式化に整理を試みたものとして、前掲 *The New Palgrave: A Dictionary of Economics*, vol. 1, 1987 中の R. D. Cooter, "Coase Theorem" を参照。

(5) コース学説の受容について、本書第一章で語られているコース自身による悲観的な理解にもかかわらず、近年、その浸透が進んでいることを指摘した書評として、Lewis A. Kornhauser, "Book Review on The Firm, The Market, and The Law," *Journal of Economic Literature*,

vol. 27, September 1989. 彼は例として、近年注目の理論上の諸概念である、逆選択（逆選抜）、モラル・ハザード（道徳的危険・人為的危険）、競売、交渉などについて、それらは情報偏在下の「取引コスト」の異なる形での表われ、とみる。これは的確な指摘である。

このほかにも、さまざまなタイプの「取引コスト」の変形・転化をあげることができるし、また、それと対置される「組織化コスト」についても、その解明へのいっそうの進展が予想される。ただし、一部からの批判のように、論点もある。取引費用というとき、たとえば第三者の費用をどこまでカウントするかの基準が恣意的に流れるなど、「費用概念」の無限定な拡大につながりやすいこと、またその測定が困難であること、との批判も成り立とう。究明の進展のためには、費用概念の類型化や性格分析などが一ステップとなる。

（6） 上記より範囲のやや広い文献リストとして（ただし一九八二年までのもの）、"On the Resignation of Ronald H. Coase," *Journal of Law and Economics*, 26 (1), April, 1983, iii-vii をみよ。

（7） コースのノーベル経済学賞受賞記念スピーチは、Ronald H. Coase, The Institutional Structure of Production, *Prize Lecture, The Sveriges Riksbank (Bank of Sweden) Prize in Economic Sciences in Memory of Alfred Nobel*, The Royal Swedish Academy of Sciences, Stockholm, December 9, 1991.

ちくま学芸文庫版『企業・市場・法』刊行によせて(1)

後藤　晃

本書は、最初に一九九二年に宮澤健一、後藤晃、藤垣芳文訳で東洋経済新報社からハードカバーで出版された。今回、ちくま学芸文庫に収録されるにあたって、後藤、藤垣の二名で全面的に訳を見直し、修正を加えた。今回の改訂はかなり大幅なものとなっている。本書の意義、背景などについては、宮澤健一先生の「訳者あとがきと略解」を参照されたい。以下では主にそこに含まれていないことについて述べておく。

本書には二つの画期的な論文「企業の本質」、「社会的費用の問題」、および経済学者としてのコースの持ち味がよく出ている「経済学のなかの灯台」などが含まれている。これらの論文は、その後、企業の理論、契約理論、あるいは法と経済学という分野が生まれる契機となり、これらの分野からコース自身に続いて、ウィリアムソン、ハート、ホルムストロム、ティロールなどがノーベル経済学賞を受賞している。

宮澤先生の「訳者あとがきと略解」にも紹介されている、コースのノーベル経済学賞受賞スピーチによると、「企業の本質」は一九三二年、コースが二一歳の時にすでに主要な内容は完成していたそうである。[2] また、その背景として、ソ連の計画経済の採用、米国の大恐慌下での計画経済的な運営への部分的な傾斜、イギリスで生まれ教育を受けた若きコース自身が米国に滞在し米国の大企業を身近に見聞きし研究したことなどが述べられており、興味深い。

コースが「企業の本質」を書いた後に、二〇世紀後半から二一世紀にかけて経済は大きな変化を遂げた。企業の活動がグローバルに展開するのにともない、企業は海外の企業や、外国の法律や規制との対応にせまられることになり、そのために取引コストは大きく増加したものと思われる。ベンチャー企業の活躍、研究開発から製造販売まで垂直統合された大企業の垂直分離の進展などにより、一方では市場の利用がすすむとともに、他方では巨大なIT企業が社会や経済の中で大きな地位を占めるようになっている。IT企業の巨大化は国の安全保障、民主主義、プライバシー、表現の自由、競争の維持、貧富の格差、といった様々な問題を提起しており、これらに対応する適切な方策についてもまさに議論がなされているところである。このようななかでコースが礎を築き、さらに推進すべきと主張した研究の重要性は一層増しているように思われる。[3]

「社会的費用の問題」は一九六〇年に発表された論文である。コースがまだシカゴ大学に移る前、ヴァージニア大学に勤めていた時に、シカゴ大学によばれ、そこの主要な教授であったアーロン・ディレクターの自宅でのディナーパーティーでこのアイディアを披露した。のちにノーベル経済学賞を受賞することになるミルトン・フリードマン、ジョージ・スティグラーなど出席していた二一人のうち、最初は二〇対一でコースの考えに反対していたのが、ディナーが終わるときには全員が賛成にかわっていた、ということを、スティグラーは述べている。(4)

コースの主張のポイントは正の取引費用が存在する現実の世界での法体系の在り方の決定的な重要性を主張することであった。しかし、その前段階としていわば思考実験として取引費用が存在せず、所有権が明確に定義されている世界では権利の分配は結果に無関係である、ということを示し、その内容のインパクトが強く、スティグラーによってコースの定理と呼ばれ、よく知られるようになった。そうして、さらにこれが環境問題への対応も含め、市場への政府の介入を頑迷に否定するイデオロギーを持つ保守派の人々によって利用された。コースにとってはこれは意外で、残念なことであったろう。(5) 読者はコースが煤煙による害のように多くの被害者がいる場合には市場を通じた解決はコストが大きすぎ、このような場合には政府の介入が望ましいと示唆していることを本論文で確認されるであろう。彼はノーベル賞の受賞スピーチでも、正の取引費用が存在する世界での所有権の分配の在り方と経済活動のかかわりを研究することの重要性を訴え、また、個々の事例にかかわる様々な詳細な条件、制度を検討したうえで適切な解決策を決定していくべきであり、そのための実証分析とデータの整備をすべきであるとしているのである。

なお、宮澤先生の解説でも触れられているが、さらにコースは、本書には含まれていないが、のちに「コースの推論」と呼ばれるようになった議論を展開している論文も著わしている。(6) この論文で、コースは、土地あるいは耐久消費財を独占的に供給する企業は、一期目で(あるいは最初の取引で)独占価格を設定しても、売れ残り分をやがて売り出してさらに利潤を獲得できるので、そのように行動し、結局は競争的な価格、取引量に落ち着いてしまう、という可能性について述べている。つまり、耐久財の独占企業は将来の自分と競争することになるので独占利潤を稼得することはできない、というわけである。この論文についても、その後、多くの理論経済学者によって厳密な証明の試みや、(7) どのような条件の時にこれが成り立つかなどについてのゲーム理論的な研究が行われている。

本書がちくま学芸文庫の一冊として出版されることによりさらに多くの読者に読んでいただけることを期待する次第である。読者は、現代の経済学者が――コースの言葉を使えば――〝黒板経済学〟で数式を書き出す以前の、真に創造的な思考を展開していく過程の面白さを堪能されるであろう。また、イギリス的な皮肉のきいた、そうしていかにもコース的なというほかない文章も、われわれのつたない訳ではあるがこれを通して味わっていただければと願っている。

コースの歴史に残る二つの論文を含むいまや古典となっている本書の翻訳をいち早く計

画され、後藤、藤垣に翻訳のチームに加わるようお誘いいただいた故宮澤健一先生に改めて感謝します。また東洋経済新報社および、東洋経済版の出版の際にお世話になった元東洋経済新報社出版局の黒野幸春氏、今回、英語の表現についていろいろとご教示いただいた駐日欧州連合代表部リー・ウールガー博士、東洋経済版に対して感想、コメントをお寄せいただいた読者の方々、そうして、最後に、しかし最小ではなく、本書のちくま学芸文庫版の刊行にあたってお世話になった筑摩書房編集部の田所健太郎氏に謝意を表したい。

二〇一九年一〇月

〈注〉

（1）この「ちくま学芸文庫版『企業・市場・法』刊行によせて」に対して、共訳者の藤垣芳文氏から様々な有益な示唆をいただいたことに感謝します。

（2）R. H. Coase, The Institutional Structure of Production, The Nobel Prize Lecture, https://www.nobelprize.org/prizes/economic-sciences/1991/coase/lecture

（3）企業と市場という二分法に対し、訳者の一人の後藤は、多くの市場経済においてみられる企業グループ、企業集団、財閥などとよばれる企業間関係をその中間的な組織としてとらえるという概念的な論文をかつて書いた。これはいまでも広く引用されている。Akira Goto, "Business Groups in a Market Economy," *European Economic Review*, Vol. 19, No. 1, September 1982.

(4) これは、*New York Times* に掲載された以下の追悼記事によっている。“Ronald H. Coase, ‘Accidental’ Economist, Who Won a Novel Prize, Dies at 102,” September 3, 2013, https://www.nytimes.com/2013/09/04/business/economy/ronald-h-coase-nobel-winning-economist-dies-at-102.html

(5) J. Cassidy, “Ronald Coase and the Misuse of Economics,” *New Yorker*, September 3, 2013.

(6) R. H. Coase, “Durability and Monopoly,” *The Journal of Law and Economics*, 15 (1), April, 1972.

(7) 例えば、Faruk Gul, Hugo Sonnenschein and Robert Wilson (1986), “Foundations of Dynamic Monopoly and the Coase Conjecture,” *Journal of Economic Theory*, 39.

タ 行

ナ 行

ハ 行

人名索引

ア　行

カ　行

サ　行

タ　行

ナ　行

ハ　行

ラ　行

事項索引

ア 行

カ 行

サ 行

本書は、一九九二年一〇月、東洋経済新報社より刊行された。

社会科学としての経済学　宇野弘蔵

資本主義の原理は、イデオロギーではなく科学的態度によってのみ解明できる。マルクスの可能性を極限まで突き詰めた宇野理論の全貌。（大黒弘慈）

満足の文化　J・K・ガルブレイス　中村達也訳

なぜ選挙で何も変わらないのか。それは政財官学が作り出した経済成長の物語に、多くの人がのっかっているからだ。先進資本主義社会の病巣に迫る。

経済政策を売り歩く人々　ポール・クルーグマン　伊藤隆敏監訳　北村行伸／妹尾美起訳

マスコミに華やかに登場するエコノミストたち。実はインチキ政策を売込むプロモーターだった！　危機に際し真に有効な経済政策がわかる必読書。

クルーグマン教授の経済入門　ポール・クルーグマン　山形浩生訳

経済にとって本当に大事な問題って何？　実は、生産性・所得分配・失業の3つだけ!?　楽しく読めてきちんと分かる、経済テキスト決定版！

自己組織化の経済学　ポール・クルーグマン　北村行伸／妹尾美起訳

複雑かつ自己組織化している経済というシステムに、複雑系の概念を応用すると何が見えるのか。不況発生の謎は解ける？　経済学に新地平を開く意欲作。

貨幣と欲望　佐伯啓思

無限に増殖する人間の欲望と貨幣を動かすものは何か。経済史、思想史的観点から多角的に迫り、グローバル資本主義を根源から考察する。（三浦雅士）

意思決定と合理性　ハーバート・A・サイモン　佐々木恒男／吉原正彦訳

限られた合理性しかもたない人間が、いかに最良の選択をなしうるか。組織論から行動科学までを総合しノーベル経済学賞に輝いた意思決定論の精髄。

「きめ方」の論理　佐伯胖

ある集団のなかで何かを決定するとき、望ましい方法とはどんなものか。社会的決定をめぐる様々な理論・議論を明快に解きほぐすロングセラー入門書。

発展する地域　衰退する地域　ジェイン・ジェイコブズ　中村達也訳

地方はなぜ衰退するのか？　日本をはじめ世界各地の地方都市を実例に真に有効な再生法を説く、地域経済論の先駆的名著！（片山善博／塩沢由典）

市場の倫理　統治の倫理

ジェイン・ジェイコブズ

香西泰訳

環境破壊、汚職、犯罪の増加——現代社会を蝕む病理にどう立ち向かうか？　二つの相対立するモラルを手がかりに、人間社会の腐敗の根に鋭く切り込む。

アマルティア・セン講義

経済学と倫理学

アマルティア・セン

徳永澄憲／松本保美／青山治城訳

経済学は人を幸福にできるか？　多大な学問的・社会的貢献で知られる当代随一の経済学者、セン。その根本をなす思想を平明に説いた記念碑的講義。

アマルティア・セン講義

グローバリゼーションと人間の安全保障

アマルティア・セン

加藤幹雄訳

貧困なき世界は可能か。ノーベル賞経済学者が今日のグローバル化の実像を見定め、個人の生や自由を確保し、公正で豊かな世界を築くための道を説く。

日本の経済統制

中村隆英

戦時中から戦後にかけて経済への国家統制とはどのようなものであったのか。その歴史と内包する論理を実体験とともに明らかにした名著。（岡崎哲二）

第二の産業分水嶺

マイケル・J・ピオリ／チャールズ・F・セーブル

山之内靖／永易浩一／菅山あつみ訳

資本主義の根幹をなすのは生産過程である。各国の産業構造の変動を歴史的に検証し、20世紀後半から成長が停滞した真の原因を解明する。（水野和夫）

ポランニー・コレクション

経済と自由

カール・ポランニー

福田邦夫ほか訳

二度の大戦を引き起こした近代市場社会の問題点をえぐり出し、真の平和に寄与する社会科学の構築を目指す。ポランニー思想の全てが分かる論稿集。

経済思想入門

松原隆一郎

スミス、マルクス、ケインズら経済学の巨人たちは、どのような問題に対峙し思想を形成したのか。その今日的意義までを視野に説く、入門書の決定版。

自己組織化と進化の論理

スチュアート・カウフマン

米沢富美子監訳

森弘之ほか訳

すべての秩序は自然発生的に生まれる、この「自己組織化」に則り、進化や生命のネットワーク、さらに経済や民主主義にいたるまで解明。

人間とはなにか（上）

マイケル・S・ガザニガ

柴田裕之訳

人間を人間たらしめているものとは何か？　脳科学界を長年牽引してきた著者が、最新の科学的成果を織り交ぜつつその核心に迫るスリリングな試み。

ちくま学芸文庫

企業（きぎょう）・市場（しじょう）・法（ほう）

二〇二〇年二月十日　第一刷発行

著　者　ロナルド・H・コース
訳　者　宮澤健一（みやざわ・けんいち）
　　　　後藤　晃（ごとう・あきら）
　　　　藤垣芳文（ふじがき・よしふみ）
発行者　喜入冬子
発行所　株式会社　筑摩書房
　　　　東京都台東区蔵前二―五―三　〒一一一―八七五五
　　　　電話番号　〇三―五六八七―二六〇一（代表）
装幀者　安野光雅
印刷所　株式会社精興社
製本所　株式会社積信堂

ISBN978-4-480-09961-7 C0133